# ギャロウェイの
# ランニングブック

ジェフ・ギャロウェイ 著
有吉正博＋渡辺雅之 訳

大修館書店

GALLOWAY'S BOOK ON RUNNING, 2/e
by Jeff Galloway
Copyright © 2002 by Jeff Galloway and Shelter Publications
Japanese translation published by arrangement with
Shelter Publications, Inc. through The English Agency
(Japan) Ltd.

## まえがき

　1973年9月、オレゴン州ユージンに向かうすばらしい夜明け、私のボルボは東に向かって4速で快調に進んでいましたが、私の心は自由なニュートラル状態で、この7年間を振り返っていました。

　大学時代は歴史と社会学を学びながら、毎年夏になるとレースに夢中になり、様々な経験を積み重ね、とても充実した日々を過ごすことができました。多くの友人たちと苦楽を共にし、競い、全米のあらゆる州を、あるいは海外へと遠征することができました。

　ある夏は、全米代表チームとしてロシアの競技会に臨み、5万人の観衆の中で勝利できたし、西アフリカのダカールでは猛暑の中、麦わら帽子姿で、水を浸したスポンジを持って走り、モロッコのクロスカントリーレースでは競馬場の泥んこぬかるみコースを走りました。さらに、ユーロパスを使ってヨーロッパの隅々まで旅をしながら、ルクセンブルクで午後の競技会を走り、夜行列車を乗り継いで翌日にはイタリアのトリノでトラックレースに臨んだこともありました。まさに、エネルギーに満ち溢れた若き日々でありました。

　1972年、米国代表として「ミュンヘンオリンピックに出場する」という私の夢を実現することができした。また、10マイルの全米記録を樹立することもできました。それはそれでとても幸せなことでしたが、「その時だけのこと」でした。オクラホマから這い出てきた自分の将来について考え始めていました。大学を卒業し、教員免許状を手にしてノースカリフォルニア、ローリーで1年間教員を務めましたが、旅をすることやランニングをすることのすばらしさをとても懐かしく思い始めていました。

　ある日、米国中央部カンザス州をゆったりドライブしながら、私は友人であるスティーブ・プリフォンテーン（1976年のモントリオールオリンピックまでの3年間世界を席巻した5000mランナー）と走った最近の日々を考えていました。また、親友であるジェフ・フォリスターは「ナイキ」という会社を一生懸命立ち上げていました。彼のビジネスについての私の心配をよそに、彼は健康とフィットネスをリードする偉大な会社を立ち上げました。

　テネシー州ナッシュビルで、私は何をすべきか悟りました。コーヒーカップを片手にしたまま、私の目はロードに釘付けになり、ひらめいたのです。

ランニングショップを立ち上げる夢です。そこにはランニング経験豊かなスタッフがいて、優れたウエアやシューズがたくさん用意されています。夏には、山々でランニング合宿です。休暇を上手に使って優れたコーチたちと共に走るキャンプです。私は教師ではありますが、教室で教えるだけの教師ではありません。

　この夢は目新しく、とてもタイムリーでした。ロードには目新しいランナーが増えていました。そこそこまじめなランナー、大会を目指すランナー、年齢や体型を問わず、多様なランナーが、ロードだけでなく、街中の歩道や公園にも繰り出すようになりました。それは単なる体力（持久力）向上を目指すだけではなく、社会的な流行に乗り遅れてはならないといった状況でした。

　ランナー間のコミュニケーションも活発になりました。ランニング日誌を見せ合ったりアドバイスを交換したり。また、ランナーたちは私に様々な質問をぶつけるようになり、私は個々の質問に答えることがとても楽しみになりました。これまでの私自身のトレーニングやレース経験が手助けになり、ランナーたちの日々をとてもワクワク豊かにする役割を果たすことができました。

　ジョージア州アトランタの自宅にいったん戻ってから、フロリダ州タラハシーに店を見つけました（わずか月125ドル）。郊外のとてもいい場所で、交通の便もよく隣は美容室でした。私は即座に決断し4000ドルの生命保険を解約し、祖母から2000ドル借りてランニング用品の製造から小売りまでのビジネスを学びました。初めはメーカーからの信用もなく、わずかしか卸してくれません。大型店の売れ残りのシューズだけといった感じです。ほとんど知られず、広告プリントを近くの大学に走って配りにいったりしましたが、私の店には誰も来てくれません。しばらく頑張りはしましたが、1年半でアトランタに戻りました。

　1976年になると、ランニングブームに火がついて私のビジネスも軌道に乗り始めました。78年にはしっかり安定し、私の2つの店「フィディピデス（ギリシャの伝説的ランナー）」は毎年売り上げを更新し、「ギャロウェイランニングクラブ」は30都市以上に広がって、サマーキャンプも大盛況となり、私は「夢がかなった」と実感しました。

まえがき

　それはビジネスが成功したことよりも、「指導できる」ことの方が私にとって最もありがたいことです。今、私は最も好きなロードに戻り、初心者からベテランまで、大小様々なグループでのクリニックやセミナーに関わっています。

　この本は、こうした数々の経験の中から誕生しました。ランナーの方々から日常的な課題を直接学びながら、ストレスや疲労を最小限にし、体力やランニングの向上に少しでも役立つことが何よりも楽しく、私の人生の喜びでもあります。

　本書では競技者向けというよりも、より広くランナー向けに書かれていますが、「より速く走りたい」ランナーにも必ず役立ちます。レベルに応じた走行距離や日々のトレーニング計画、ランニングフォーム、ヒルトレーニング、ウォークブレイク、ストレッチ、あるいは筋力トレーニングなどより速く走る方法が見つかります。また、今から「走り始めたい」方にとっても、楽に確実に始める手助けとなります。ある程度、「走っている」方は、ストレスの避け方やより良いレース対策の方法などを学ぶことで、ランニングがより豊かなものになるでしょう。ベテラン競技者も、最新のアイデアや今後のレース戦略を見つけることができます。レベルや目的を問わず、すべてのランナーが、より良く、知的に、健康で力強く、より良いフォームで、心からランニングを楽しむために本書がきっと役立つと信じています。

　本書にはとても多くの情報が含まれていますが、言いたいことはただ一つ、「あなた自身が自ら第一歩を踏み出すこと」です。私たちは自分自身で、希望や夢をかなえる自由を持っています。誰もが目の前の課題を解決し、進歩する喜びを享受すべきです。今こそ、決断し実践すべきです。自分でランニングの世界に飛び込み、粘り強く、そして確実に、より健康的なすばらしいランニングライフを楽しんでください。

ジェフ・ギャロウェイ

● ギャロウェイのランニングブック──もくじ

まえがき …… i

# 第1章　ランニングのスタートにあたって ─────── 1

1. ランニング革命 …… 2
2. ランナーへの5段階―ビギナー、ジョガー、コンペティター、アスリート、そしてランナーへ― …… 8

    第1段階：ビギナー（初心者）―きっかけづくり― 8／第2段階：ジョガー―新たなる世界へ― 10／第3段階：コンペティター（競走的ジョガー）―競走が力になる段階― 11／第4段階：アスリート（競技者）―ベストに近い段階― 13／第5段階：ランナー―成熟した最終段階― 14

3. さあ、始めましょう！ …… 16

    走り始めるための5つのステップ 18

# 第2章　トレーニング ─────────────── 21

1. ランニングの生理学
    ―ランニング中の体内では何が起こっているのか― …… 22

    体のメカニズム 22／有酸素（エアロビック）運動と無酸素（アネロビック）運動 25

2. 基本となるトレーニング計画 …… 32

    トレーニング計画の立案 33／ピラミッド型トレーニング 34／基礎トレーニング期 36／ヒルトレーニング期 38／スピードトレーニング期 39／新たなピラミッドに取り組む 40

3. ランニング日誌と心拍トレーニング
    ―日々のトレーニングの記録― …… 41

    ランニング日誌 41／心拍トレーニング 46

**4.** 1日および1週間の走行距離プログラム―休養の重要性― …… 49

トレーニング＋休養 51／日々の練習計画 52／1週間の練習計画 54／寒さ・暑さ対策のトレーニング 56

# 第3章 本格的なレースに向けて ─── 65

**1.** スピードづくり …… 66

ピラミッドの頂上まで、あと少し 67／ファルトレク 69／インターバル走 70／スピード練習の代わりになる練習方法 73／スピード練習によるケガで最も多いケース 74

**2.** ペースづくり―ウォークブレイクの活用― …… 76

レースペース 76／ウォークブレイク―ウォーキングの活用― 79

**3.** レースの作戦―5km、10km、ハーフマラソン― …… 87

レースに向けた調整 87／レースの走り方 89／レース直前（カウントダウン）の注意事項 92／レースの翌朝 94

**4.** トレーニングプログラム …… 95

5kmレースのためのトレーニングプログラム 96／10kmレースのためのトレーニングプログラム 100／ハーフマラソンのためのトレーニングプログラム 108

**5.** ハイレベルを目指す競技ランナー
　―上級ランナーのトレーニング― …… 114

上級ランナーのトレーニングの考え方 114／上級ランナーのトレーニングプログラム 116／上級ランナーのレース運び 122／いいこともやり過ぎると 125

# 第4章 調子を上げていく方法 ─── 127

**1.** ランニングフォーム …… 128

フォームのポイント 129／ランニング姿勢を正す3つのポイント―CHP― 133／75歳でフォーム改善 134／フォームづくりのウインドスプリ

ント 135 ／丘陵地でのフォームづくり 136 ／フォームに関連するトラブル 138

2. ストレッチ、補強、クロストレーニング
   ―リラックスとバランスのために― …… 140
   ストレッチの必要性とその方法 140 ／ランナーのための 3 つのストレッチ 143 ／ランナーのための補強運動 146 ／トラブルを起こしやすい 3 つの運動 150 ／クロストレーニング 151

3. モチベーションを高める（動機づけ）
   ―トレーニングなしで速く走る方法― …… 156
   動機づけのための準備 156 ／モチベーションを高める言葉（呪文）―繰り返し唱える― 159 ／もはや元気づける必要がないときは 161

4. メンタルトレーニング …… 162
   メンタルリハーサル 162 ／レースのためのリハーサル 163 ／普段の日のリハーサル 164 ／マジックワード（魔法の言葉）165 ／だましのテクニック 166

5. 女性のランニング―バーバラ・ギャロウェイによる― …… 169
   ランニングがもたらす女性機能への影響 171 ／妊娠中、そして出産後のランニング 173 ／出産後の体調の回復 177

# 第 5 章　障害予防 ──────────────── 181

1. ランナーの障害 …… 182
   ケガ（障害）への対処 182 ／走れないときのエクササイズ―体力・体調の保ち方― 184 ／トレーニングができない場合 187 ／再び走れるようになるために 187 ／トレーニングへの復帰 188 ／障害から学ぶもの 189

2. ランニング障害とその処置 …… 190
   膝のトラブル 191 ／アキレス腱のトラブル 196 ／足部（踵と足底筋膜）のトラブル 199 ／すねのトラブル 204

## 第6章　食事法 ——————————————————— 209

1. **記録を伸ばすための食事法** ⋯⋯ 210
   1日中、少しずつ食べること 211／違いを生み出す食事法のポイント 212／規則正しい食事 214
2. **ランニングで脂肪を落とす** ⋯⋯ 218
   体重ではなく、脂肪を落とす 218／持久的な運動と脂肪燃焼 222／食事法との組み合わせ 225

## 第7章　シューズ ——————————————————— 229

1. **シューズの秘密** ⋯⋯ 230
   シューズ選びの留意点 232
2. **シューズを求めて** ⋯⋯ 236
   シューズを購入するときのチェックポイント 236／シューズ選びと障害 237／その他のアドバイス 238

## 第8章　スタートからフィニッシュまで
（子どもから高年齢ランナーまで）——————— 241

1. **子どものランニング** ⋯⋯ 242
   推薦プログラム 243
2. **40歳を過ぎてからのランニング** ⋯⋯ 245
   40歳を超えたランナーの事例 246／40歳を超えたランナーへのアドバイス 250

## 付　録 ——————————————————————— 253

レースタイム予測表 254／レースペース表 258

訳者あとがき ⋯⋯ 260

第1章

# ランニングの
# スタートにあたって

# 1. ランニング革命

　私たちの祖先は古代から生きるために歩き、そして走っていました。少なくとも古代ギリシャでは古代オリンピックが始まる（紀元前776年）以前からランニングが行われていました。紀元前490年、有名な伝令兵ランナー、フィディピデスは、ペルシャ軍のアテネへの侵略に対し、スパルタの援軍を懇請するため4日間で480kmを走り抜きました。また、以前のイギリスでは、召し使いは何か危険なことが起こった場合に備えて、主人の馬車の前を走らされていました。今日でも、メキシコ北西部のタラウマラ・インディアンは、ボールを蹴りながら1日200～300km走るという伝統的競技をしています。そして、スポーツとしてのランニングは、高校のグラウンドでみられる精神力のテストのようなものからオリンピック競技に至るまで、何世紀にもわたって存在しています。しかし、ごく最近になって多くの人々は歩く生活からも離れてしまったように見受けられます。

　ランニングをする理由はさまざまです。減量のため、健康のため、楽しみ、ストレス解消、競走、他の人と体験を共有するため……など。それは、科学技術の進歩とも関係があります。われわれの祖先は肉体的に活動的な日々を過ごしていました。木の根、木の実、穀物などを採集するため、あるいは獲物を追い求めて長い距離を歩きました。また、曽祖父母や祖父母は食べるために畑を耕し、日常の必需品は自分たちでつくっていました。しかしながら、現在われわれの大半は機械化・合理化された座りがちの生活を送っています。

　かつては、ごく当たり前であった健康で引き締まった体を、今再び取り戻そうとする人々が増えています。社会状況としては産業や科学技術が高度に進歩しましたが、長い間自分の生理的・肉体的な要求を無視し続けてきた人々は、今、新たに心と体の調和を確立させる方法を求め始めたのです。

　アメリカで多くの人々がこのことに気づき始める前から、私はすでに走っ

ていました。1960年代後半になると、かつて私が1人で走っていた道に、何人かのランナーがぽつりぽつりと見え始め、1970年代前半頃からその数はいっそう多くなり、今では無数のランナーたちが常に走っています。それはごく自然な展開のように見えますが、振り返ってみると、ランニングにおける革命ともいえる、ランニングの推進に貢献した偉大な6人を挙げることができます。アーサー・リディアード、ビル・バウワーマン、ケネス・クーパー博士の3人の指導者と、アンビー・バーフット、フランク・ショーター、そしてビル・ロジャースの3人のランナーです。この6人はそれぞれの立場から、今日的なランニングの普及、促進、拡大に多大の貢献を果たしました。

## ■ニュージーランドから始まった

アーサー・リディアードは、もともとラグビー選手で、ニュージーランドの靴工場で働いていました。1940年代、太り過ぎてしまった彼は自分の生活を変えなければならないと決心し、週末のラグビーだけでは彼の腰まわりにあるスペアータイヤ（体脂肪）を落とすことができないと、減量のために走り始めました。当時のランナーは「苦しまないことには進歩はない」という信念だったので、彼らは倒れるまでトラックを全力で何周も走っていました。リディアードは、そんな方法は望まず、トラックより広々としたニュージーランドの野外で、長い距離をゆったりと走り始めました。数ヶ月後に減量に成功しただけでなく、数年後には、彼は走ることに夢中になり、長い間潜んでいた闘争心に火がつきました。ランニングが自分に合っていたことに驚き、ジョガーとしてのリディアードから競技者としてのリディアードとして生まれ変わり、ついに1951年にはニュージーランドの代表選手にまでなったのです。

やがて、何人かの若者が一緒に走るようになり、コーチを引き受けたリディアードは、スローペースでの長い距離のランニングを中心とした独自のトレーニングメニューを次々に展開していきました。コーチを受けた若者の中からピーター・スネル、マレー・ハルバーグ、バリー・マギーの3人が1960年のローマオリンピックでメダルを勝ち取り、リディアードは陸上界から絶賛され、国民的ヒーローとなりました。

リディアードがジョギングを生み出したと考えてもよいでしょう。オリンピック後、普段あまり運動をしない中高年の男性や女性のグループから講演

に招かれるようになりました。かつての自分のように太り過ぎたラグビー選手のような人でも、容易に走ることができ、体調も改善されること、そして走ることは減量できるばかりでなく、何より楽しいものであることを多くの人々に語りました。彼は、これまで退屈で苦しい運動と考えられていた走ることのイメージを一掃し、ランニングをニュージーランドの活動的なライフスタイルの一部として位置づけたのです。オリンピックのメダリストを育てたということで多くの講演の機会を与えられました。こうして、1960年代から、たくさんの人がいすから立ち上がり、野外へと向かうようになり、先進的なニュージーランドのランニングが始まったのです。

## ■アメリカでのジョギングの始まり

　ビル・バウワーマンは、アメリカにおける陸上競技の偉大なコーチですが、同時にアメリカにジョギングをもたらすという重要な役割を果たしました。

　1962年冬、オレゴン大学で彼が指導する陸上チームが4マイルリレー（1人1600mを4人でリレー）の世界記録を破ると、ほどなく前世界記録を保持していたニュージーランドチームから招待状が届きました。バウワーマンと彼のチームは、リディアードのゲストになったのです。

　「最初の日曜日、私はたたきのめされてしまいました」と、バウワーマンは当時を振り返っています。

　「私は、リディアードに地域のメンバーと一緒に走らないかと誘われたのです。400mくらいは動き続けられるだろうと自信をもって外に出てみると、すでに男性、女性、子どもまで実にさまざまな人たちが200〜300人ほど公園で待っていました。『あの丘まで走りましょう！』とリディアードが指さす遠くの丘までは2kmはあるように見えました。私は朝食で満腹状態のまま走り始めました。出発して1kmくらいはそれほど苦しくはありませんでしたが、丘を上り始めたとたん、悲しいかな、ひたすら『死んでしまいたい』と思い続けました。すっかり後ろのグループになり、さらに一緒に走っていた70歳と思われる老人からは『調子が悪そうだね』と心配までされてしまったのです。私たちが丘を下り、戻り始める頃にはほとんどの人は走り終えていました」

　当時50歳のバウワーマンは、ニュージーランドに滞在した6週間の間、毎日走り、体重は5kg減り、ウエストも10cm締まっただけでなく、ゆっくりと

した楽なジョギングを習得しました。帰国後、陸上スポーツ記者アーハマーの電話取材では、バウワーマンはチームの活躍よりも、習得したジョギングのことを大変興奮しながら話しました。

　アーハマーはバウワーマンからの意外な話をもとに記事を発表し、バウワーマンは日曜日の朝のジョギングを公開して、さらにアーハマーがそれを広めていきました。やがて、この日曜日のモーニングランへの関心が高まり、バウワーマンはユージン市のグループのために講習会を開くよう求められました。彼はオレゴン大学のランナーたちを連れて指導していましたが、やがて、ランニングにかかわる方法や知識、情報を求める圧倒的なニーズを実感し、1966年ユージン市の心臓医ワルドー・ヘルスとともに『ジョギング』という20ページの小冊子を作成しました。翌年、『ジョギング』を改訂出版したところ、100万部以上の出版部数を記録し、ジョギングを求める動きはアメリカの土壌にしっかりと根を下ろしていきました。

■クーパー著『エアロビクス』の発刊

　1960年を過ぎる頃から、アメリカ人の心臓病による死亡率の増加が目立つようになり、アメリカ人のライフスタイルはいわゆる「よりよい生活」を求めるようになりました。戦後の繁栄によって、多くの余暇時間、座業的な仕事、肉やクリーム、バターを買う資金がもたらされ、心臓病罹患率は急速に上昇したのです。

　空軍のパイロットも心臓の疾患で死亡するケースが出始め、しばしば数億ドルの戦闘機が墜落するという事態が起こりました。そのため、空軍の若い医師ケネス・クーパーから、運動が心臓病の危険因子に及ぼす影響を確かめる研究計画が提案されると、空軍の将校たちは大いに関心を寄せました。クーパーはビル・バウワーマンがニュージーランドから帰国したとき、ボストンで医師の研修期間中でした。彼自身、高校、大学と陸上選手でしたが、医師研修期間後には高血圧傾向となり、体重も20kg近く増えていました。そこで、心身の健康を取り戻そうと、エアロビクスプログラムとして水上スキーをすることにしました。若かりし頃は水上スキーのエキスパートだった彼は、さっそくボートの運転士に時速50kmに加速するように命じたのですが、「3〜4分ですっかりくたばってしまい、意識ももうろうとし、ボートを止めて30分間ほど海岸で横たわっていました」。

クーパーはこの経験から、バウワーマンがニュージーランドでの最初の日曜日に体験したことと同様な影響を受けました。その後、運動と食事療法に取り組み、体重を95kgから77kgへ減らし、体脂肪率を30%から14%へと減少させました。彼の体験的取り組みや戦闘機を墜落させる心臓病予防の研究計画が進められ、その研究成果があの画期的な著書『エアロビクス』により発表されました。

クーパーの著書は、アメリカ人に受け入れられ、健康でなければどんなに素晴らしい家や家族、高収入があっても生活を楽しめないことを示しました。彼のねらいは規則的な運動による効果を明らかにすることで、アメリカ人の無気力、怠惰な生活を打ち破ることでした。そのためにどうすればよいのか具体的な方法や、体調が悪い初心者でも実践できる運動まできめ細かく示しました。

## ■オリンピックにおけるランナーの活躍

ニュージーランドではリディアードがもたらしたフィットネスの広がりがオリンピックメダルを生み出したように、アメリカにおいてもオリンピックでの陸上選手の活躍が大きな可能性を示しました。1964年の東京オリンピック以前には、わずか1個の金メダルだけでしたが、東京オリンピックですべてが変わりました。まったく無名のビリー・ミルズが10000mで、オーストラリアのスター、ロン・クラークやチュニジアのモハメド・ガムディーら強豪に打ち勝ったのです。その4日後には、ボブ・シュールが5000mで金メダル、1秒差でオレゴンの高校コーチ、30歳のビル・デリンジャー（訳者注：後にオレゴン大学コーチとして、アルベルト・サラザールをはじめ数多くの著名なランナーを育てる。沢木啓祐、増田明美ら日本人ランナーも指導）が銅メダルを獲得しました。

これを契機に、アメリカのメジャーなロードレースへの参加者が増え始めました。アメリカで最も歴史あるボストンマラソンでは、1964年のエントリー数が初めて300人を上まわり、1967年には479人、そして1970年には1150人になったのです。サンフランシスコのベイ・トー・ブレイカーズ（12kmレース）も同様の傾向を示しました。1963年には15人であった参加者は、翌年124人、1969年に1241人、そして1984年にはなんと75000人の世界最大のレースに達しました。

多くの競技者が参加するようになったボストンマラソンですが、1957年にジョン・ケリー（ボストンマラソンで1935、45、57年優勝をはじめ、毎年出場するボストンマラソンの名物ランナー。青梅マラソンにも1982〈昭和57〉年役員〈78歳〉として来日し、10km完走）が優勝して以来、アメリカ人がなかなか勝てず、フィンランドや日本の選手が勝利していました。しかし、1968年、ケリーのコーチを受けたアンビー・バーフット（私の大学時代の同級生）が歴史的な勝利を収めたのです。この歴史的な勝利によって、楽しみで走っていた何千人ものランナーはいっそう刺激され、ランニングの隆盛に拍車をかけました。

　1970年代初め、エール大学を卒業し法律の研究生であったフランク・ショーターは、国内レベルの長距離ランナーとして頭角を現していました。一方、元オレゴン大学のケニー・ムーアはトラックからロードへと転向し、1970年福岡国際マラソンで2位、1971年にはショーターとムーア両名がパンナマラソンに出場し、ショーターが優勝しました。ムーアはスポーツ記者となり、やがてランニングに関する彼の記事が何百万人もの読者を魅了するようになります。そして、アメリカ人のフィットネスにおける革命は、1972年ミュンヘンオリンピックでさらに拡大されました。ABCテレビは全米に向けオリンピック番組としてマラソンを大きく取り上げ、そこでショーターが多くの著名なランナーに2分以上の大差をつけて勝利したことで、アメリカ人が長距離ランナーとして成功することを確証させました。

　さらに、数年後1975年、ビル・ロジャースがボストンマラソンで優勝したことで、さらなる確証を与えることとなりました。その後、彼は1978～80年に3連覇を成し遂げました。ロジャースの魅力は、少年のようなエネルギーと、当時の横柄なプロの競技者とはまったく違う心の広い面をもっていたことです。レース後、彼は多くのファンに快く対応し、サインを断るようなことはめったにありませんでした。

　リディアード、バウワーマン、クーパーは多くのアメリカ人に身体運動による成果に目覚めさせた偉大な指導者であり、バーフット、ショーター、ロジャースはアメリカのランナーが飛躍する重要なきっかけや感動を与えてくれました。身体運動は健康を維持する秘訣となり、ランニングが多くのアメリカ人にとって日常的なものになったのです。

# 2. ランナーへの5段階
―ビギナー、ジョガー、コンペティター、アスリート、そしてランナーへ―

　私は、13歳からランニングを始め、すぐに走ることに夢中になってしまいました。それは激しい運動への特別なスリルと、私の体が何かものすごい能力を身につけるようになるだろうという感覚でした。走るたびに最大限まで頑張り、より速く走ることで、その後1週間ぐらい足を引きずるようになることに、たまらなくスリルと期待を感じていたのです。そして、期待どおり痛くて走れないことになるのですが、いったんその痛みがなくなってくると、また同じように走るのです。ほとんどとりつかれていました。

　どんな技術でもそうですが、能力や楽しみ方によってさまざまな段階があると思います。私はランニングを始めて40年以上が過ぎましたが、多くの人たちの生活の中にランニングを浸透させていく手助けにも多くの時間を費やし、ほとんどのランナーについて同じようなステップがあることに気づきました。

　進歩とは学ぶことであり、成熟することであり、自覚することです。1つのステップが必然的に次のステップへと導くのです。以下に挙げる5つの段階は誰もが順調にたどっていけるステップではないかもしれませんが、あなたのランニングから危険を最小限にし、最大限の成果を得ることができるステップになると考えています。

## 第1段階：ビギナー（初心者）―きっかけづくり―

　何でも始めは不安定なものです。新しい何かを始めたとき、気が散って集中できず、批判的になったりします。それが、つまずきや行き詰まりの原因となります。健康になりたいと思っていても、いかんせん、怠惰な生活にどっぷりとつかっていたビギナー（初心者）には、ランニングを始めること

はなかなか難しいかもしれません。しかし、何とかして自分の生活の中にちょっぴりでもランニングを取り入れることで、自分の新しい側面に出会うことができます。

　古いライフスタイルから完全に抜け切れないうちは、「始めよう」とするエネルギーや意気込みがだんだんと弱くなると、さまざまな障害に直面します。寒くなってきたり、雨や雪が降ったり、あるいは走ることを苦痛に思ったりすると、あっけなくやめてしまうのです。それまでにランニングにかかわったことのない人にとって、やめてしまおうとする誘惑はとても強いものです。

　また、あなたのランニングは、まったく運動しない友人を脅迫することになるかもしれません。ビギナーである自分と走っていない友人にとってお互いの存在がよい結果を導き出すこともありますが、過渡期ではその関係が不安定で居心地が悪いものになったりもします。ためらっていると、たちまち居心地のよい昔の世界が待ち構えています。しかし、健康を分かちあえる新しい友人ができれば幸運です。健康的な世界への手段を手に入れ、さらに安全なランニングも手に入れることができるでしょう。よき仲間を得ることで、フィットネスの習慣を容易に確立させることができます。気が進まない、天気が悪い日など無理やりでも外に引っ張ってもらえるし、また逆に相手がそういうときには引っ張り出してあげることができます。また、レースやファンラン（楽しい練習会）では、多くの人々に会う絶好の機会となります。

　始めのうちは自分が期待しているようにはなかなか進歩しないものです。私たちアメリカ人（訳者注：日本人でも）は伝統的にせっかちで我慢ができません。種をまくと、次の週には芽が出ることを望むばかりか、木になることまで望んでしまいます。ランニングを始めると同時に、肉体的にも精神的にもよい成果が現れることを望み過ぎて、頑張り過ぎ、疲れ果て、結局うまくいかずにやめてしまうことになりかねません。身体運動の種子は、やめさえしなければ、湿気と日照り続きの時期を耐えて生き残ります。乾き切っているように見えても、いつか元気を取り戻し、またロードへと駆り立てられるようになります。たとえ走ることをやめてしまっても、がっかりしないでください。実際、多くのビギナーが身体運動を習慣化するまで10〜15回はやめたり、始めたりを繰り返しています。

　頑張り過ぎないビギナーのほうが、むしろ長続きします。週に2〜3日、

30〜40分間のウォーキングあるいはジョギングを続けていけば、徐々にくつろぐ方法や心地よい感覚がわかってきます。そうなればしめたもの。トレーニングがとっておきの時間になり始め、自分なりの方法を見つけることができます。

だんだんとくつろいだ感覚に慣れ、体が浄化され、筋肉は健康的で力強く、血液や酸素の循環が活発になってきます。そして、ある日、ランニングに夢中になっている自分自身に気づいたときには、すでにビギナーはジョガーの段階になっているはずです。

## 第2段階：ジョガー―新たなる世界へ―

ジョガーになると、ランニングが確実に自分のものとなったように思えるでしょう。規則的に走ることが難しくても、ビギナーとは違い、走ることに夢中になっている自分に気づきます。競技者やマラソンランナーなどレベルの高い人たちから、フィットネスをもっと理解し、健康的でない世界と関係を絶たなければならないなどといろいろ言われるかもしれませんが、気にする必要はありません。ジョガーは走ることそのもので満足なのです。走り終わると、いつものように満悦感を味わうことができ、努力の報酬も得られます。走らないと何か悪いことをしたような気にもなります。またビギナー段階では、走っていると退屈した気分になることがありましたが、走行距離が伸びるにつれてこのような退屈な気分は減っていき、やがては消えてしまいます。

ジョガーは計画的に目標を立てて走ることはめったにありません。ほとんどが健康的な気晴らし程度で、できるときに、できることをするようにしています。経験豊かな友人やランニング雑誌などから情報は得ますが、不幸なことに、これがしばしば不満やケガの原因になります。ジョガー自身の個人的な能力や目標に基づいていないからです。自分に合ったグループや仲間が見つかると大いに助かります。ただ、仲間と走るのはとてもすてきなことですが、やや注意して仲間を選ぶようにします。ビギナーばかりのグループでは少しもの足りなくなりますので、自分と同じようなジョガーの仲間を選ぶようにします。

ビギナーのときにも、ファンランや身近なレースに参加したかもしれませんが、ジョガーになると、身近な10kmレースが目標になります。レースに参加することが日々のランニングを続けるうえでの大きな刺激となるはずです。ジョガーのスケジュールに、ベイ・トー・ブレイカーズ（サンフランシスコ：12km）、ピーチ・ツリー・ロードレース（アトランタ：10km）、あるいはコーポレイト・チャレンジ（ニューヨーク：10km）といったメジャーなレースが加わるかもしれません。競争を過度に意識したり、記録を向上させようとしたりしていなくても、競走というイメージが徐々に膨らんでくるかもしれません。好結果が続いたり、恐れなど感じないランニングの体験が多くなったりして、より健康的なライフスタイルへと確実に変容していきます。

ケガをしたり、悪天候が続いたり、一緒に走る人がやめてしまったりといった不運な状況が重なると、走ることを中断してしまい、またビギナーからスタートせざるを得なくなったりすることもあります。あるいは、大きな大会が終わると、意欲が落ちることもありますが、多くはまた走り始めます。

## 第3段階：コンペティター（競走的ジョガー）
― 競走が力になる段階 ―

誰でも競争心があります。2年間くらい走り続けると、3割くらいの人が競争へと駆り立てられるようです。自分の気持ちをうまくコントロールできれば、競争への衝動は素晴らしい動機づけになります。トレーニングへのよい刺激となり、大いに頑張ることができます。しかし、多くの競技志向のランナーはランニングから得られる多くの恩恵よりも、レースの記録を目指すようになります。

記録を目指して計画を立て始めたら、もうコンペティター（競走的ジョガー）です。順調にトレーニングが進んで、いくつかレースを経験することでより速く走りたいと願うようになります。やがて楽しく走ることよりも、より速く走るための練習を目指すようになります。もちろん、ジョガーがみんなコンペティターの段階になるとは限りません。多くは単なるジョガーのままでしょうし、なかには一気にランナーの段階になる人もいます。いずれ

にしても、競争の魅力にとりつかれることで、いくつか期待できることもあります。

　競争はとてもエキサイティングであり、ご褒美も多々得られます。より速く走るためにトレーニング量を増やしたり、ストレッチや栄養に関する本などを読みあさったりして、少しでもハイレベルのランナーに近づこうとするでしょう。トレーニング方法は日々進歩していますが、自分に適したものを選ぶことが大切です。

　ただ、競争心が過度になるとマイナスも生じます。毎日走れる量は無限ではありません。競争に勝つことやタイムを伸ばすために、より多く走らなければ、と不安になってしまうのです。また、体に脂肪がつき過ぎていると感じたり、時計のカチカチという音が聞こえてきたりします。自己ベストを出した友人の話を聞くと、負けじとそれに匹敵するトレーニングをしなければ気がすまなくなったりします。

　コンペティターは、レースに即した練習を見つけるために、より優れたランナーの練習グループを探し求めるようになります。また、自分の限界を忘れて、走行距離が増えるほど記録も伸びると単純に考えてしまいます。休養の大切さは知っているのですが、自分だけは大丈夫と過信してしまうのです。何週間も疲労状態が続き、睡眠も妨げられるほどになり、怒りっぽくなり家族や友人ともうまくいかなくなったりして、ついにはオーバートレーニングとなり、ケガをしたり健康を損ねて走れなくなったり、あるいは走りたくなくなったりしてしまいます。

　もちろん、こうしたトラブルやダメージを乗り越えると、また走ることができます。さらに学ぶこともできますし、生き生きとよみがえり、また1歩1歩階段を登ることができます。このように計画的に競技に取り組めるようになれば、次なるアスリートの段階、さらにランナーの段階へ向かっているといえるでしょう。

　過度な競争心からマイナスの教訓を得ることもありますが、多くは自己ベストを目指して疲労や不快と闘いながら頑張ることは、それ自身きわめて価値あることですし、自分の人生にも大いにプラスになります。競争を通して体力の限界に挑戦し、自分の隠れた身体資源を発見・開拓することができます。

## 第4段階：アスリート（競技者）—ベストに近い段階—

　アスリート（競技者）の段階になると、タイムの追求や勝利を強く求めるよりも、自分の力、可能性を存分に発揮することを重んじるようになります。レースには参加しますが、それ自体が目標ではなく、競技成績（タイムや順位）に拘束されない精神状態になるのです。

　コンペティターの段階では、何よりも勝負や競技成績を重んじ、平坦なコースでよいタイムを出すといった理想的条件を求めがちですが、アスリートの段階になると、勝利やレース結果は自分自身の単なる努力の結果として存在するようになります。自分が納得できるレースができれば勝つこともでき、自分の能力や限界をわきまえて、まさに「競争」を超越することができます。レース運びも冷静で、何が必要であるかに集中し、勝利や他人のことはそれほど重要でなくなり、走ることが芸術的な営みに近づきます。

　コンペティターは、勝つためにレースを探し求めますが、アスリートはレースを楽しみとし、ひたすら高順位や好記録だけを考えてはいません。ベストを尽くして走ることに専念し、結果としてレースでも成功します。また、レースで速いタイムで走るよりも、たとえゆっくりでも確実な進歩を重んじます。今、自分で何ができるかを考え、進歩が遅くなったときや滞ったときには修正を試みます。

　ランニングに関するすべての本を読み、あらゆることを試してきたコンペティターですが、アスリートである今では、実用的なことに関するものを取り入れるだけで十分です。何か問題が生じたとき、それに関する信頼できる参考書を読むだけでよいでしょう。

　計画的なトレーニングはとても重要であり、目標を定めて6～9ヶ月間程度のトレーニング計画を立てることをおすすめします。計画はいつでも柔軟に修正できるようにし、トレーニング内容はあまり詳細に記録する必要はありません。自分の体調や精神的な側面をメモする程度でよいでしょう。自分に合った計画を立て、自分が今どの位置にあり、どのような手段で目標にたどり着けばよいかを、アスリートはよくわかっています。

　もちろん、アスリートでも完璧ではありません。時には、コンペティターに後退することもあります。レースで勝てても、自分の目標に達していなけ

れば満足しませんし、レース結果の評価や分析よりも、調子が悪い日、スランプなどの満足できない要因や、そのときの感覚を重んじるようになります。

真のアスリートは、どんなレベルでも「成功」は自分の心の中にあることを悟っています。あらゆる経験が成功を導き、それぞれの経験を前向きに捉えることが、たゆまぬ進歩を引き出すことを確信しています。

なかには、あるレベルに達して満足し、競技から離れてしまうアスリートもいますが、多くは目標を巧みにコントロールして、さらに経験を深め、最も価値ある最終段階のランナーへと進んでいきます。

## 第5段階：ランナー―成熟した最終段階―

ランニングの世界への長い旅、その最終段階は、それまでの各段階の最もよい側面を調和させたランナーの段階です。ランナーは、体力や競技、トレーニング、あるいは社会的側面などのバランスをとりながら、ランニングを自分たちの生活の一部としてすっかり調和させています。もちろん、ランナーでも時には初期の段階に戻ることがあります。これはどんな分野の達人でも同じです。しかしながら、それは一時の通過点であり、総体的にはランナーの段階は幸せに満ちた最終的なステージとなるでしょう。

ランナーの本質的な焦点は走ることではないのです。家族や友人、仕事など、多くのこととランニングが見事に調和しています。走ることが、今や食事をしたり寝たり話したりすることと同じように、日常のごく当たり前のことになっています。いつ走るのか特に意識していませんが、日常のランニングが当たり前になっています。実際には、年間で走らない日はそれほど多くはありませんが、走らなくても苦痛とは感じません。

もし明日、ランニングは有害であるという科学者の発表があったとしても、ランナーは興味深くそのニュースを読みますが、いつものランニングに出かけるでしょう。身体運動の効果について明確に理解していますが、ただそれだけで走りに行くわけではありません。走ることそのものから、多くの満足を得ることができるからです。走ることが、アクティブなライフスタイルとして必要、かつ安定したものになっているのです。

ランナーにとって、仲間と走ることも楽しみですが、ほとんどは1人で走

ることが多いようです。初期の段階よりも、1人で走ることで安心感が得られ、精神的瞑想をじっくりと味わうことができます。

　ランナーの最大の満足は、筋力や持久力、フォームの調整などを適正なトレーニングに結びつけ、芸術ともいえる心身の状態を獲得していくことです。レースは、自分の隠れた能力を引き出す、ありがたく楽しい機会となります。かつては、レースには楽しみなどはないと思っていたはずですが。

　コンペティターのように、時には計画的にレースを目指しますが、レースを神聖化したりはしません。どんなレースにも、いろいろなストレスやトラブルが生じることを知り尽くしています。

　ランナーも時にはケガをしますが、多くは練習やレースにおいて初期の未熟な段階に逆戻りしていることによるものです。経験豊かな今では、普通の痛みと深刻なトラブルとをはっきり見分け、ケガを早期に見つけ完全に回復させるために、トレーニングやレース、あるいは目標タイムをためらうことなく変更できます。

　今やランナーとして、それぞれの段階の楽しさや素晴らしさをすっかり身につけています。ビギナー時代の興奮、ジョガーの熱中時代、コンペティターの野心、そして、アスリートの内なる追求。それらすべてをバランスよく理解して、より豊かなランニングライフを積極的につくり出すことができるでしょう。

# 3. さあ、始めましょう!

　走り始めて最初の1週間に起こる痛みや苦痛について、その恐怖に満ちた話をよく聞きます。これは多くの場合、走り始めてすぐにやめてしまったり、つまらないと言ったり、いかにしてランニングが嫌いになったかという理由を説明するときに聞く話です。しかし、実際にはランニングが嫌いになった人でも、それほど苦痛に満ちた段階はなかったはずです。

　何か新しいことを始めるには、ある程度の勇気と精神力が必要です。未知の世界へ向かうには、自分の信条を飛び越えることも必要です。ニュートンの法則にあてはめると、「動かないでいる体はいつまでも休んだまま」となります。これまでの怠惰な生活に打ち勝ち、ある程度の痛みを克服すれば、反対に「動ける体は、いつまでも活動的」になります。ソファーから立ち上がり1歩1歩ゆっくり動き始め、ちょっぴりの努力と休息を上手に組み合わせれば、痛みやケガのない確実な第一歩が始まるでしょう。

## ■まずは、30分の確保から

　フィットネス（体力アップ）の出発点は、週3回、30分間のランニングから始まります。この時間をしっかり確保することです。これは、自分自身のための誰にもじゃまをされない30分間です。あの怠惰な休息の世界から離れ、これだけの時間を確保することは、最初は難しいかもしれませんが、ぜひとも取り組んでください。この時間の確保が身につけば、ほとんど確実に、体力アップとともに減量にも成功するでしょう。努力（頑張り）はそれほど重要ではなく、時間を確保し、外に出ることが習慣となることが何よりも大切です。そうすれば、その成果は間違いありません。

## ■ランニングの習慣化

　週3、4回、30〜40分間のエクササイズが習慣となって半年くらいすると、ランナー（ウォーカー）は走り（歩き）終わる頃に、何ともいえないよい気

分になるものです。これはベータエンドルフィンというホルモンがもたらす何とも不思議な精神安定作用の効果と考えられます。体も心もこの走り終わった後のよい気分を楽しみに待つようになります。このホルモンは運動によって体内でつくられ、倦怠感、短気、憂うつなどのさまざまな嫌な兆候を消してくれます。半年くらい継続するだけで、この自然の報酬が確実に得られます。半年間、それは残りの人生を健康的でアクティブな生活に導くとしたら、決して長くはないし、それほど大げさなことでもないはずです。

■**より多く、より長く**

この30年間の健康や心臓病に関する研究から、生活習慣病予防や長寿への第一指標は何よりも週あたりの消費カロリーであることが明らかになっています。賢い健康法は、速くてもゆっくりでも、あるいは歩いても、走っても、週あたりの運動量（距離）をより多くすることです。スピードアップしてすぐに疲れてストップするより、スピードを落としてより長く走ったり、より多く歩いたりするほうがずっと効果的です。

［注］血圧が高めの人や肥満気味の人、あるいは心臓病を患う親族がいる人は、有酸素運動を始めるにあたっては専門医に相談すべきです。

■**ウォーキングを超えるランニングのよさとは**

ランニングはウォーキングのほぼ2倍のカロリーを消費する（ランニング1.6kmで約100kcal、ウォーキング1.6kmで約50kcal）ことから、ランニングのほうが運動時間をより濃縮して楽しめます。しかし、それ以上にランニングがもたらす最大の贈り物は、リラクゼーションとランニングそのものの喜びを感じることにあります。また心理的な研究から、ランナーは否定的な態度より積極的な態度レベルが高いことが確かめられており、ランニングは私たちを何事にもポジティブな姿勢へと導いてくれます。

■**ウォーキングとランニングの融合**

初心者でもベテランランナーでも、ランニング中にウォーキングを上手に取り入れることはとてもよいことです。その理由については、「ウォークブレイク—ウォーキングの活用—」（p.79参照）で取りあげますが、初心者ほど「歩かないで走り通す利点」はほとんどないと理解すべきです。「ウォークブレイク（歩きによる休息）」を積極的に取り入れることで、疲労を少なくし、ケガを避けながら、ランニングに適した体を無理なく手に入れることができ

ます。

# 走り始めるための5つのステップ

■**歩くことから始めよう**

　誰でも楽にできて、効果的な方法として、30分間歩くことから始めます。あくまで楽に感じる程度で続けます。

■**早歩きを入れてみる**

　30分間くらいの普通のウォーキングが楽に余裕をもってできるようになったら、いくぶん早足で歩くようにします。ただし、あまりせっかちに進める必要はありません。普通の歩きで十分ですが、ややもの足りなく感じたり、もっと陽気に歩きたいと感じたりするようなら、早歩きや細切れのジョギングを入れるとよいでしょう。

■**ジョギングを少し取り入れてみる**

　早歩きが楽にできるようになり、もう少しペースを上げてみたいと思ったら、30分間のウォーキングの中に100m程度のジョギングを3〜4回入れてみます。ゆっくりとした歩きでウォームアップをして、早歩きに入り、やがて短いジョギングを入れる方法です。

■**ジョギングを徐々に増やしてみる**

　短いジョギングを入れてもつらく感じないようになったら、ジョギング部分を少しずつ多くしていきます。あまり無理をしてはいけません。やがて30分間の余裕のあるジョギングができるようになりますが、ウォークブレイクを入れて無理のないように進めます。10分間に1回、30〜60秒間のウォークブレイクを入れるとよいでしょう。

■**40分間、そして60分間へとステップアップ**

　週3回、時間を40分間に増やしてみます。そして、週1回は60分間にトライしてみましょう。呼吸循環系の強化や脂肪燃焼により効果的です。

　また、自分を褒めてあげることも大切です。モチベーションが下がらないよう、自分自身にちょっとしたご褒美をあげるようにします。例えば、初めて1時間走を成し遂げたら、ディナーを外食で、新しいシューズを1足、あるいは読みたい本を1冊、というように、頑張ったご褒美を自分自身にプレ

ゼントするとよいでしょう。

　減量もうまくいってシェイプアップされてくると、体の変化だけでなく生活への意識も変わってきます。座りがちな生活を断ち切って、自分自身を確かに変えることができたわけです。この走り始めるための5つのステップを上手に楽しめれば、活動的なライフスタイルを続けるというよい習慣が自然に生まれてきます。自信をもって、大いに楽しんでください。

### ▶▶▶ 友人にランニングを始めさせるためのアドバイス

　くどくど言わないことです。あなた自身が健康的なライフスタイルを送る「生まれ変わったランナー」であることが、何よりもよきアドバイスになります。また、何かをやめさせようとしても、うまくいきません。動機づけは外からではなく、本人の内からくるものでなければなりません。「あなたが待っているから」ではなく、「彼らがあなたに会いたいから」やって来るのです。運動しない友人たちを走るようにすることは、石に説教するように難しいものです。

　あなたのまわりにランニングを始めようとする人がいるときには、次のような点に注意してアドバイスをしてあげてください。

**【DO（やるべきこと）】**
① 手助けやアドバイスを求めてくるまで待つ。
② ファンランやレースを一緒に観戦する。これは、ビギナーがエキサイトする最もよい方法です。
③ 興味のありそうなことを示したり、相手の話をよく聞いてあげたりする。あくまでも、自分のためではなく、相手のために。
④ 参考になる本や資料などを読むことをすすめる。例えば、書名や参照元を教えてあげるとよいでしょう。

**【DON'T（やるべきでないこと）】**
① ランニングがどんなことにも効く（セックスからハゲまで）と約束しない。
② 自分のペースや見通しだけで、相手を動物のように引っ張り回さない。
③ 走り始めないと、今にも心臓や循環機能がだめになると脅さない。

④ランニングがいかに素晴らしいか、長々と（4時間以上も）話さない。

　ビギナーにとっての最大の課題は、「いかにスタートし、それを続けるか」であり、その答えは本人自らが導き出すものです。あなたは助言者やコーチとして、ビギナーのプログラムがうまくいくような舞台づくりの手助けをしてあげてください。

第2章

トレーニング

# 1. ランニングの生理学
## —ランニング中の体内では何が起こっているのか—

　トレーニングを開始するにあたって、ランニング中の生理的なプロセスを理解することはとても重要です。プロセスを理解したうえで、ランニングによる体の反応や疲労状態を敏感に感じることができれば、ランナーにとって大きな成果をもたらします。体の中のメカニズムを理解し、体の声に敏感に耳を傾けることで、より安全に、より効果的にトレーニングを進めることができます。

## 体のメカニズム

### ■体と心の協調

　二、三千年前の西洋では、体と心は別々の存在と考えられていました。西洋人は、体を奴隷や戦車のように捉え、心がその奴隷や戦車を指図して操っていくように考えたのです。今でも、私たちは疲労や障害を押してでも目標に向かおうとすることがありますが、そんなときには体は思うとおりに動いてくれませんし、よい結果も得られません。

　一方、東洋哲学では、体と心の協調に力点を置き、両者を分けるのではなく、体と心は同じ目標に向かって協調しあって作用するという考え方をとっています。生理学者のフレデリック氏は、最初にエベレストに登頂した2人、エドモンド・ヒラリー（西洋人）とシェルパガイドを務めたテンジン・ノルゲイ（東洋人）についての物語を著書の中で紹介しています。いかにして困難な登山を成功させたかというレポーターの質問に、ヒラリーは「私たちは、あらゆる困難に挑み、山に打ち勝った」と答えたのに対し、人生のすべてを山の影で生活しているノルゲイは「人と山が頂上を目指してお互いに助けあった」と答えています。

エベレスト登頂を成し遂げた2人のように、体と心が一体となれば、長い距離を走ることも、目標に到達することもできるのです。体と心が協調しあって外部環境に適応したときに初めて一定の進歩が得られますが、体を奴隷のように扱う特攻力だけでは体は傷ついてしまいます。

■**トレーニングの原則**

トレーニングには、大きなストレスがかかります。運動は筋肉にストレスを与え、筋力を高める刺激となりますが、十分な休養をとらなければ筋肉は疲労困憊し故障を引き起こします。トレーニングをより効果的なものにするためには、ストレスと休養をバランスよく配分していくことが重要です。

ハードなスピード練習や長い距離のトレーニングの後は、ペースや距離を落とした、軽い練習日を何日かおく必要があります。また、2～3週間ごとに走行距離を落とした休養的な週を定期的に入れるようにします。トレーニングはスピード練習と走り込みが基本になりますが、走り込む日（長距離走）とスピード練習日の間には軽いランニング日を入れて回復させることで、障害も防ぐことができます。

障害を引き起こす主な原因は次の3点です。
- 毎週毎週、走行距離を伸ばし続ける。
- 日々のランニングのペースが速過ぎる（オーバーペース）。
- 休養が不十分である。

■**筋肉内の変化**

人間の体内には何億個もの細胞が存在し、その機能、形もさまざまです。なかでも、骨格筋の細胞は、皮膚細胞やそれを取り巻く単純な細胞組織とはかなり異なっています。1個の筋細胞は細い1本の線維であり、筋肉全体に束になって存在しています。図2-1（p.24参照）は、1本の筋線維を電子顕微鏡で見たものですが、筋線維は外膜があり、その内部に筋原線維をもっています。また、筋細胞の内部には、（食物から）使用可能な燃料へ分解する細胞の「発電所」といわれるミトコンドリアをもっています。

一般に筋肉は、7～14日間のトレーニングによってある程度の運動能力の向上を導くことができます。トレーニングによって、細胞レベルで体力は向上しますが、無理な負担がかかると過剰なストレスとなり、細胞膜に亀裂を生じてしまいます。細胞内のミトコンドリアは膨張し、ミトコンドリア内に

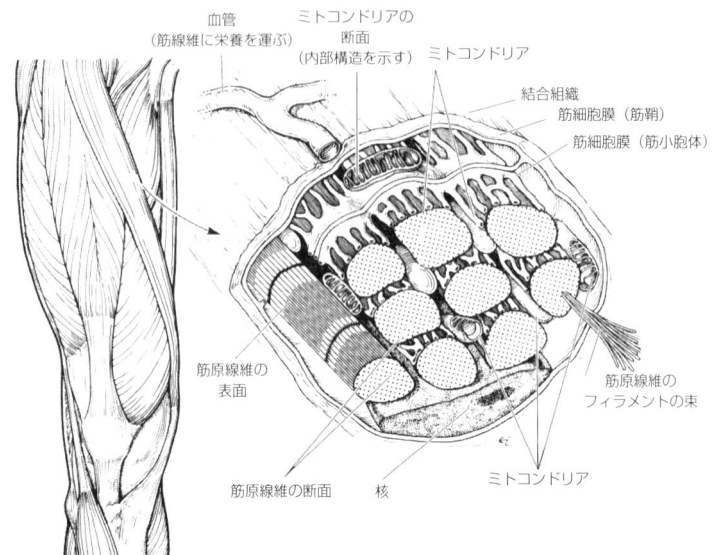

**[図 2-1] 筋線維の断面図**
脚の縫工筋から採取した1本の筋線維の断面を拡大したものです。線維からの鞘（さや）は、内部構造を見るために切断してあります。細胞の「発電所」であるミトコンドリアも、そのままの状態と切断された状態の両方で示されています。

蓄積されているグリコーゲンが、ほとんど枯渇してしまいます。

次に、生理学的側面から見た「休養に関する2つの原則」について、まとめました。日々の、あるいは週間のトレーニング計画に役立ててください。

### ■休養の原則〈1〉——休養日（短めの休息）

ストレスを受けた筋細胞はダメージの回復に48時間が必要といわれています。過剰なストレスがかかり細胞が壊れた後は、より強固に回復させるために休息を入れる必要があります。すなわち、効果的な休息によって、細胞膜がより厚く強固になり、ミトコンドリアも大きくなり数も増加し、より大きなエネルギーを発揮できるようになります。そして、動静脈の血管も強化され、数ヶ月後には毛細血管がより発達し、多くの栄養分を運ぶとともに老廃物の除去をスムーズにします。

このように、強度の高いランニングを行った後は48時間の休息が必要になりますが、完全休養（ランニング中止）を意味しているのではありません。

軽いランニングは血流量を増やし回復を促進させるので、強度の高いランニングの翌日に軽い練習日を設定するなど、48時間の休養の原則を忘れてはいけません。

### ■休養の原則〈2〉──休養週間（長めの休息）

2番目の休養の原則は、よりレベルの高いトレーニング計画を進めるために、練習を軽めにした1週間を設定することです。ハイレベルのトレーニングによるより強いストレスに筋肉が適応するのに約21日間が必要になります。ほぼ11日間でストレスに筋肉が約50％適応すると、より強くなったように感じ、さらに負荷を増加させたくなりますが、体の準備は十分ではありません。そこで、第2週、あるいは第3週に走行距離を30〜50％に減らす「練習の軽い週（休養週間）」を設定するようにします。ダメージを受けた筋線維を修復し、筋肉を休め、次の挑戦への再準備に役立ちます。48時間の原則と同様、練習の軽い休養週間の原則を忘れてはいけません。

1日の走行距離や1週間のトレーニング計画を立てる場合の原則や軽い練習日、練習の軽い週の入れ方の目安などは、本章「4. 1日および1週間の走行距離プログラム」（p.49参照）で詳しく取りあげます。

# 有酸素（エアロビック）運動と無酸素（アネロビック）運動

ゆっくりと快適な、ペースと距離が過剰にならないランニングでは酸素が十分に供給され、有酸素的に走っていることになります。このような場合、筋肉は余裕があり血流から十分に酸素を得て、産生された老廃物は容易に除去されます。

一方、スピードと距離が過剰になると、無酸素的なランニングへと向かいます。体が供給されるよりもより多くの酸素を必要とし、筋肉にはその能力を超えたストレスがかかります。短時間であれば、無酸素の状態で筋肉はある程度化学的な過程を用いて機能しますが、供給可能な酸素の量はごく限られており、その後には大量の老廃物が産生され、筋肉は張りや痛みを生じることになります。無酸素的な運動後、酸素は筋肉へ「払い戻し」を行わなければなりません（酸素負債）。スピード練習の1つの目的は無酸素的な経験を

するところにあります。つまり、酸素負債を伴うトレーニング負荷をかけ、十分な休息をとって酸素負債を返済しながら無酸素的な能力を高めるわけです。

■**食物摂取とエネルギーサイクル**

炭水化物（パン、果物、でんぷん質の食物、糖分など）を摂取した場合、まず単糖類に分解され、グリコーゲンに再合成されて、燃料として筋肉中に蓄積されます。グルコース、ラクトース（乳糖）、フルクトース（果糖）といった単糖類からグリコーゲンへと移行します。しょ糖（白砂糖）は二糖類であり、分解には多少のエネルギーも必要となり、時間もかかるようになります。

グルコースは胃壁から吸収された後、血液によって運搬され、筋細胞はこのエネルギー源を吸収し、グリコーゲンとして筋肉に蓄積します。余ったグルコースは肝臓に蓄積され、すべて満たされた後は、脂肪に変わり蓄積されます。

有酸素運動では、最初の10分間、最も利用しやすい筋細胞内のグリコーゲンを主要なエネルギー源とします。グリコーゲンはエネルギーを生み出すために血中の酸素と結合し、乳酸を含む老廃物を産生します。無酸素的な運動に移行しない限り、乳酸の産生は比較的低く、血液はそれを除去することができます。

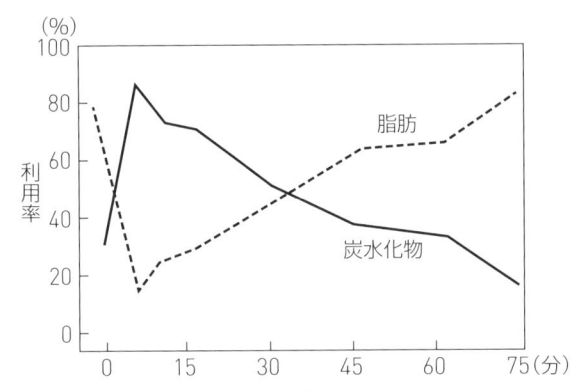

[図2-2]ランニング中の脂肪と炭水化物のエネルギー利用過程
75分間のランニング中の脂肪と炭水化物のエネルギー利用を示したものです。ほぼ30分間を超えると、炭水化物よりも脂肪の利用が上まわります。　　　コスティル著『ランニングへの科学的アプローチ』より

運動を開始して10分間が過ぎた頃から、体はエネルギー源として脂肪利用へと移行し始めます。グリコーゲンが枯渇した筋細胞を満たすために、蓄積された脂肪から遊離脂肪酸を血中に十分拡散することで長時間の運動が維持できます。30分間以上になると、脂肪は主要な燃料源となり、グリコーゲン利用は少なくなります（このことは、脂肪を摂取し過ぎたので脂肪を燃やすという意味ではありません。炭水化物が最も適したエネルギー源であり、食事での脂肪の摂り過ぎは控えるべきです）。

## ■エネルギー利用のメカニズム

脂肪はグリコーゲンよりも豊かな燃料となります。グリコーゲンは30km走れる程度しか蓄積できませんが、脂肪ではやせた人でも1000km近く走れるエネルギー量を蓄えています。長時間の燃料消費には、脂肪を有酸素的に燃焼させていくことが必要であり、無理のないペースで長時間、ゆっくり走ることが、脂肪燃焼には重要になります。オーバーペースやハードなランニングでは、酸素が十分摂取されず無酸素的にグリコーゲンが燃焼し、多くの乳酸と老廃物が産生され筋肉内に蓄積します。これが、筋肉がこわばり、「壁」にぶちあたったような減速を感じる原因となります。そして、一度筋肉のエネルギー源をグリコーゲンに依存すると、再び脂肪燃焼に移行することが困難になり、グリコーゲンは短時間で枯渇してしまいます。

したがって、トレーニングではグリコーゲンをより多く蓄えることと乳酸の処理能力を高めることがとても重要になります。そのためには、筋肉の隅々まで酸素を拡散して乳酸を除去する血液の運搬能力を向上させることです。スピード練習や長距離のランニングによって、乳酸産生の不快感に慣れ、無酸素の開始点（閾値）を遅くさせ、スピードを落とすことなく、その処理能力を高められるようになります。

また、長距離を無理なスピードで走ると、エネルギー源は利用しやすいグリコーゲンへと移行します。そして脳においては、唯一のエネルギー源であるグリコーゲンの量が少なくなると、生命を守るために、グリコーゲンの低下をいち早く感じ取り、長距離レースでゴールまで集中して走れなくなったり、意識を失って棄権せざるを得なくなったりするような症状を引き起こす場合があります。ハードなトレーニングを行う際には、こうした危険な兆候にも十分注意する必要があります。

さらに、筋肉の隅々へ脂肪を燃やすための酸素が十分にいかなかったり、グリコーゲンの供給が滞りそうになったりすると、グリコーゲンは脂肪や筋たんぱく質から捻出されるようになります。運動を持続するために、筋組織を壊しながらでもグリコーゲンを手に入れようとするわけです。

　したがって、体の手入れを怠ってはいけません。損傷を受けたり、過剰なストレスがかかったりした筋肉をそのままにしておくと障害を引き起こし、トレーニングを中断することになってしまいます。スピードや持久力向上のために、1週間に1回程度は強度を上げる必要がありますが、無理のない範囲で行うようにしてください。

### ■低脂肪・高炭水化物食

　私たちの体は、脂肪を大量に消化するようにはできていません。古代の祖先から受け継いだ素晴らしい工夫は、炭水化物中心の食物（穀物、野菜、果物）を処理する能力です。わずかな脂肪であれば処理できますが、現代的な脂肪分の多い食べ物や赤身の肉類は、体が処理できる能力を超えています。したがって、現代的な食事に甘んじていると、血管や内臓のまわりは脂肪に覆われ、動脈や心臓の冠状動脈が狭くなり動脈硬化を引き起こしてしまいます。また、脂肪は結腸がんなど他の重大な疾病とも関係しています。

　今日、持久的なスポーツでは、燃料として脂肪よりも炭水化物を選択します。筋力と持久力を向上させる高たんぱく、動物性たんぱくを主体とした食事法の神話はもうなくなっています。事実、世界陸上選手権ヘルシンキ大会（1983年）のマラソン優勝者ロバート・ド・キャステラは、プリティキン式（訳者注：1950年代、ネイサン・プリティキンが提唱した心臓病予防のための低脂肪・高炭水化物のダイエット法）にこだわりましたし、ハワイのアイアンマントライアスロン大会（1982年）で1、2、4位となったディブ・スコット、スコット・ティニィ、スコット・モリナの3選手もプリティキン式でした。炭水化物は容易に消化され、「おなかにもたれない」食事法として長距離レースに最も適しています。

### ■心臓の重要な役割

　心臓は、まさに持久的な筋肉であり、毎日毎分休まず血液を全身へ送り出すポンプの役割を果たしています。他の骨格筋と同様、心臓は通常の運動で必要とされますが、十分に使わなければ機能が低下します。事務的な仕事だ

血管内壁細胞

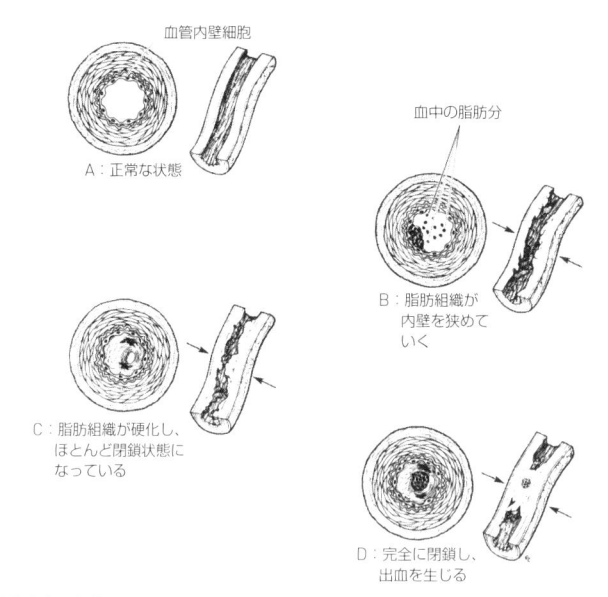

A：正常な状態

血中の脂肪分

B：脂肪組織が
　　内壁を狭めて
　　いく

C：脂肪組織が硬化し、
　　ほとんど閉鎖状態に
　　なっている

D：完全に閉鎖し、
　　出血を生じる

[図 2-3] 心臓病患者の血管壁
正常な動脈と脂肪の摂り過ぎによる動脈硬化への 3 段階を示しています。

けでは心臓を健全に保てず、冠動脈に付着物がついてしまいます。この重要な臓器は、常に付着物が取り除かれて良好に機能していくことが必要です。規則的な持久運動に取り組んでいる人の心臓の血管は、きわめて良好です。

　心臓は、運動中の筋肉に必要な血液を送るために 1 回拍出量（1 回の収縮で全身に送り出される血液の量）や心拍数を増加させて、筋肉の需要に適応します。持久的な運動を規則的に行うことによって、毛細血管の数が増え、細胞への栄養素の供給と老廃物の除去を促します。心臓がより丈夫になり、1 回拍出量が増加し、少ない数の収縮でより強度の高い運動に対応できるようになり、安静時の心拍数は少なくなります。

■速筋線維と遅筋線維の比率

　ある人は速く、またある人はより遠くまで走ることができます。筋細胞の中をのぞくことができれば、短距離選手か長距離選手のどちらに生まれてきたかがわかります。速筋線維の割合が高い人は、速いスピードで走ることに向いています。疲労しやすいが筋細胞中の糖の燃焼が非常に速い速筋線維に対し、長時間にわたって繰り返し脂肪を燃焼させる遅筋線維は、トレーニン

グ効果も得やすく、疲労に対する抵抗力もあります。

スポーツ科学者たちは、筋中に針を刺し、わずかな筋片を採取し顕微鏡下で観察することによって、個人の速筋あるいは遅筋の割合を測定します。それは、比較的簡単な方法ですが、わずかな痛みを伴い、一般的には研究のためだけに行われています。遅筋線維の割合の高いランナー（私は97％ですが）は、最後の競りあいで勝つことをあきらめなければなりません。一方、スピードのあるランナーは、脂肪を燃焼させるために、速筋線維が遅筋線維のように有酸素的役割を果たすようにトレーニングすることができます。

■肺機能

空気は口あるいは鼻、時にその両方から入り、のどと気管を通って肺に取り込まれます。気管支から気管の枝がさらに細かく分かれて、最終的には数億個の空気の袋である肺胞に到達し、ガスの交換が行われます。すなわち、酸素を取り入れ、二酸化炭素を排出します。

運動中は呼吸筋の大きな力で肺を広げて、より多くの肺胞がガス交換に動

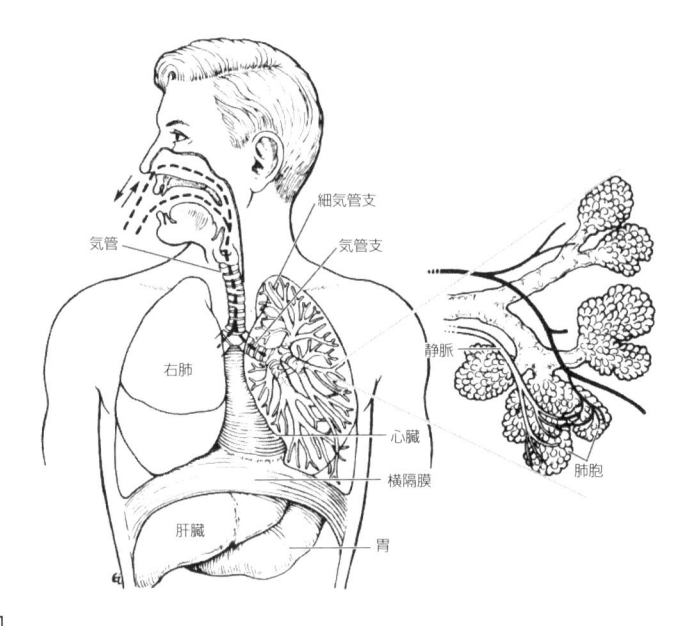

[図 2-4]
空気は、鼻や口から取り込まれ、気管および枝分かれした気管支を経て肺に到達します。イラストで拡大してあるように、最終的には肺胞と呼ばれる小さな袋で、血液とのガス交換がなされます。

員され、スピーディで効率的な肺機能へと向上します。長期間、喫煙や汚染された空気の中にいると、このガス交換能力が低下し肺機能全体も低下します。幸い、運動によって、特にランニングはこのガス交換能力を回復させ、喫煙などによって低下した肺機能を全面的に回復させることができます（喫煙や空気の汚染などがない限り、肺気腫のような肺胞の損傷も生じません）。

# 2. 基本となるトレーニング計画

　ロサンゼルスタイムズの女性記者でもあるマルレーンさんから「マラソンで3時間53分の自己ベストを更新したい」と相談を受けました。私は彼女に2、3質問し、これまでのトレーニングの進め方を少々変えることができれば、きっとできると答え、彼女のためにトレーニング計画を立案し、数週間ごとに電話で報告してもらうようにしました。

　彼女は、新たな日課となった練習経過を、素晴らしい新聞記事にしようと決心しました。つまり、あらかじめ立てたトレーニング計画を紹介し、そのプログラムに沿って長い距離をゆっくり走ることに力点を置いた練習を続け、その経過報告と成果を記事にするというのです。彼女は、オレゴン州ユージン市でのナイキマラソン大会へ参加の申し込みをし、私はその間のトレーニング計画やレースでの適正なペースづくりのためのアドバイスなど心理的なサポートも引き受けました。

　そして、マルレーンさんは、少々のトラブルはありましたが、そのトレーニングをほぼ計画どおりに進め、30kmまで走れるようになりました。ただ、30kmを超える練習はまだ経験がなく、レースでは30kmを超えるといつも「つぶれるような苦しい経験」が頭をよぎり、心理的な「壁」になっていました。そこで、私はリディアード方式の長距離をリラックスして走る方法を取り入れ、途中歩いたり、立ち止まったりしてもよいからレース前にレースの距離より長い距離を走るポイント練習で「壁」を克服することを提案しました。

　こうして、最終的には何とか42kmまで走り込み、ユージン市の大会は9月のかなり暑く湿度も高い日でしたが、自己記録を8分30秒も短縮し、3時間44分49秒で走り切りました。そして、彼女は最後まで「つぶれる」こともなく、最後の200mをラストスパートでゴールし、一連の経験を記事にしたのです。

# トレーニング計画の立案

## ■ゆっくり走れば、速くなる

このマルレーンさんの経験は、誰にもあてはまるものです。数ヶ月にわたってゆったりとリラックスして走ることは、楽しいだけでなく、障害を最小限にし、レースのためにも優れた基礎トレーニングとなります。計画的にゆっくり走るトレーニングを進めていけば、間違いなく「より速く」走れるようになるのです。

## ■リディアード方式のジョガーへの応用

私たちは、25年間にわたりランニングキャンプやクリニックなどで、リディアードのトレーニング方式を多くの市民ランナーに紹介してきました。ランナーがレースを最高の状態で迎えられるように、軽いランニングをベースにしながら、ヒルトレーニングやスピード練習を段階的に取り入れていく計画をピラミッド型で示しています（p.35 図2-5 参照）。

これまでの指導経験から、リディアード方式が世界のトップ選手たちに役立つだけでなく、すべてのランナーに応用できることを確信しました。一流ランナーだけでなく、初心者でも楽しみながら取り入れることができ、ジョガーの初マラソン完走やランナーの自己ベスト更新にも大いに役立つでしょう。

## ■トレーニング計画を立てる

さて、いよいよ自分のトレーニング計画のスタートです。過去の運動歴は計画立案の基礎となり、子ども時代に活発に運動していた人は、トレーニングの開始にあたっても有利です。会社の仲間があなたより速く走るようになったとしても驚く必要はありません。自分がまず何から始めればよいかを知り、無理をせず、少しずつ以下に示す練習や休息を段階的に進めるようにします。

私がアドバイスしたランナーの多くは休息を重んじることで走行距離は減少しましたが、トレーニングの質が向上して、よい成績を収めました。もちろん、長年座りがちな生活をしていた人でも、あきらめる必要はありません。1歩1歩段階的に始めればよいのです。

### ■目標の設定

まず、自分の目標について考えることから始めます。なぜ走りたいのか、減量のためか、走る楽しさが第一なのか、体力向上や体調維持のためか、あるいはレース出場を目指すのか、どのくらいの間隔でレースに出場するのか、などよく考えてみます。また、6ヶ月そして12ヶ月で何を成し遂げたいのかなどについて明確な目標を設定することが、計画立案の手助けとなり、より効果的なトレーニングの追求に役立ちます。

### ■自分の計画であること

自分のためのトレーニング計画が自分にとって最も優れた計画です。それは、世界レベルのランナーであっても、初心者ランナーでも同じです。うまくいった友人のトレーニング計画をそのまま受け入れてもうまくいきません。その友人は成功したかもしれませんが、彼はその計画とは関係なく生まれつきの才能で強くなったのかもしれません。私たちは、それぞれ自分に必要な体力の不足や個人的な限界があり、そうしたものを配慮した計画でなければなりません。また、トレーニングに関して新たな考えを見つけた場合も、一度は自分自身で試し、自分に必要なものかどうか、休養をどのくらいとればいいのか、など、自分のレベルに合ったトレーニング計画に仕上げていくことが大切です。

## ピラミッド型トレーニング

ここで紹介するピラミッド型トレーニングは、ほぼ4～6ヶ月のサイクルで行います。もともとエリートランナーのための持久力とスピードを向上させるトレーニング方法でしたが、図2-5に示すように、エリートからビギナーまでそれぞれの目標に到達するためのピラミッド型のトレーニングとなっています。ピラミッドの頂点はレースであり、そのレースのゴールに到達するために役立ちます。また、目標がレースでなく、調和のとれたランニングを目指すトレーニング計画としても役立ちます。レースに出るか出ないかはともかく、このピラミッド型の取り組みは、全身の持久力、フィットネス向上に大いに役立ち、ランニングをいっそう楽しくしてくれます。

第 2 章　トレーニング

**スピードトレーニング期＝ 35%**
長い距離走の練習は維持する。
全走行距離を 10% 少なくする。
ヒルトレーニングに代えて、1 週間に 1 回、
スピード練習を入れる
反復回数を徐々に増やしていく。
長い持久走、スピード練習、レースの間には
休養日を入れる
最大 8 週間スピード練習を行う。

**ヒルトレーニング期＝ 15%**
ヒルトレーニング以外は基礎トレーニング期と同じ。
1 週間に 1 回、50 ～ 200m の上り坂走（傾斜 3 ～ 7%）。
全力の 80 ～ 85% のスピードで坂道を上る（ほぼ 5 km レースのスピードで）。
下りは、ゆっくりとしたウォーキングで回復させる。
最初は 4 回程度反復し、8 ～ 12 回まで増やしていく。

**基礎トレーニング期＝ 50%**
毎日：ゆっくり、リラックスして、楽に走る。
2 週間に 1 回：長い距離走を入れる。
ペース：楽なスピードで走る。つらく感じるようなら、さらにゆっくり走る。
フォームづくり：1 週間に 2 回、ランニングの中に 4 ～ 8 本の 100 ～ 200m の
ウインドスプリント（軽い疾走）を入れる。
レース：2 週間に 1 回、長い距離走と交互に入れる。

スタート

[図 2-5] ピラミッド型トレーニング

# 基礎トレーニング期

## ■毎日のランニング

　最終的な目標達成には、基礎的なランニング、つまり有酸素的なトレーニングが最も重要になります。ある程度のスピード走は取り入れてもかまいませんが、あくまで速く走るための基礎トレーニングとして、安定したランニングを持続させる練習が基本になります。

　ピラミッドの基礎は、数ヶ月間にわたる一貫した有酸素的ランニングによってつくられ、心臓を強化し呼吸循環系機能を向上させます。これは、栄養素や酸素を効率よく筋細胞に運搬し、老廃物をより容易に除去することを意味しています。筋肉はより大きな仕事が可能になり、次の段階となる、より速く走るスピード練習の基礎固めとなります。

## ■長い距離のランニング

　長い距離を走ることで、呼吸循環系の効率を高めます。これは、この計画の中で最も重要な部分です。長い距離を走ることによって、心臓、動静脈の循環機能はより効率的に血液を輸送し、酸素を効率よく吸収する肺（呼吸）機能を支えます。筋肉が限界を超えても（レース時など）、この呼吸循環系の向上によって、すばやく対応し、より長く安定して走れるようになります。

**走行距離：** より速く走ることやレースに興味があるなら、最初の3ヶ月は、自分で走れる最長の距離から始めて16kmになるまで、2週間で3kmずつ伸ばしていくのがポイントです。その間は、次の長い距離に備えて休息をとり、体を立て直して長い距離走に臨むようにします。マラソンやハーフマラソンのためには32kmまで、10kmレースでは25km、5kmレースでは16kmまで距離を伸ばせばよいでしょう。次のスピード練習の段階までは、この距離以上に走る必要はありません。

　ピラミッドの最上段となるスピードトレーニング期になっても、長い距離を走ることは継続し、最高の結果を得るには、目標とするレースの距離を超えるまで伸ばします。理想的には、5kmレースでは16～20km、10kmレースでは25～30km、ハーフマラソンでは27～30km、マラソンなら45～48kmまで走る距離を伸ばすべきです。

　長い距離を走ること以外のランニングメニューはそれほど変更する必要は

ありません。毎日毎日距離を伸ばさなくても、この長い距離を走る練習で走行距離は確実に伸びていきます。もちろん、基礎トレーニング期でも、必要なことではありませんがレースに出場することはできます。最高のスピードを出すことは避けるようにして、長い距離を走らない週にレースを楽しむようにします。

**走るスピード**：長い距離の練習では、特にゆっくり走るようにします。目標とするレースペース（レースで走るスピード）よりも1kmを1分30秒から2分くらい遅いペースにし、ゆっくりと、そしてウォークブレイクも多く取り入れて、スローダウンに努めます。長い距離を走るのに遅過ぎるという心配はありません。

**大会や競走に興味がなくても**：長い距離のトレーニングは、どんなレベルのランナーでも用いています。世界的なランナーでも用いていますし、週末に10kmレースやマラソンを走るランナーでは、レースに近い長い距離を走ることによって、レース全体のペースやレース結果を予想できます。もちろん、1日に3〜5km、1週間に2、3回しか走らないランナーにも用いることができます。大会や競走に興味がなくても、自分の走力に応じた距離で2週間に1回はいくぶん長い距離を走るようにします。仮に、1週間に1回5kmしか走らないとすれば、次回は6km走にトライし、2週間後は8kmを目標にしてみます。それでも長く感じるようなら、2週間で1kmずつ増やすようにします。こうしてだんだん長い距離が走れるようになると、より多くの脂肪が燃焼されるようになり、体調もよくなって、レースに出なくてもランニングがいっそう楽しめるようになります。

## ■ペース

　毎日のランニングや長い距離のランニングとも、ほぼ10kmレースのペースよりも1kmで1分から1分30秒ぐらい遅いペースで走るようにします。私は1分30秒遅いペースで走っています。たとえ、速いペースが快適に感じられても、ペースを落としてよりゆっくりとしたランニングを楽しむようにします。これによって、レースでより速く走るための軽い練習として必要な休息が得られます。

## ■フォーム練習

　1週間に2回くらい軽いランニングの日を設定し、ウインドスプリント（軽

い疾走）を4〜8本、十分な回復を挟みながら入れるようにします。100〜200mくらいの距離で、全力疾走ではなく余裕のあるスピードで疾走します（ほぼ1500mレースのスピードで）。タイムなどは気にせず、正しいフォームやよい動きに集中して走るようにします。

■レース

この段階（基礎トレーニング期）でのレースは、最終目標の大きなレースへのステップとして位置づけ、多くとも2週間に1回程度とします。できれば1ヶ月に1回くらいがおすすめです。レースでは、全力で疲労困憊になるまで追い込まないようにし、普段のランニングよりいくぶん速く走る程度とします。

# ヒルトレーニング期

基礎トレーニングによって、持久力の向上と心臓血管の効率を十分に高めることができました。最終段階のスピードトレーニング期に入る前に、筋力向上を図るためのヒルトレーニングが効果的です。無酸素的な追い込みをすることなく、より速く走るための筋肉をつくることができます。

リディアードは、ヒルトレーニングは地形（丘陵）を利用し容易に負荷が得られる最も優れたトレーニングであると強調しています。丘陵は、ランニングのための筋肉を強化し、ウエイトトレーニングでは強化できない機能的な筋力を向上させます。ランニングの主動筋となる大腿四頭筋、腓腹筋、さらに下腿三頭筋（ふくらはぎ）を強化します。特に、ふくらはぎの強化は体重を前方へ送り出す力強いキックを生み出し、強靱な足首をもたらします。

基礎トレーニングでは、体の内部をしっかりつくり上げましたが、ヒルトレーニングはランニングのための筋力づくりと呼ぶこともできます。脚は酸素負債に陥ることなく、今後のスピードトレーニングの強度に耐えられる脚力を身につけることができます。

ピラミッド型のヒルトレーニング期といっても、基礎トレーニング期との違いはただ1つ、1週間に1回ヒルトレーニングが入るだけです。他はすべて基礎トレーニング期と同じです。多くのランナーは週の中頃、火曜日か水曜日にヒルトレーニングを入れています。

傾斜が3～7％程度の適度な丘陵（上り坂）を利用します。急斜面では安定したフォームやリズムが乱れてしまうので、ほどよい上り坂が適しています。50～200mの上り坂を全力の85％くらいで上り（10kmレースのペースよりやや速い程度）、下りはゆっくりとしたウォーキングで回復させます。必要ならより長く休息をとります。無酸素的な負荷がかかりますが、4セットくらいから始め、週ごとに1セットずつ増やして8～12セットくらいを目指します。ヒルトレーニングやレース、あるいは長い距離走との間は2日間の休息を入れます。ヒルトレーニングは、通常4～6週間継続します。経験豊かなランナーは、1週間に2回ヒルトレーニングを入れる場合もありますが、障害の心配もありますので十分な注意が必要です。

## スピードトレーニング期

基礎トレーニングで持久力を養い、ヒルトレーニングによって力強い筋肉を身につければ、スピードトレーニングへの準備が整います。長い距離走の練習を継続しながら、このスピードトレーニングを加えることで、どんな距離でもより速く走れるようになります。主要な筋肉群はトレーニング負荷に反応し、適度な休息によって週ごとに力強くなります。最終的には、実際のレースの場面を想定したスピードまで高めることができます。

以前のスピードトレーニングの手段はタイムトライアルかレースで、次のレースまでトレーニングをほとんど行いませんでした。レースと同じ距離のタイムトライアルで意欲を喚起していましたが、スピード向上にはあまり役立ちませんでした。1920年頃、ヨーロッパからインターバル走とファルトレクが入ってきました。これらの練習法は、レースの距離をいくつかに分割する方法です。一定の距離をレースのペースより速く走り、短いインターバルで回復させながら反復練習します。反復回数と走スピードはレースに必要な走力に近づくまで徐々に増やします。ただ、ハードな急走期と回復期とに分割されることから、実際のレースで必要とされるストレスとやや違ってきます。また、短い休息で筋肉を回復させようとしますが、ハードな走スピードで疲労が蓄積したり筋肉を痛めたりすることがあります。

### ■原則は8週間

ほぼ8週間のスピードトレーニングで、最高のパフォーマンス（成果）が得られますが、8週間を超えると障害や慢性疲労などの危険が生じます。

### ■初心者が避けるべきこと

スピードトレーニングは、ストレスが多く、長い距離を走る練習よりもダメージが大きくなるため、初心者は避けるべきです。もちろん、より長い距離をいくぶん速く走るトレーニングは可能ですが、1年間あるいは2年間くらい基礎トレーニングをじっくり行うべきです。基礎トレーニング期間でも、時々スピードを上げ過ぎて失敗することがありますので、スピードの出し過ぎには十分注意すべきです。

## 新たなピラミッドに取り組む

ピラミッドの頂点であるスピードトレーニング期を終え、ビッグレースにも出場した後は、また新たなピラミッドの基礎から再び始めます。新たなピラミッドの基礎トレーニング期に戻ることは、スピード練習やレースのハードな期間の後に息抜きが入ることになります。ピーク時に使い果たした体力や筋肉を回復させながら、次のピークに向かって再び心臓血管系の基礎トレーニングから取り組みます。

ちょうど、浜辺につくられた砂のピラミッドのようなものです。しっかり休養をとって、どっしりした土台をつくったうえでスタートすれば、それだけピラミッドの高さも高くなり、体調は順調に上向き、大きな成果が得られます。1つのピラミッドを次のピラミッドの土台にすることができます。例えば、春に5kmレースや10kmレースに向けてつくったピラミッドは、秋のハーフマラソンへのピラミッドづくりに必要なスピード練習を取り入れたことになりますし、またマラソンに向けてつくったピラミッドは、次の春の10kmレースに向けた持久力をもたらします。こうした一連の段階的な取り組みが、さらに大きな目標達成を生み出すのです。

本章では、練習計画、目標設定、あるいはランニングのための新しい取り組みについて、基本的なことを示しました。第3章では具体的な計画の立て方などより詳しく取りあげます。

# 3. ランニング日誌と心拍トレーニング
―日々のトレーニングの記録―

## ランニング日誌

　ランニング日誌はつけなければならないかと問われれば、必ずしもその必要はありません。確かに、計画などなしに、思うままに走ったり、森の中を走っているうちに日没になってしまったりというような素晴らしい経験は山ほどできるものです。しかし、単にジョギングを楽しむことと体系立てて走ることとは区別しなければなりません。ランナーは、より向上を目指し、レースで成功を収めるため、あるいは障害を未然に防ぐためにも、計画的に練習しなければなりません。もちろん、単にジョギングを楽しむだけなら、その必要はありません。

　日誌などなしに1ヶ月、あるいは1年間を走り続ける人も数多くいますが、それによって多くのトラブルや自信喪失など、不必要なことがたくさん起こります。そして、結果的には障害を引き起こして、友人に見習って日誌を書きつけるようになり、トラブルなしに走れることを発見します。

　日誌は、過去の成功や失敗を分析するのに役立ちます。書き留めておいたささいなことでも振り返り、現時点までのプロセスを知ることで、練習計画をより発展させてくれます。毎日の練習を記録し結果を分析することで、より効果的な計画を立てることができます。つまり、日誌は過去の記録として利用するだけでなく、将来のトレーニングやレースを計画するためにも大いに役立つのです。

### ■目標設定や計画づくりに役立てる

　目標に順調に向かっていくためには計画が必要です。「トラブルを起こさないためにも、やり過ぎない」練習計画を立てなければなりません。また、目標タイムに向かう計画づくりでは創造的なインスピレーションを楽しむこと

もできます。計画があることで、ビギナーはより快適に、無理のないランニングができますし、ベテランランナーはより高い目標に向かって、段階的に計画を進めることができます。

　計画は1歩1歩、段階的に進めることが大切であり、各段階での小さな達成や成功が少しずつ自信を与えてくれます。また、トレーニングによる刺激と休養の的確な組み合わせがとても重要です。もちろん、計画には柔軟性も必要です。各段階での見直しや日誌に記された日々の状況、生活の中のさまざまな要因などをもとに、柔軟に修正していくことが必要です。目標へのルート変更はよくあるものです。

　日誌をつけることで、順調で長期にわたるトレーニングが継続されます。また、日誌は将来への計画だけでなく、過去の進歩を記録することで、調子が振るわないときなどにひらめきや勇気を与えてくれますし、障害やトラブルを予兆し同じ失敗を未然に防いでくれます。

■**ランニング日誌の内容**

　ランニング日誌は、壁にかけられるランニングカレンダーのようなもので十分です。その中に、以下のような項目が記録できるようにします。

**長い距離のランニング**：リラックスして挑戦的に取り組みます。年々速く走ることはできなくても、距離を伸ばしていくことはできます。その進歩と達成感は自分自身が一番よく実感できます。

**ハードなランニング**：いくぶんハードに走ることでスピードをつけることができます。レースを目指すならば、ほぼ1週間に1回程度ハードなランニングを計画します。一般的には、一気にハードなスピード練習を取り入れる前に、ヒルトレーニングのような移行的内容を取り入れるようにします。

**ファンラン**：仲間とのおしゃべりランや一緒にゆったり楽しく走るファンランです。長い距離やハードに走るばかりでなく、軽く走る日やこうしたファンランなどをバランスよく取り入れるべきです。ちょうど、「日曜日のバーベキュー」のような雰囲気でファンランを楽しみます。

**フォームづくり**：ウインドスプリント（軽い疾走）を、年間を通して1週間に2回くらい取り入れることで、フォームを正しくし、ランニングを大いに進歩させます。

**巡回ランニング**：これは家の近くの美しい場所を巡る小旅行のようなランニ

ングです。毎日同じコースを走っている人は、巡回ランニングを取り入れて、異なった地形や景色のよい場所を楽しみながら走ってください。

**レース**：レースは競走の直接的な経験であるだけでなく、自分のランニングを評価し進歩させるのにとても役立ちます。レースに向かっていくことで、毎日のランニングがより明確になり、意欲的に走り続けることができます。また、レースでは数多くのランナーと出会うことで、その一体感、感激も大きなものが得られます。

**旅行**：出張や休暇を利用した旅行先でのランニングはとてもワクワクします。時には、見知らぬ土地でランニング仲間を見つけることもできます。ランニングを知らない隣人よりも旅先で出会ったランナーのほうがずっと身近に感じるかもしれません。

**ご褒美**：食事であったり、ウエアやシューズであったりとさまざまですが、目に見えるご褒美を得ることで大いに励まされます。トレーニングでのささいなご褒美が、やがて著しい記録の向上や完走の大きな喜びといったビッグなご褒美として帰ってきます。

**気楽なランニング**：目的が明確なランニング（スピード練習、レース、フォームづくりなど）以外は、すべて気軽な、ゆったりとした快適なペースでのランニングとなります。

## ■日誌はトレーニングの一部

日誌をつけることは、ランニングプログラムの一部となります。日誌をつけながら、何をなすべきかよく理解し、より意欲的にランニングを追求することができます。目標へと導くポイント練習、長い距離走や強度の高いランニング、レースなどの他、上記に挙げた項目をしっかりと日誌に書き留めながら、計画的にピラミッドの頂点に向かっていきます。

## ■脈拍や体重も記録する

体調管理のカギは、起床時の安静脈拍数を日誌に毎日記録していくことです。食事や外的な影響を受けていない起床直後にできるだけ測るようにします。2週間の平均値を基準とし、基準より10%を超えるときは練習強度を落とし、1～2日ほど練習量を軽くすべきです。こうして、自分の体調や練習量をモニターしながら、必要なときは適宜休養日を増やすようにします。

また、毎日の体重変化を記録していくことも大切です。1ポンド（0.45kg）

○アキレス腱に気をつけること。
○日曜日の30km走を走り切ること（特にオーバーペースに気をつける）。
○毎日のランニングでの走り始めをゆっくり走ること。

sc＝いつものコース　　in＝障害　　sp＝スピード練習　　l＝長距離走
sn＝景色を楽しむラン　　tr＝長距離移動のラン　　gr＝グループ走
adj＝調整ラン　　fn＝ファンラン　　fb＝脂肪燃焼ラン　　nu＝栄養
mn＝メンタルトレーニング　　ag＝思い出ラン　　so＝社交的ラン

注：表中の1～10は練習強度を表す。

| | | | | |
|---|---|---|---|---|
| 1/1 (月) | 目標 | 軽めのラン35分間 ウインドスプリント4～8回 | 1 | *曇り空の中、自分自身を奮い立たせた！ *左アキレス腱が気がかり。冷やすべきであろう。 *まずランニングを楽しむこと！ |
| | | | 2 | |
| | 時間 | 31分間 | ③ | |
| | 距離 | 5km | 4 | |
| | 朝の脈拍数 | 52 | 5 | |
| | 天気 | 雨、寒い | 6 | |
| | 気温 | 氷点下3℃ | 7 | |
| | 時刻 | 午後5時 | 8 | |
| | コース | ローリング、アップダウンあり | 9 | |
| | ウォークブレイク | — | 10 | |
| 1/2 (火) | 目標 | 軽めのラン45分間 景色を楽しみながら | 1 | 素晴らしい日の出。 とても珍しい日であった。 体はそれほど走りたいと思っていないが、心はランニングを切望している。 川沿いの新しいトレイルをかなりゆっくりと走る。 非常にいい気分（走り始めをゆっくりと意識できた）。 |
| | | | 2 | |
| | 時間 | 52分間 | 3 | |
| | 距離 | 距離を気にしない | 4 | |
| | 朝の脈拍数 | 51 | 5 | |
| | 天気 | 晴れ、やや乾燥気味 | 6 | |
| | 気温 | 9℃ | 7 | |
| | 時刻 | 午前6時 | 8 | |
| | コース | ミックス | ⑨ | |
| | ウォークブレイク | — | 10 | |
| 1/3 (水) | 目標 | オフ（休養日）— クロストレーニング、水中ラン | 1 | 腕振りランニング（腕振り10回×5セット）、水中での腕振りランニングを2分間×3セット（15分間休み、新しい救命胴着をつけて）。 バーバラと15分間水中ウォーキング。 |
| | | | 2 | |
| | 時間 | 33分間 | 3 | |
| | 距離 | — | 4 | |
| | 朝の脈拍数 | 52 | 5 | |
| | 天気 | — | 6 | |
| | 気温 | — | 7 | |
| | 時刻 | 午後6時 | 8 | |
| | コース | | 9 | |
| | ウォークブレイク | | 10 | |

[図2-6] ギャロウェイ考案のランニング日誌

## 第2章 トレーニング

| 1/4 (木) | 目標 | 軽めのラン 35 分間 (sc) | 1 | バーバラ、ウェスティン、サンボと4人で大いに頑張った！ |
|---|---|---|---|---|
| | 時間 | 45 分間 | 2 | 私は、ペースが速過ぎて終盤は疲労こんぱい。 |
| | 距離 | 10km | 3 | アキレス腱が痛み、15 分間アイシングをした。 |
| | 朝の脈拍数 | 49 | 4 | |
| | 天気 | 曇り | 5 | |
| | 気温 | 4℃ | 6 | |
| | 時刻 | 午後6時 | 7 | |
| | コース | ローリング、アップダウンあり | ⑧ | |
| | ウォークブレイク | ─── | 9 | |
| | | | 10 | |
| 1/5 (金) | 目標 | 45 分間 (sp) 800m × 5 | 1 | 今年最初のテスト練習。400m ウォークで反復練習。最後の1本は苦しんだ（追い込んだ）。 |
| | 時間 | 1 時間 15 分 | 2 | アキレス腱の痛みあり──15 分間のアイシング。 |
| | 距離 | 12km | 3 | 12 分間のウォームアップ、練習後 12 分間のクールダウン。 |
| | 朝の脈拍数 | 53 | 4 | |
| | 天気 | 晴れ | ⑤ | 感覚は「5」だったが、実際は「8」まで追い込めた。 |
| | 気温 | 7℃ | 6 | |
| | 時刻 | 午後5時 | 7 | |
| | コース | トラック | ⑧ | |
| | ウォークブレイク | 400m | 9 | |
| | | | 10 | |
| 1/6 (土) | 目標 | 休養日 | 1 | 子どもたちとサッカー遊び（朝）。 |
| | 時間 | | 2 | ＊ウェスティンは不調から抜け出ることが今年の第一目標。 |
| | 距離 | | 3 | ブレナンのクロスカントリーレースは、ラスト800m で8位から3位に躍進。とてもうれしい！ |
| | 朝の脈拍数 | 55 | 4 | |
| | 天気 | | 5 | |
| | 気温 | | 6 | |
| | 時刻 | | 7 | |
| | コース | | 8 | |
| | ウォークブレイク | | 9 | |
| | | | 10 | |
| 1/7 (日) | 目標 | 30km 走 (l) 快調に！ | 1 | 30km をしっかり走り通すことができた（グループを引き連れて）。 |
| | 時間 | 2 時間 53 分 | 2 | この 18 ヶ月で最長距離となる。 |
| | 距離 | 30km | 3 | しかし、 |
| | 朝の脈拍数 | 52 | 4 | ＊最初の 8km は少し速く走り過ぎた。 |
| | 天気 | 風はなく、乾燥 | 5 | ＊アキレス腱の回復のために、3 日間の休養が必要。 |
| | 気温 | 10℃ | ⑥ | |
| | 時刻 | 午前7時 | 7 | |
| | コース | 平坦なコース | 8 | |
| | ウォークブレイク | 1.6km ごとに1分間 | 9 | |
| | | | 10 | |

脈拍がやや高い──十分に回復していない──週3日の休養日が必要！

の脂肪を減らすには約56km走る必要があります。走らない日でも、脱水による体重減少があります。起床後に体重を測り、日誌に記録します。2％以上体重減少がある場合は、練習を軽く落とします。3％を超える体重減少では練習は中止して、十分な水分補給に努めます。

## 心拍トレーニング

　心拍計モニターや心拍計つき時計など価格も手ごろになって、多くのランナーが利用できるようになりました。私はあくまで自分の感覚とモニターを上手に利用すべきだと思っています。つまり、走行中にもっと追い込めるかどうかといった主観的なペース感覚を正しく身につけていく手助けにすべきです。心拍計モニターに頼り過ぎると、本能的なペース感覚を逆に失ってしまうからです。

　ウィスコンシン大学の著名なスポーツ心理学者モーガン博士の研究で、世界クラスの競技者の多くはストレスの強さを主観的に正しく感じていますが、あるグループではストレス強度と主観的な感覚とが一致していないことがわかっています。トレーニングによって直感的な能力は研ぎ澄まされ、いつ休むべきか、ウォークブレイクを入れるべきか、追い込めるか、あるいはもう追い込むべきではないのかなど、直感的な判断力が磨かれます。このような自分の体調をモニターできる感覚は、走能力の向上やランニングをより長く楽しむためにもとても大切になります。

　心拍計モニターが自身の直感力に代わるほど、オーバートレーニング予防に役立つとは思いませんが、心拍データを記録したり、客観的にチェックしたりするにはとても有効です。ただ、疑わしいときにはやはり直感を大切にすべきだと思います。例えば、心拍計モニターがもっとハードにスピードやペースを上げられると示しているのに、自分の感覚はもう十分、休息を欲しているようなときです。

　走行中の心拍数はいかに頑張っているか、走りの客観的な強度を教えてくれ、スピードトレーニングや10kmレースなどに役立ちます。自分の最高心拍数を知り、そのデータをもとに適正なスピードや距離を決めていく手助けになります。ただ、最高心拍数のテストは、できるだけ心臓医や運動生理学

者の監督下で測定すべきです。心臓医は心電計で測定し、あわせて心拍計のチェックもやってくれるでしょう。多くの心拍計モニターは1分間に1〜3拍のカウントミスがあるので、その信頼性を確認することができ、あわせてストレステストから医学的なチェックや自分のトレーニングの度合いも教えてくれます。

最初は最高心拍数の何%などと、やや面倒に感じるかもしれませんが、心拍計モニターに慣れてくると、トレーニング強度や疲労状況を教えてくれる偉大なツールとして役立つでしょう。

■心拍計モニターの利用法

1）軽い練習日に役立てる：普通の体力づくりや楽しみのためのランニングにはモニターは必要ありませんが、軽い練習日についハードに追い込み過ぎて、過労や故障に陥る「頑張り型ランナー」には役立ちます。軽い練習日には、最高心拍数の65%以下を維持することで、脚部の疲労を防ぎます。

2）ウインドスプリントの目安にする：効率のよいランニングを身につけるための「ウインドスプリント（全力疾走の70〜80%のスピードで、100〜200mの短い距離を走る）」を4〜6回反復する際の目安になります。激しく追い込み過ぎないように、最高心拍数の75%を目安に、それを超える場合はストライドをやや短めに、地面を滑るように加速して75%以下に保つようにします。

3）長い距離走に役立てる：長い距離走ではレースペースよりも1kmを1分30秒から2分くらい遅く走り始めますが、そのときの目安は最高心拍数の65%に抑え、終盤でも70%を超えないようにします。前半で70%を超えるようなら、ペースをさらに落とし、ウォークブレイクをより多くして無理のない心拍数を維持します。湿度が高く気温が20℃以上になると心拍数が高くなりますので注意が必要です。88%を超える場合は、歩きを中心にします。

4）安静時心拍数を活用する：起床して10分間くらい座位姿勢で安静時の心拍数を測り、ランニング日誌やパソコンに記録するようにします。心拍数が普段より5%を超えるようなら軽い練習日にし、10%を超える場合は完全休養日とします。

■心拍計モニターのスピード練習への利用

ウォームアップ：心拍計モニターはウォームアップに用いる必要はありません。
70%ルール：最高心拍数を測り、モニターの設定ができたらスタートです。

最高心拍数の70％を上限にしたスピード練習がポイントになります。2〜3kmの反復練習でも心拍数を70％までに抑えるべきです。さらに、5km、10km、ハーフマラソンのスピード練習でも同様です。

**休息時は65％以下に回復**：スピード練習の回復期はウォーキングやゆっくりとしたジョギングで反復しますが、この回復期にモニターが大いに役立ちます。次のスピード負荷に入るまで少なくとも65％以下まで回復させてから反復するようにします。

**上限は80％**：スピード練習での上限は80％とすべきです。ただし、このレベルでやり過ぎるとオーバートレーニングや障害を引き起こします。やや多めのスピード練習（800m×12、400m×18など）では、最初の3分の1くらいは80％まで追い込まないようにします。その後、80％に強度を上げて、コンディションがよければ後半は80％を超えて90％くらいまで追い込むことができます。

**トップスピードを目指すなら**：さらにトップスピードを目指すには、90％以上が目安になりますが、回復時間をより長くする必要があります。90％まで追い込む距離は、スピード練習の4分の1（400mの反復練習では100m）くらいを限度とすべきです。

■ペース走での心拍数の目安

　週半ばに行うスピード練習でのペース設定はレースペースを目安にすべきです。短い距離のレースではややペースを上げて、より長い距離ではいくぶんペースを遅くします。

**5kmレースのためのペース走**：最初の200mを70％水準で、その後75％程度にして、最後の400mは80％以上で。

**10kmレースのためのペース走**：最初の400mを70％水準で、その後75％程度にして、最後の400mは80％以上で。

**ハーフマラソンのためのペース走**：最初の200mを65％水準で、その後70％程度にして、最後の200mを80％で。

**フルマラソンのためのペース走**：最初の400mは65％水準で、その後75％程度にして、最後の3〜5kmは85％以下で。

■軽い練習日の心拍数の目安

　軽い練習日は最高心拍数の70％以下にします。65％以下でもOKです。

## 4. 1日および1週間の走行距離プログラム
### ―休養の重要性―

　ケニー・ムーアは、1972年ミュンヘンオリンピックのマラソンで4位に入賞しました。彼は、休養の重要性に気がつかなければ、とてもこんなに成功することはなかったと述べています。高校時代、ムーアは試合で一度も勝ったことがありませんでした。オレゴン大学に進み、1年半ほどのトレーニングで記録も伸び始め、練習で何人かのランナーに「勝てる」ようになってきました。

　「勝てる」見通しに力づけられ、ムーアはスタンフォード大学との室内陸上に向けてよりハードな練習、プラスαの練習に取り組みました。そして、誰も自分ほどハードな練習はやっていないという自信をもって、2マイル（3.2km）レースのスタートラインに立ちました。スタート後ムーアは先頭に立ちましたが、中盤を過ぎてからスピードが低下し、その年の最低記録9分48秒でゴールしました。

　ロッカールームで深く落ち込んでいるムーアに、世界的なコーチであるビル・バウワーマンが肩に優しく手を置き、「トレーニングのやり過ぎ」を指摘しました。そして、これから2週間チームから離れ、1日5kmの軽いランニング以上は走るべきではないと言ったのです。ムーアは侮辱されたように思い、さらにハードな練習を行わなければと思っていました。バウワーマンはその間違いをねばり強く手紙でも指摘しました。2週間後のワシントン州立大学との対抗戦で、ムーアはこんなトレーニング不足では結果は期待できないという思いでスタートラインに立ちました。ところが、この2マイルレースでは、最初は後方に位置していましたが、1マイル（1.6km）で先頭に立ち、主導権を握って8分48秒で勝利を得たのです。

　ムーアは自己ベストで勝利を得ましたが、彼の心はバウワーマンへの感謝とおわびの気持ちでいっぱいでした。もちろん、偉大なバウワーマンは、

> **強くなるためのポイント**
>
> 走ることができなくなれば、それ以上の進歩は望めません。強くなるために最も重要なことは、障害をなくすことです。多くのランナーが頑張り過ぎて、結局、強制的な休養、すなわち「障害」を引き起こし、その回復に多くの時間を費やして、進歩が遅れてしまいます。したがって、トレーニングの中で上手に休養を入れることが、障害を避けるポイントになります。

「ムーアは神の復讐にでも直面しない限り休まない」ことをよく知っていました。

## ■「走り過ぎ」がもたらす3つのトラブル

「走り過ぎ」を戒めるために、「自分の体の声に耳を傾けて」という格言があります。これができれば最高ですが、なかなかその兆候がよくわからなかったり、耳を傾ける注意を怠ったりします。また、時には実際の筋疲労の状態に無関心だったり、目標達成が遠のくと思ったりして、危険な兆候を見逃すこともあります。

筋肉に過剰なストレスがかかると、体は疲労を覆い隠そうとします。疲労困憊してきても、体はある程度余力をもっていますが、その余力には限界があり、次の3つのトラブル、障害、病気、スランプ（不調）をもたらします。

**障害**：余力を使い果たした筋肉は過剰なストレスで壊れてしまいます。例えば、ふくらはぎの筋肉は走るのに大きなパワーを発揮しますが、この筋肉が疲労すると下肢の他の筋肉に負担がかかります。特に、回内（脚部の内側へのねじれ）が大きいランナーは、シンスプリントなどの脛骨部の障害を引き起こします。

**病気**：体が長期間にわたってストレスにさらされると、病気に対する抵抗力が急激に低下します。風邪などが流行している場合は、病原菌の蔓延していない安全で快適な場所で過ごすようにします。また、過剰な出費や苦しみなどから逃れるようにしましょう。

**スランプ（不調）**：うまく障害や病気から逃れても、疲労の旅の最後に待ち受けているのがスランプです。不調のどん底に陥って、思うように筋肉は反応してくれません。余力が十分に回復されるまで、疲労感、不調感、エネルギーの枯渇感などが数週間、あるいは数ヶ月も続きます。

どうすれば、この3つのトラブルを防ぐことができるでしょうか。その解答は「休養」です。トラブルによって長く走れなくなる前に、「体の声に耳を傾け」、練習ばかりでなく、トレーニング計画の中に「休養」をきちんと位置づけることが大切です。

# トレーニング＋休養

### ■最大の効果を生み出すために

近年、より強くなるためにシンプルな「休養の原則」が重要視されています。コーチや生理学者、トップアスリートは筋力と持久力を最も効果的に向上させるために、一定のストレスをかけた後、筋肉を休ませる方法を強調しています。日々あるいは週ごとの走行距離にこの原則を配慮します。

休養は（トレーニングによる）ストレスと同程度に重要となります。筋肉はストレスを受けた後に十分な休養が与えられてこそ強くなります。トラブルや障害の大部分は、この原則の後半（休養）が守られていないことが原因となっています。スピードトレーニングやレース、長い距離のランニング、あるいは週間走行距離の増加などで大きなストレスがかかり、その間に十分な休養を入れない限り、障害を引き起こすことになります。

個々の筋細胞は、よりハードな筋作業に対しては、その準備が不十分でも少なからずダメージを受けます。筋肉は酸素や燃料を効率よく供給できず、大量の老廃物を産生し、ミトコンドリア内では、必要とされるエネルギーを十分に加工できません。また、循環器系にも過剰な負荷がかかって、細胞壁が膨張し、破壊されて障害を引き起こします。

ただし、運動後48時間の休養を入れることで、これらの大部分は回復します。細胞壁、動静脈の血管はより強靱になり、ミトコンドリアは再び力を取

[表2-1] 筋細胞内での変化

|  | ハードなランニングの結果 | 休養の効果 |
| --- | --- | --- |
| ミトコンドリア | 膨張、エネルギーの枯渇 | 再補充 |
| 細胞壁 | 崩壊 | 崩壊の治癒 |
| 老廃物 | 乳酸の産生 | 老廃物の除去、栄養の再補充 |

り戻し、毛細血管から老廃物を除去して栄養を供給するようになります。したがって、ハードな練習の後は回復のために、2日間の軽い練習日が必要となります。

# 日々の練習計画

　今日、ランナーはハードな練習の翌日はトレーニングを軽くすべきだということを知っています。オレゴンのビル・バウワーマンもこの原則を支持していますが、1966年、3000m障害のゲオ・ホリスターに出会うまでは、そうではありませんでした。バウワーマンはハードな練習を毎日積み重ねてこそ強くなっていく、「軽く落とす（練習量や強度を落とす）」ことは手を抜くことと同じとさえ思っていました。ところが、ホリスターの出身校では1日おきに軽く落とす練習で全国チャンピオンや世界的な記録を数多く輩出していることを知りました。多くのランナーは、いまだに毎日ハードに追い込まない限り強くなれないと信じて、結果的に障害に多くの時間を割いています。

### ■軽い練習日の原則

　ハードな練習日の翌日は完全休養日とするのではなく、距離は短めにし、ゆっくり軽く走ります。これで血液や酸素、栄養素をゆっくり循環させ、回復を早めることができます。シーハン博士は走る強度を1日おきに変更した数年後、62歳で自己ベスト3時間01分を記録しました。また、41歳で、マラソンを2時間11分で走ったニュージーランドのジャック・フォスターは、1週間に3日、多くても4日しか走りません。「トレーニングを10日続けると必ず障害を引き起こす」という経験から変更したそうです。その約2年後、50歳でマラソンを2時間20分で走っており、走らない日には自転車に乗るそうです。

　自分に合った休養日の練習パターンを見つけることが大切です。ハードな練習や重みのある長い距離の練習でも、1人ひとり反応は違います。ある人はその夜に、ある人は次の日に疲労を強く感じることもあります。その疲労が長引いて障害へとつながる場合もあります。いずれにしても、疲れをあまり感じなくても、ハードに走った後の1日か2日は練習量や強度を落とすことが重要です。

## ■1週間に何日走るか

基礎的な研究では、週に3日走れば練習効果が期待できます。週に1～2日ではその効果は少なく、週3日からその効果は急激に上昇します。そして、それ以上増やしても効果はそれほど変わりません。

週に6～7日走ると障害の危険性が高まるので、週5日程度がベストな選択といえます。休養日を上手に挟んでいくのがポイントです。走らない日は自転車や水泳、ローイング（ボート漕ぎ）など無理のないエクササイズを取り入れることも効果的です。世界的なレベルのランナーなら、週に7日走ることも可能ですが、彼らでも週に1日か2日程度の休養日を入れたほうが生理的、心理的にもより安全にトレーニングを進めることができます。

## ■レース後の休養のとり方

ジャック・フォスターは、レース距離1.6kmにつき1日の休養が必要であるとしています。レースでの消耗はとても大きいので、「フォスターのルール」に従い、レースの後は十分休養をとるべきです。10kmレース後の3～4日は軽めに、マラソンレース後の3～4週間はハードな練習は避けるべきです。また、5km以上のレースを2週続けて入れるべきではありません。私は、多くのランナーを見てきましたが、1ヶ月のレースの総距離は20km程度にすべきであると考えています。これは、多くても1ヶ月に5kmか10kmレースを2回、ハーフマラソンなら1回程度ということになります。

## ■スピード練習後の休養

インターバル走やファルトレクといったスピードトレーニングの後はレー

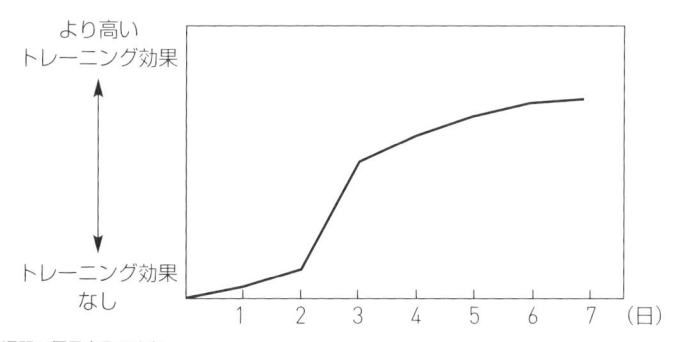

[図 2-7] 1週間に何日走るべきか

練習日が週2日と週3日では、体力向上に大きな違いがあります。また、95%を超える有酸素能力を獲得するには週4～5日にすべきですが、一方で整形外科的な障害の発症率が高まります。

ス後の休養ほど長くする必要はありませんが、十分休養をとるようにします。

くれぐれもスピードトレーニングは1週間に1回程度を目安にしてください。

## 1週間の練習計画

1週間の練習計画では、軽い練習日を設けるだけでは不十分です。疲労が蓄積していくような計画では障害を引き起こします。単に休養日を入れるだけでなく、走行距離を計画的に減らした「休養的週間」を設定して、体を立て直すことが必要です。

ストレスが増え、高強度が続くと、筋細胞は壊れて細胞の再生が必要となり、数日の休養日を入れるだけでは完全に治癒してくれません。週単位で全体的な走行距離を少なくして回復させることが重要です。1週間の走行距離を増やし続けると、障害への危険性が高まります。

### ■休養的週間（練習の軽い週）の原則

第1週、第3週はしっかり走って、週間走行距離を第2週に30％、第4週に50％程度少なくするトレーニング計画が安全です。ストレスの蓄積や体の使い過ぎを防ぐ安全弁でもあります。ランナーはもう少し休養を多くする（走行距離を減らす）ことが必要かもしれません。自分に合った無理のない走り込みパターンを見つけてください。体力が低下する心配はありません。トレーニングの研究では10週間にわたって練習量を50％減らしても、体力は低下しないと報告されています。障害でトレーニングを中断するよりも、練習量を落として障害を減らすほうがずっと有益です。

### ■走行距離が少ない極端な事例

大学時代からの親友スティーブは、医師で、レースで走るのが好きなのですが、彼のランニングはまともではありません。1週間にたった30〜70kmの走行距離で、フルマラソン（自己ベスト2時間42分）を何度も走っています。

1983年には、65kmトレイルレースへ向けて、少ない走行距離で長距離レースを走る限界にチャレンジしました。標高3000mのアップダウンのある難しいレースに向けて、特にトレーニング時間を制限して取り組みました。まず、

標高600mでのトレーニングでは距離を48kmまで徐々に伸ばし、続いて標高2000mでのヒルトレーニングを繰り返し練習しました。そして、レースの2週間前に、ゆっくりとしたペースでコースを試走しました。長い距離走の翌日は走らず、レース前1週間の走行距離は30kmに抑え、最も多く走った週でも80km以下でした。

そのレース結果は、走行距離の多い選手たちを驚かせました。ビル・ディビス（ウエスタン・ステーツ160kmレース3位）やラエ・クラーク（タホ112kmレースの大会記録保持者）、フランク・トーマス（英国横断レース記録保持者）らが出場したレベルの高いこのレースで、スティーブは2位に入ったのです。優勝者とは6分差でしたが、実は勝てると思って前半飛ばし過ぎてしまった（最初の長い丘を越える24km地点では10分ほどリードしていた）そうです。

### ■少ない走行距離で効果を上げた事例

走行距離が少なくても、10kmくらいのレースなら結構走ることができるものです。ジョン・パーキンスは年間4500km走ることを3年間続けた後に、このことに気づきました。1週間に長い距離走やスピード練習などで80〜110kmも走ったにもかかわらず、マラソンや10kmレースの記録がいっこうに伸びないのです。1981年のニューヨークシティマラソンを完走した後も自分のタイムに失望し、レースやハードな練習をあきらめ走行距離をずっと少なくすることにしました。

多くのランナーが走行距離を減らして気楽なペースで走り、週に1回のスピードトレーニングで成績を上げていることを耳にして、ジョンは18ヶ月の「長期休暇」をとり、新たな取り組みを決心しました。約9ヶ月間のトレーニングでは、1週間の走行距離を60kmとし、週に1回のスピードトレーニングは400mを82秒で8〜10回走り、徐々にその回数を18回まで増やした後、74秒で8回走るというものでした。この練習で10kmと5kmレースの記録を大幅に伸ばしたのです。

これまで、レースではいつも疲労感や無力感がありましたが、今ではゴールまで力強く走ることができ、2km過ぎからのペースアップも恐れることがなくなりました。

表2-2にジョンの以前の練習と新たなプログラムを示しました。

[表 2-2] ジョンの新旧の練習プログラム

|  | 以前のプログラム | 新たなプログラム |
|---|---|---|
| 1週間の走行距離 | 80〜110km | 50〜80km |
| 練習の強度 | 週に1回24km以上の高い強度 | 隔週に1回20〜24kmの軽いランニング |
| ペース | 1.6kmを6分40秒〜6分50秒 | 1.6kmを7分45秒〜8分00秒 |
| レース | ほとんど毎週 | 隔週 |
| ベスト記録(10km) | 37分27秒 | 36分34秒 |
| (5km) | 18分20秒 | 17分36秒 |

# 寒さ・暑さ対策のトレーニング

## 【寒さ対策】

　1月に外で走っても、まったく大丈夫です。私は、-35℃以下の中を走るランナーにもたくさん会っていますし、-50℃以下の環境で走るアラスカのランナーにも会っています。ランニングショップやスキーショップを訪ねるだけでも、冬に立ち向かう術を教えてくれます。

　ただ、アトランタ（南部）出身の男が、真冬に衣服を十分身につけず、8kmも走ることは不可能でした。風がなくても、走ることで向かい風が生じて冷却されます。オイルやワセリンを目や口、首まわりに塗ったり、スキー用のマスクを着用したりするなど、のどや口を守ることも大切です。寒さが苦手な私は、事前にソックスを温めておくヒーターを愛用しています。

■ウエア着用のポイント─重いものは避ける─
- 肌を覆うと、温かく感じるように、ポリプロピレン繊維は肌に密着させることで保温効果が高まる。しかも、余分な熱や汗（水蒸気）が放出される。
- 気温や風の状況によって重ね着をする。
- 手、耳、つま先部分を覆うことで保温効果が高まる。
- 男性は必要に応じて肌着や下着を2枚重ね着するのが効果的。
- 厳しい寒さ（-10℃以下や北風が強いなど）では、できるだけ肌を露出しないようにし、顔や目のまわりなどにワセリンを塗って保護する。

- ランニングシューズは通気性、放熱性に優れているので、足部の保温のために、厚手のソックス、場合によってはシューズを覆うことも必要。
- ウォームアップで温かくなったら、汗をかく前に重ね着したウエアを脱ぐようにする。余分な汗で体を冷やすとトラブルを生じやすい。

■**冬季のウォームアップ法**

寒い日には、最初は温かいウエアを着用し、屋内でウォームアップをするとよいでしょう。屋内トラックやジムのマシーン（固定自転車、ローイングマシーン）、階段などを利用してウォームアップをします。汗をかく前に、体を温めて戸外に出るようにします。カナダのランナーは、冬季にはいつでも

>>> **ランナーのための寒さ対策ウエア**

必要に応じてウエアを組み合わせて着用します。

| 温度 | 寒さ対策ウエア |
| --- | --- |
| 15℃以上 | タンクトップ（または袖なしのアンダーシャツ）とショートパンツ |
| 10～15℃ | Tシャツとショートパンツ |
| 5～10℃ | 長袖シャツとショートパンツ（またはタイツ）、手袋 |
| 0～5℃ | 長袖シャツ（またはポリプロピレン繊維の長袖シャツ、あるいはもう1枚Tシャツを重ね着する）、タイツとショーツ、ソックス、手袋、耳まで覆う帽子 |
| -5～0℃ | ポリプロピレン繊維の上着（または厚手長袖シャツ、あるいはもう1枚Tシャツを重ね着する）、タイツとショーツ、ソックス、手袋（ミトン）、耳まで覆う帽子 |
| -10～-5℃ | ポリプロピレン繊維の上着と厚手の長袖シャツ、タイツとショーツ、ウインドブレーカー（上下）、ソックス、手袋、厚手の耳まで覆う帽子 |
| -18～-10℃ | ポリプロピレン繊維の上着2枚、厚手のタイツとショーツ（男性は厚手のアンダータイツ）、ゴアテックスのウォームアップスーツ、手袋に厚手のミトン手袋を重ねる。スキーのマスク、耳まで覆う帽子、肌が露出している部分にはワセリンを塗る |
| -25℃ | ポリプロピレン繊維の厚手の上着2枚、タイツと厚手のポリプロピレン繊維のタイツ、厚手のアンダーシャツ、厚手のウォームアップスーツ、厚手の手袋を重ねる、厚手（防寒）のスキー用マスクと厚手の耳まで覆う帽子、肌が露出している部分にはワセリンを塗る、厚めのソックス |
| -28℃以下 | 必要に応じてさらに重ね着をする |

安全な暖かい屋内に入れるようにフィットネスクラブの周回コースを利用し、寒い日は短めの周回にしています。

　冬季は風に向かって歩き、走り始め、復路を追い風で走るようにします。温まったら、上着を脱いだり、チャックを開けたりして体温調整します。脱いだウエアは腰に巻くか、ウエストバックにしまって、冷えてきたらまた着用します。また、冬季のランニングコースは避難場所などもよく調べておくようにします。

### 【暑さ対策】

　暑い環境下のランニングはよい面と悪い面があります。悪い面は気温が10℃を超えると暑く感じ始め、タイムも遅くなります。しかし、暑さに体が慣れて馴化していくという点はよい面といえます。水分の摂り方、何を着るか、どの程度の暑さまで走れるかなどを学習することで、暑い中でも自分の能力を十分に発揮できるようになります。もちろん、暑さに強いランナーであっても、寒い日と同様に速く走れるわけではありません。暑さに適応することで、暑さを不快と感じなくなり、ペースもそれほど低下しなくなります。

　［注］後述の「熱中症予防のために」(p.60 参照) をよく読んでください。熱中症についてよく理解していないと、それほど暑くない日でも深刻な事態に陥ることがあります。この警告は、春先から夏場の暑いシーズンは特に重要です。

　普通、ランナーは気温が18℃に上がるまで、あまり気温の変化に気づきません。また、30〜45分間くらい走ったところでようやく暑さを感じ始めると、急に発汗が始まり、レースではペースダウンします。このように15〜20℃くらいでは、走り始めはむしろ涼しく感じてオーバーペースに陥りやすいので要注意です。

　気温が18℃以上になると深部体温の上昇と発汗により水分の枯渇（脱水）状態を引き起こします。また、放熱のために皮膚の毛細血管へ血液が分散し、筋肉への血流がおろそかになります。本流から運河（毛細血管）へ流れが集中することで、筋肉への酸素や栄養物の運搬が滞り、疲労物質（乳酸など）が蓄積してスローダウンすることになります。

## ■体脂肪の影響

　体の脂肪が多くなると、気温や湿度の上昇をより強く感じるようになります。私の経験から、体脂肪が5％増えると約5分早めに暑さを感じるようになります。体脂肪率12％の標準的ランナーは約45分後から暑さを不快に感じ始め、体脂肪率22％のランナーでは35分後、32％のランナーでは25分後から不快な暑さを感じ始めるでしょう。体脂肪は、ちょうど毛布を体にまとったような感じで、夏場ほどその影響が大きくなります。

## ■日差しの影響

　暑い季節では、日の出前のランニングが最も適しています。遅い時間にスタートするよりずっと涼しく感じるでしょう。また、日没後よりも日の出前や直後のほうがランニングに適しています。なぜなら、日没後といっても急には涼しくならず、特に湿度が高いとなかなか気温が下がらないからです。

## ■涼しく保つ方法

**早めにスピードを落とす**：ペースダウン、ウォークブレイクを早めに、しかも頻繁に入れて、無理のないランニングで体力の消耗や熱産生を最小限に保つようにします。スローダウンするタイミングが遅れるほど、ランニングの終盤により長い時間のペースダウンが生じ、疲労の回復にも手間どることになります。

**軽くて涼しいウエアの着用**：緩めのウエアが熱を逃がします。綿のウエアは不適です。汗が綿に浸み込んで肌にまとわりつき、体温を上昇させるからです。夏向きの素材を使ったウエア（ポリエステルなどの涼感ウエア）が発汗をすばやく取り払い、冷却効果を高めます。

**帽子は着用しない**：体熱の70％が頭頂部から発散されることから、帽子は最適な通気口からの放熱を妨げることになります。帽子を被らず、頭部に直接水をかけやすくします。頭部やポリエステルの袖なしウエアを着用した体にも、水を定期的に少しずつかけ続け、より涼しく保つようにします。

**冷たい水を飲む**：冷たい水のほうがランナーの胃にすばやく届き、生理学的、あるいはそれ以上に心理的な冷却効果が期待できます。ただ、飲み過ぎないようにします。夏季には1時間あたり150〜250mlくらいがよいでしょう。

**水につかる、シャワーを浴びる**：暑い日には、2〜3kmごとに、3〜4分間プールに入ったり、冷たいシャワーを浴びたりできれば、熱産生を大きく減

じることができます。この方法を上手に何度も取り入れることで、猛暑日の暑さ対策が万全になります。ランニング中の冷却タイムは、決して無駄なことではなく、月単位で見ると夏場のオーバーヒートを防ぎ、結果的により多くのトレーニングができることになります。

**食べ過ぎない**：食べ過ぎないことです。特に、たんぱく質や脂質の摂り過ぎは運動中に過剰なストレスを引き起こします。さらに、多くの食事の積み過ぎは走行中の過剰な荷物にさえなります。大食を避け、軽めのもの、消化のよい軽食を1時間あるいは2時間ごとに食べるようにします。暑い日の2時間程度のランニングでは、ことさら何かを食べて補給する必要はありません。

## ■暑い気候でのトレーニング

冬から走り始めた人でも、週1日、暑さを意識した練習を取り入れることで、暑さに強いランナーを目指すことができます。その他に、週2日は走るようにし、少なくとも週1日は暑い中でのトレーニングを入れるようにします。暑い日の練習前には、後述の熱中症対策についての記述を熟読しておくことが大切です。もちろん、少しでもその兆しがあったら、ランニングを直ちに中止します。

暑さ対策のトレーニングでは、持久力やスピード向上のためのトレーニング原理と同様に、ちょっぴり過負荷を加え、休養を入れて、その後の回復を待つように進めるなど、体が暑さに徐々に適応していくプロセスが大切になります。ランニングの前後には、10分間程度のジョギング（歩きを含む）を入れて、徐々に暑さに慣れるようにします。暑い季節でも、涼しい日にはわざとウエアを1枚余計に着用して走ることで、暑さに適応するトレーニングができます。スピードや強度は無視して、暑さに慣れることを第一に取り組むとよいでしょう。

## ■暑さへの対応

暑くなるにつれて、日頃のペースを徐々に落とすようにします。また、湿度が高くなるほど、暑さの影響も大きくなります。天気予報に注意を払い、自宅に温度計や湿度計をとりつけ、温度と湿度の組み合わせ（不快指数）に理解を深め、走るタイミングを工夫します。

## ■熱中症予防のために

熱中症は持久的なスポーツに共通の課題です。高度にトレーニングされた

[表 2-3] 暑さと湿度の影響

| 温度 | 1.6km10分ペースを基準に | 同じペースで湿度60%を超えた場合 |
| --- | --- | --- |
| 12〜15℃ | +6秒 | +10秒 |
| 15〜18℃ | +18秒 | +25秒 |
| 18〜20℃ | +30秒 | +50秒 |
| 20〜24℃ | +42秒 | +1分10秒 |
| 24〜26℃ | +1分12秒 | +1分48秒 |
| 26〜30℃ | +2分 | +3分 |
| 30℃以上 | 休みにするか、軽いランニング（シャワー休息を入れながら） | |

[表 2-4] 暑さ対策のトレーニングスケジュール

| 週 | 暑い中の継続時間 |
| --- | --- |
| 1 | 5〜7分間 |
| 2 | 7〜9分間 |
| 3 | 9〜12分間 |
| 4 | 12〜16分間 |
| 5 | 16〜22分間 |
| 6 | 22〜26分間 |

### シャワーを利用したトレーニング

　私はフロリダ州立大学のトラック脇の屋外シャワー施設を利用しました。6〜8月の期間、午後練習はトラック脇の3km周回コースを走り、暑くなったら周回を中断して、シャワーへ直行しました。そのため、靴ひもを解く必要がない特別なシューズを用いました。このシャワーがなければ、私の走行距離は半分にも満たなかったでしょう。

若いアスリートであっても、深刻な状況に陥り、死に至る場合もまれではありません。
〈主な兆候〉
- 頭部の急激な熱産生、ひどい頭痛や体全体の体温の上昇。
- 心身の乱れ、集中力の欠如、動作コントロールの不可。
- 大量の発汗後に汗が止まり、肌がべたつき、呼吸が荒くなる。
- 過度の疲労感、胃の不調、筋肉のけいれん、吐き気、失神。

〈原因〉
- 睡眠不足。
- ウイルスやバクテリアの感染。
- 脱水症状（アルコールやカフェインを避ける）。
- 深刻な日焼けと肌の炎症。
- 熱い環境への不適応。
- 過体重。
- トレーニング不足。
- 過去の熱中症の既往歴。
- 薬の服用（風邪薬、利尿剤、便秘薬、精神安定剤、抗ヒスタミン剤など）。
- 内科的な疾患（高コレステロール、高血圧、過度のストレス、ぜんそく、糖尿病、てんかん）、薬物中毒（アルコール中毒を含む）、心臓血管の病気、喫煙、体力不足。

〈予防法〉
- 涼しい時間帯に練習をする（通常は日の出前）。
- 定期的に頭頂部やウエアに水をかける。
- 1時間あたり100〜200mlの水を、1日中飲む。
- カフェインやアルコール、その他薬の服用などを避ける。
- 軽くて緩めのウエアを着用する。
- 負担にならない程度の軽めの食事や低脂肪食にする。
- トレーニング量や強度を急に増加させない。
- 暑さや湿度、坂道に応じてペースダウンする（特に走り始めのオーバーペースを避ける）。
- ウォークブレイクを頻繁に入れる。
- 専門家や内科医に相談する（練習計画やトレーニングについて疑問がある場合、または身体的なトラブルや免疫反応など気になる場合など）。

■ **低ナトリウム血症もしくは水中毒**

まれではありますが、長距離走やマラソン中、あるいはその後に低ナトリウム血症で死に至ることがあります。そのため多くのランナーは低ナトリウム血症を心配するあまり、長距離走中あるいはその前後に水分補給を控える

ようになりました。その結果、かえって脱水を引き起こし深刻な症状に陥ったり、長距離走後の回復を遅らせてしまったりしています。トレーニング全般にいえることですが、常識の範囲を逸脱してはいけません。

　低ナトリウム血症の背景にはしばしば極端な脱水があり、この状態で水だけ多量に摂取してしまうことによって、症状はより悪化することになります。マラソンランナーは、こうした状況を十分に認識しておかなければなりません。それは、自分の安全のためだけではありません。具合の悪くなった人を見かけたら、原因としてこの状況を疑ってみることです。例えば、下記のような症状がみられたら、その人を放置せず、数時間はその人を看護し必要な処置を講じなければなりません。そして、こうした症状がみられる場合は必ず医学的処置を受ける必要があり、医師はその状況での静脈注入の可否を判断しなければなりません。

〈主な兆候〉
- 手足のむくみ。
- 嘔吐やむかつき、下痢。
- 精神的な混乱や意識の混濁。
- 筋肉のけいれん。

〈原因〉
- 前夜の深酒や塩分の多い食事、前日の不十分な水分補給などが原因の脱水状態での走行。
- 5時間以上もの継続的な発汗。
- 水分の貯蔵やバランスを乱すような薬の服用（48時間以内）。
- 短時間での多量の水の摂取（1〜2時間以内）。

〈予防法〉
- ランニング中、少量ずつ水を飲む。30分おきに150〜200ml程度。
- おなかからゴボゴボと水の音が聞こえるようなら、水は飲まない。
- 発汗が2〜3時間続く場合は、塩分を含む水やスポーツ飲料を摂る。
- 長時間（5時間以上）のランニング後は、1時間以上かけて塩分を含む食事や飲料を摂り続ける。
- 水もしくは電解質を含むドリンクを少しずつ飲む。
- 長時間のランニング後は、短時間に多量の水（30分間に200ml以上）を

飲まない。電解質飲料はナトリウムバランスを戻せるほどに十分なナトリウムは含まれていないが、含まれている炭水化物が水の吸収を遅らせてくれるので、電解質飲料ならば問題はない。

>>> **みんなで警戒！**
　暑い日に、グループやレースで走っているときには、仲間やまわりのランナーに熱中症の兆候がみられないか注意深く警戒してください。もしそのような兆候を見つけたら、直ちに歩かせ、冷やして助けを呼ぶことです。

## 第3章

## 本格的なレースに向けて

# 1. スピードづくり

　私はこれまでにちょっとした工夫で「より速く」走れるようになったたくさんのランナーを見てきました。スピードをつけるための工夫とは以下のようなことです。

- 練習スケジュールを見直す。
- 休養を加える。
- スピード練習を入れる。

　まず、実現可能な目標を設定します。目標が高過ぎると、失望感や欲求不満を生み出しやすいので、手に届く段階的な目標を設定し、確実な走力と自信を手に入れるようにします。

　[注] もちろん、限界はあります。また、タイムが伸びないプラトー状態に陥ったり、タイムが落ちたりする場合もあります。プラトーは1ヶ月以上、場合によっては1年以上続くこともあり、能力の限界に近くなるほど、何度も起き、長く続く傾向にあります。

■スピードトレーニングに入る前のトレーニング

　スピード練習をメニューに加える前に、次のようなトレーニングを経験し

[表 3-1] どのくらい速くなれるか

| 最近6ヶ月のベストタイム | | 6ヶ月のピラミッド練習で短縮される時間 | |
|---|---|---|---|
| 10km | マラソン | 10km | マラソン |
| 50分 | 4時間30分 | 3〜5分 | 30分 |
| 42〜50分 | 3時間30分〜4時間30分 | 2〜3分 | 15〜20分 |
| 38〜42分 | 3時間05分〜3時間30分 | 1〜2分 | 8〜15分 |
| 35〜38分 | 2時間40分〜3時間05分 | 40秒〜1分 | 5〜10分 |
| 32〜35分 | 2時間30分〜2時間40分 | 20〜40秒 | 2〜5分 |

ていることが必要です。
- ランニング経験が1年程度。
- 少なくとも2ヶ月（できれば3ヶ月）の有酸素的なランニング。
- 4～6週間のヒルトレーニング。
- 詳しくは「ピラミッド型トレーニング」(p.34) 参照のこと。

## ピラミッドの頂上まで、あと少し

　基礎トレーニングによって、呼吸循環系はかなりのスピード練習にも対応できるようになり、また、ヒルトレーニングによって下肢の筋肉が強化され、いまや速い動きに十分耐えられる準備が整いました。あとは、スピード練習を加えることでピラミッドの頂上に立つことができます。

　スピード練習の課題は、体が無酸素的な状態にあるときにどのように走るかを学ぶことです。つまり、酸素の供給が間にあわないほど速く走ることで、レースに必要な無酸素的な能力を高め、確実なスピードアップを導きます。

　スピード練習を取り入れることで、筋肉中に放出される乳酸は効率よく処理されるようになり、また乳酸放出量も減少します。筋細胞は活性化し、ミトコンドリア内では乳酸処理能力が向上します。こうしたメカニズムによって、競技力を最大限に引き出し、レースのための応用的なトレーニングとなるわけです。スピード練習が順調に進むにつれ、少なくとも生理的にはレースへの準備は整ってきます。もちろん、スタートの合図によって実際のレースは始まりますが、大いに自信をもって臨んでください。

### ■さらに持久力を高める

　10kmを速く走る以前に、10kmを走り切る持久力が必要です。ピラミッドの頂上を目指すスピード練習の段階でも、長い距離走を忘れてはいけません。レースの距離より、いくぶん長い（20%程度）距離まで段階的に進めていきます。これまで走った最長距離から始め、週に1～2kmずつ増やしながら18～20kmくらいまで伸ばしていきます。2週間に1回、3～5km伸ばした長距離走を段階的に取り入れます。距離の目安は、表3-2のとおりです。

　体をランニングに適応させ、早く回復させるためには、ウォークブレイクをとることが大切です。長い距離走では最初から2～9分ごとに1分の

[表 3-2] 走行距離の目安

| レースの距離 | 最小限の走行距離 | ベストタイムを出すためには |
| --- | --- | --- |
| 10km | 12km | 24〜27km |
| ハーフマラソン | 24km | 32〜35km |
| マラソン | 42km | 45〜48km |

ウォークブレイクを入れるようにします。もちろん、この練習はスピードづくりではなく、持久力の向上が目的です（経験を積んだランナーにもウォークブレイクは有効です。少なくとも9分走ったら1分のウォークブレイクをとるようにしましょう）。ロングランのペースは、その日に走る距離のレースペースよりも1.6kmあたり2分遅いペースにします。

■スピードトレーニングの小史

1900年代前半の競技者は、トレーニングではレースと同じ距離をレースと同じようにできるだけ速く走ること、つまり途中で休息を入れても全力で走らなければいけないと信じていました。しかし、1920年代の半ば、休息を挟みながらレースペースよりも速く走るトレーニングを行えば、トレーニング中の走行距離が短くても成績が向上することがわかってきたのです。そうした経緯で生まれたスピードトレーニングの練習方法がファルトレクとインターバル走です。

■スピード練習前のウォームアップ

ウォームアップはとても大切です。温まっていない筋肉に、スピード練習でいきなり鋭い動きが加わると、弱っている腱などに大きなストレスがかかってケガを引き起こします。

- 寒いときや、体が硬く感じるときは、まず5〜10分間歩く。
- 次に、10〜20分間ゆっくりとジョギングをする。
- ストレッチをいくつか入れる。
- ウインドスプリント（徐々にスピードを上げ、レースペースか、やや速いスピードまで加速し、その後ゆっくり減速する）100〜200mを5〜8セット入れる。
- 最後に、3〜5分間ゆっくりとジョギングをする。

■スピード練習後のクールダウン

　クールダウンはウォームアップと同様に大切です。突然走るのをやめると血中乳酸がたまり、翌日まで筋肉の痛みやこりを残します。どのくらい疲れを感じているかに関係なく、丁寧に動き続けるようにします。
- スピード練習終了後、10分間ゆっくりとジョギングをする（私は時々、はだしで1歩1歩ゆっくり歩くようにしている）
- 5分間リラックスして速く歩く。
- 最後は、10分間ゆっくりと歩く。

とにかく、ゆっくり動きながら、体全体をクールダウンさせます。

# ファルトレク

　ファルトレクはスウェーデン語で「スピードプレイ（スピード遊び）」という意味です。これは日頃のランニングの中に、スピードトレーニングを自然に取り込んだシンプルな方法です。つまり、ある一定距離のランニングの中に、次の電柱まで、あるいは次のブロックまで、というように加速して走り、十分スピードを上げた後にジョギングで回復させる方法です。それから、また気持ちに応じて自由に繰り返します。

　ファルトレクは、自分のペースで、距離やスピードにとらわれずに自分の感覚で自由に設定できるトレーニングです。その日、そのときの体調にあわせて走ることができ、楽しみながらできる創造的なスピード練習となります。

■ファルトレクのバリエーション

　ファルトレクは大きく分けて、アップダウンを利用するもの（ヒルファルトレク）と時間で区切るものの2つのバリエーションを楽しむことができます。

　ヒルファルトレクは無理のないペース（10kmのレースペースより1kmでほぼ1分遅いペース）から走り始めます。上り坂になったら、スピードを上げて頂上まで駆け上り、その後ジョギングで回復させながら、再び次の丘を目指します。

　時間で区切るファルトレクは、1分間、2分間、3分間というように時間を決めて、レースペースより少し速く走る方法です。10〜20分間、軽めにウォームアップを入れてから、時間を区切って加速的に4〜8回、スピード

を上げていきます。ジョギングによる回復を十分挟んで繰り返します。回数は自分のできる範囲で自由に取り組みます。

■**初心者には難しいトレーニング**

ファルトレクは、初心者に十分な効果をもたらすものではありません。しっかりとペース感覚を身につけた熟練ランナーだけが恩恵を受けることができます。ファルトレクでは、最後まで限界に近いスピードや疲労感、持久力が求められます。初心者は、熟練ランナーよりもケガのリスクが高いので、ストレスに敏感になり、いつスピードを緩めるかを考える必要があります。

1973年の全米陸上選手権大会の1週間前、私はその年初めてのトラック練習を行いました。トラックを数周した後、体調はよくないように感じましたが、走るだけだと心に決めました。しかし、走る始めると、私はペースが上がっていることに気づかずにスピードを上げ、解放感を感じて走っていました。その日、体調がよくなかったにもかかわらず、自分のリズムでスムーズに、まさに流れるように走ることができました。シーズン前にファルトレクで追い込んだ成果が自然と出てきたのです。

今でも私にとって、ファルトレクは最も素晴らしい練習の1つであり、これが私のベストレースをつくってくれたと思っています。すなわち、この1週間後に行われた全米陸上選手権大会の10000mレースは、スタート局面はけだるい感じでした。6000mまで12位くらいで辛うじて順位が落ちないように走っていました。ところが、それから自分の道を見つけたように調子が上がって、8000mで4位に上がり、最後の1000mでトップに立ったのです。かなり疲れましたが、27分21秒のベスト記録で優勝しました。

ペース感覚をある程度身につけていれば、ファルトレクはレース向きの練習として優れています。自分の調子をうかがいながら、不快感や不安を乗り越え、精神を集中させて、隠れたパワーを引き出すことができます。

# インターバル走

インターバル走はレースの距離を分割して走るトレーニング方法です。レースペースよりもいくぶん速いペースで走り、インターバルではジョギン

グやウォーキングで回復させて反復練習します。反復回数は週ごとに少しずつ増やすようにします。10km以下のレースに向けたトレーニングでは、インターバル走の合計距離がレースの距離とほぼ同じになるようにします。ただ、マラソンのスピード練習として用いる場合は、その距離は多くてもマラソンの半分くらいまでとします。

インターバル走の反復練習は少々単調でうんざりするかもしれませんが、ペースを身につけるためにとても重要なトレーニングです。走るスピードが速いか遅いか見極めることは、長距離走において最も重要な技術だからです。

インターバル走はファルトレクよりも以下の点で優れています。
- インターバル走では、走行距離やスピードなどトレーニング量を正確に捉えやすい。
- ペースをコントロールしながら反復練習することで、一定ペースでの走り方を身につけることができる。

■**インターバル走の方法**
- 反復練習する距離を選ぶ（400m、800m、あるいは1600mなど）。5kmレースや10kmレースの練習では400m、ハーフマラソンでは1600mが一般的。
- レースペースよりもいくぶん速く走る（400mで5〜7秒速く）。これによって、レースでの走りがずっと楽になる。
- 少し抑えて走る。ある程度追い込むが、限界まで追い込まない。もっと走れる程度、疲れを感じる程度で。
- 回復期のジョギングは、特にゆっくりと走る。初期の段階では、いくぶん長い休息時間をとるようにし、走行距離と同じくらいか、あるいはそれ以上の距離をジョギングでつなぐ。回復期が楽に感じられるようなら、休息時間を短くする。マラソンのためのインターバル走ではウォーキングによる回復がよい。
- 反復回数は、少なめから始め、週ごとに少しずつ増やす。5kmレースや10kmレースのための400mのインターバル走では最終的には20回くらいまでとする。ハーフマラソンのためのトレーニングの場合は1600mを11〜13回、1600mの休息を挟みながら反復できるようにする。
- ファルトレクやインターバル走のスピード練習の後は十分な休養をとる。少なくとも2日間は軽い練習日とし、それでも疲れを感じるようなら、

> **ペース設定**
> ・レースペース
>   例) 5kmレースで25分を切る、あるいは10kmレースで50分を切る場合：1.6kmを8分、または、400mを2分で走る。
> ・スピード練習でのペース
>   例) 5kmレース、または10kmレースのための400mのインターバル走：レースペースより3～7秒速いペースで走る。

もっと長くしてケガを避ける。
- 目標とするレースが10kmあるいはそれ以下であっても、スピード練習はかなりハードになるので、練習期間は長くても10週間以内にする。また、マラソンのスピード練習の期間は、12～14週間が目安となる。

■インターバル走のスピードと距離の設定
反復する距離が長いほど、ペースは遅くします。
- 400mの場合：レースペースより5～7秒速く走る。
- 800mの場合：5kmレースや10kmレースをめざすのであれば、レースペースよりも10秒速く走る。ハーフマラソンを目標にするのであれば、レースペースよりも12～18秒速く走る。
- 1600mの場合：5kmレースや10kmレースを目標にするのであれば、レースペースよりも15～20秒速く走る。ハーフマラソンやマラソンを目標にするのであれば、レースペースよりも20～30秒速く走る。

長い距離のインターバル走ほどレースの状況により近くなりますが、ペースどおりに走ることが難しくなります。また、距離が長いインターバル走では、回復時間も長くします。

■どこで行うか
距離が正確な400mのトラックで行うのが賢明な選択です。しかし、道路や荒れた小道、どんな運動場でも距離を正確に測れればどこでもできます。

■単調さの工夫
インターバル走は反復回数が多くなるほどより困難になり、また単調でうんざりしてきます。数人のグループや他のランナーと励ましあいながら走る

ようにします。ランニングクラブの多くは週に1回、チームでさまざまなスピード練習を行っています。こうした練習仲間が、つらいトレーニングを楽で興味あふれるものに変えてくれます。1本、1本、勝負するためではなく、予定したペースどおりに走ってくれる練習仲間を見つけましょう。グループで走るときは、トップで走るリーダーを1本ずつ交代するのが効果的です。

■どのくらい行うか

目標が10kmレースならば週に1回、ハーフマラソンならば2週間に1回のスピード練習で十分です。

# スピード練習の代わりになる練習方法

■テンポ走

テンポ走は、ほぼレースペースを2～5分間程度持続する方法です。レースのリハーサル練習とも呼ばれ、もう1つのスピード練習として、また熟練ランナーにとっては特別な刺激練習としても利用されています。

追い込み過ぎて酸素負債を生じないよう有酸素レベルで走るようにします。酸素不足を感じたら、いくぶんペースを落とし、特に出だしをゆっくり走るようにします。熟練ランナーは、テンポ走での総走行距離がレースの距離の1/3を超えないようにしています。ファルトレクやインターバル走の代わりに行う場合でも同様に、総走行距離が多くなり過ぎないように注意します。

■リハーサル練習

レースのリハーサルとして、テンポ走を取り入れると効果的です。距離が明確なコースやトラックでレース距離の1/10～1/4程度をレースペースで数回走ってみます。レースでウォークブレイクを入れるつもりであれば、リハーサル練習でも同様に試してみます。

■トラックに戻る

走るライターとして有名なジョー・ヘンダーソンは、トラックで練習をしていた陸上競技選手からロードでのランニングの世界に入りました。1970年代に『ランナーズ・ワールド』誌の編集を通して、ゆっくり長く走る楽しさを多くのランナーに伝えていくうちに、トラックでのランニングという言葉を忘れそうになっていました。

数年前からヘンダーソンはトラックに戻って来ました。しかし、若い頃のように400mを15セット走って、へとへとに疲れ果てるためではありません。400mを4セット、1マイル（1600m）レースのペースよりもわずかに速く走る方法です。週に1回、セットの間に十分な休息を挟みながら行います。彼はこの練習でケガを避けながら、スピードが養成されると確信しています。

〈練習例〉1マイルレースのペースが8分（1km5分のペース）の場合
- 400mをほぼ2分間で走る。
- 400mを4セット。休息は400mまたはそれ以上の距離をジョギングする。
- ウォームアップとクールダウンとして、10～20分間のゆっくりとしたジョギングをする。

　[注] これは、先に挙げたファルトレクやインターバル走が体力的にできそうにない人のための、無理のないスピード養成プログラムです。もちろん、このプログラムだけでは持久力の向上にはなりません。隔週に走る長い距離走を徐々に伸ばしていく（例えば、10kmレースの場合では20～25kmまで）ことで、こうした低強度のスピード練習も生きてきます。

■日曜日のスピード練習で成功した事例

　モニカ・リーマンは、数年にわたって10kmで50分を切ることに挑戦してきました。走行距離を増やし、スピード練習も入れてレースにも積極的に出場しましたが、50分の壁は越えられませんでした。

　そこで、モニカは作戦を変え、日曜日の長い距離走の代わりに、より速く走る練習に変えてみました。彼女は5週間にわたって、毎週日曜日に5kmをファルトレク的により速く（1.6kmを7分15秒ペース）走りました。週1回の長い距離走である20～25km走は週の半ばに移したのです。この新しい試みは成功し、春のエイボン15kmレースでは、途中の10kmを47分48秒の自己ベストで通過し、ゴールまでこのペースを維持できたのです。

## スピード練習によるケガで最も多いケース

　スピード練習はランニング障害を引き起こす原因の第2位ですが（第1位は、週間走行距離の増加）、どのようにして障害が起きているかを理解すれば、多くの障害（ケガ）も避けることができます。

スピード練習によるケガの主な原因は以下のとおりです。

**ウォームアップとクールダウンの不足**：ウォームアップ（準備運動）を丁寧に行います。徐々に筋肉を温め、冷えた筋肉への強い刺激によって生じるケガを防ぎます。同様に、クールダウンによる整理運動も大切です。

**軽い練習日のハードなランニング**：スピード練習や長い距離走によって、目標に近づくことができます。同時に、そうしたハードなトレーニングの合間には、疲労回復のための軽い練習日を入れることが重要です。ところが、その軽い練習日にハードに走ってしまうと、疲労が蓄積しケガを生じます。軽い練習日のポイントは、10kmレースのペースより1kmにつき1分30秒から2分くらい遅くゆっくり走ることです。

**全力疾走**：たとえゲーム感覚でも、全力疾走は危険です。フォームづくりのためのウインドスプリントでも、1600mのペース程度に抑えて走るべきです。

**スピード練習のやり過ぎ**：10km以下のレースを目標とする場合は、長くても10週間以上スピード練習をやるべきではありません。長期にスピード練習をやり過ぎるとケガを引き起こします。ハーフマラソンのためのスピード練習プログラムでも、12週間以上は避けるようにします。

**ハードな練習日が多過ぎる**：短期間に、スピード練習の反復回数や長い距離走、レースなどが多過ぎるとさまざまなトラブルを引き起こします。特に、スピード練習や長い距離走の質を高める場合には、レースへの参加は最小限にします。

**不十分なトレーニング期間**：トレーニングのピラミッドを最小限にしたり、ヒルトレーニングや初期の基礎トレーニングを省いたりして、ショートカットでトレーニングすると無理を生じます。ヒルトレーニングやスピード練習は、十分な期間をとって徐々にストレスをかけ、その回復を図りながら段階的に進めるようにします。

**体調の悪い日**：インターバル走の練習日に体調が悪い場合、練習はその日はやめて翌日、あるいは後日に延ばします。それでも体調がよくないようなら、インターバル走と同様な刺激となるファルトレクやヒルトレーニングに代えてみることも必要です。また、かなりの疲労を感じる場合は、その回復のために週の走行距離を少なくして、改めて取り組むようにします。

# 2. ペースづくり
## ―ウォークブレイクの活用―

　どうすれば速く走れるか、ハイテクを駆使した技術分析でもその説明は簡単ではありません。わずかな生理的変化や疲労などがランニングのスピードに影響を与えます。ただ、スピードをかなり正確にチェックできる次のような方法があります。

■**直前のペース走によるチェック**

　10kmやマラソンレースのためのスピード練習を進めていくと、やがて自分でゴールの目標タイムがわかるようになります。これも走能力の一部です。予定どおりにトレーニングが進めば、レースのほぼ10日前に目標ペースで走れるようになります。そのとき、目標ペースを軽く感じたり、予想以上に速く走れたりした場合は、目標よりもいくぶん速く走ることが期待できます。逆に、目標ペースをつらく感じたり、トレーニングが予定どおりにできなかったりした場合は、目標とするレースのペースをいくぶん遅くすることが必要になります。

■**レースによるチェック**

　目標としているレースに先立って、チェックのためのレースを2週間に1回程度取り入れることは、貴重なレース経験になります。事前に2～3回、レース経験を積むことでメインレースでの走り方が予想できます。こうした事前のペース走やチェックのためのレースを上手に利用すれば、より正確にレースペースを知ることができます。

## レースペース

　高校時代、1マイル（1600m）レースの練習がまずまず仕上がって、フロリダの大会で南部の強豪たちとスタートに立ったときは、今日は勝てると感

じていました。最初の曲走路を出るまでに、それほど無理を感じず60人の先頭に立って、最初の1周（400m）を59秒（目標レースペースは67秒でしたが）で走っていました。これまでで最も速いラップ（1周目）でしたが、それほど不安はなく、力強くスムーズに走れることを感じていました。そして、最後の直線にさしかかっても、さらに加速し、わずかな差で先頭に立っていました。ところが、突然、200kgくらいの熊が背中に飛び乗ってきたように感じたのです。乳酸が急に増え、筋肉が硬直してゴールへよろめきながら進み、私を抜き去っていった集団にも気づかないほどでした。1周目のペースを、あと2～3秒抑えていれば、おそらくフィニッシュまで力強く走れたはずです。

### ■前半は抑えて

車でも一定のスピードで運転すると燃費が向上するのは周知の事実です。急にスピードを上げると、燃料を余計に使い、不経済になります。これと同じことがレースでもいえます。1マイルレースの前半で1秒速く走り過ぎると、後半は少なくとも2秒遅くなると昔からいわれています。同様に、より長いレースでは、最初の3～5kmを速く走り過ぎると問題は大きくなり、前半の1秒につき後半は10秒遅くなることにつながります。

レースではウォームアップと同じように、最初の10～20分間くらいで筋肉や腱、関節は温まり、効率よく動くようになります。レースの始めに無理をして効率の悪い状況をつくってしまうと、最後までおかしくなってしまいます。

Nさんは、マラソンの最初の1.6kmを8分30秒（目標ペースは7分30秒）に抑えて走ると言っていました。そんなとき、友人は、「君は3人くらいの人を引っ張って走らないことには、そんなにゆっくり走れないよ」と笑い飛ばしていました。スタートはアドレナリンが大いに分泌されて、誰でも速くなります。飛び出し先行型のランナーでも、思い切ってスタートをゆっくり走ってみると、後半が驚くほどよくなります。

### ■一定ペースの走り方

風がなく、平坦なコースであれば、一定ペースで走り通すことはできます。ただ、どのコースにも坂があり、風もあるので、もっと現実的に考えなければいけません。坂道も平坦な道も一定の努力ペースで走るようにします。つ

まり、上り坂ではスピードを遅くして、下り坂ではその分だけ速く走ることが心理的な努力レベルにより一定ペースとなるからです。同様に、風の中でも一定の努力ペースを維持することが必要ですが、向かい風のタイムロスはなかなか取り戻せません。

■暑さによるペースの修正

気温の上昇はランニングに大きく影響します。12℃ぐらいからペースは落ち始め、18℃を超えるとかなり苦しいランニングとなります。もちろん、体は暑さのストレスに適応し、いくぶん暑さに強くなることはできますが、7℃のときと同様のペースで24℃の暑さの中を走ることはできません。湿度の高い日も同様です。体熱の発散や発汗がうまくいかず、体温が上昇していきます。

暑い日や湿度の高いときに頑張り過ぎると、想像以上に早く「壁」にぶつかります。暑い中で目標ペースを維持しようとすると、レースの前半でへばってしまいます。気温は時間とともに上がりますので、レースの終盤の気温を予想して自分のペースを調整する必要があります。

■下り坂は要注意

ボストンマラソンの最初の1.6kmはかなり急な下り坂で始まります。涼しいときは、経験豊富なランナーでも競争心にあおられ、つい飛ばし過ぎて、後半スピードダウンして失敗してしまいます。前半の16kmではかなり速い

[表3-3] 暑さによるレースペースの修正

| ゴール時の予想気温 | レースペースを遅くする割合 | 1.6km 8分00秒を基準にすると |
|---|---|---|
| 12〜15℃ | 1% | 8分05秒 |
| 15〜18℃ | 3% | 8分15秒 |
| 18〜21℃ | 5% | 8分25秒 |
| 21〜24℃ | 7% | 8分35秒 |
| 24〜27℃ | 12% | 8分58秒 |
| 27〜30℃ | 20% | 9分35秒 |
| 30℃以上 | どんなにペースを落としても楽には走れない | |

注：この表は暑い中での自分の経験と多くのランナーの話をもとに作成しています。科学的な裏づけはありませんが、かなり一般的だと思っています。

タイムが出ますが、結果的にはがっかりしてしまうことがよくあります。ですから、下り坂を終えた後の自分のペースやリズムをよく考えておく必要があります。下り坂から2kmあるいは3km先のタイムや走り方に注意していれば、無謀に速く走ってしまうという失敗はありません。

### ■中盤でのスパート

レース中に、それまで維持してきた一定のペースを急に崩すのはよくありません。競技ランナーは時々心理的興奮（やる気）を得るために「スパート」を仕かけることがあります。急に加速して（通常30〜150m程度）相手を引き離したり、あるいは相手に余分なエネルギーを強いたりする作戦です。こうした駆け引きは調子がいいときに相手を威嚇するために用います。しかし、ペースを急に変えることは限られたエネルギーを失うことでもあり、普通のランナーにはあまりおすすめできません。

### ■ペースが速過ぎたときは

快調にいき過ぎてペースが速いと気づいたときも、急にペースを落としてはいけません。また、疲れを感じたり暑くなったりしたときも、3〜5kmかけて徐々にペースを落とすようにします。急激なペースダウンはよくありません。ペースダウンするとしても、1kmにつきせいぜい5〜10秒間程度に抑えます。慢心することなく、フィニッシュするまで一定のレースペースをねばり強く維持するようにしましょう。

## ウォークブレイク―ウォーキングの活用―

### ■ランニングの原点

40年以上も走ることに自信をもってきた人にとって、ランニング中に、ウォーキングを入れる「ウォークブレイク」は認めがたいことかもしれませんが、あえて取りあげたいと思います。

私たちの体は、本来長距離、特に42kmもあるマラソンのような長距離を休まず走り通すようにつくられてはいません。確かに休まず走り通すことで持久力を高め、長い距離を走れるようにはなります。しかし、最初からウォーキングとランニングを交互に行うことによって、実際あなたが走り切れない距離はなくなるほどの持久力を身につけることができます。運動など

ほとんどしていなかった40代、50代の何千人もの人たちがウォーキングとランニングを交互に行う方法を用いて、半年後にはマラソンを完走しています。ウォーキングとランニングを組み合わせ、ウォークブレイクで疲労をすばやく回復させながら力強く持続させることで、走り通すトレーニングと同等のスタミナを身につけることができます。

われわれの祖先は、ただ生き残るために、毎年数千kmを歩いたり、走ったりしていました。それは、より緑の多い牧草地へ移動するためであったり、肉食動物から逃げたりするためでもありました。これがまさに「ウォークブレイク」の理論的根拠です。誰もが長距離をどこまでも前進できるようにデザインされた生物であり、生き残るためにウォークブレイクを上手に取り入れて、筋肉をリフレッシュさせ、脳を活性化させて、エネルギッシュに前進していく術を身につけています。

週に3日くらい家の外に出て動きまわるだけでも結構です。また、ソファーやベッドに寝転がりながらポテトチップスばかり食べて太っている人でも、祖先から受け継いだ資質をもつ自分自身を発見し、生活様式を改めることができます。

ウォーキングはとても効率のよい運動ですが、ランニングをよりよくするにも効果的です。実際、ランニングを取り入れた多くのウォーカーは、その絶大な効用を述べています。確かに、連続的なランニングは持久力や脚筋力をすばやく身につけることができるかもしれませんが、ウォーキングとラン

---

### ウォークブレイクを取り入れると

- 3kmしか走れなかった人が5～6kmを楽に走れるようになる。
- わずか6ヶ月で、初心者や体重の多いランナーが5km、10km、マラソンを完走できる。
- ランニングに「壁」を感じていたランナーでも大幅に持久力が向上する。
- 40歳以上のランナーが初マラソンを完走できるだけでなく、タイムが向上する。
- すべてのランナーの脚力を強化し、タイムを向上させる。
- ケガやオーバートレーニングを予防する。

ニングを混在させて行うことで、われわれの祖先が大陸や砂漠、山々を越えて力を発揮してきた壮大な感覚を呼び戻してくれるでしょう。

■ウォークブレイクはマラソンの一部〜古代から〜

　マラソンの起源となった古代ギリシャの伝令兵フィディピデスは、ウォーキングやランニングで1日100km以上もの距離を移動しました。また、マラソンレースの起源となった1897年の第1回近代オリンピックでは、優勝したスピルドン・ルイスを含む全競技者がウォーキングを多用していました。

　優秀なマラソンランナーもウォークブレイクを用いています。偉大なランナー、ビル・ロジャースは、ボストンやニューヨークシティマラソンで優勝したときも給水所で水分補給やウエアに水をかける代わりにもっと歩くべきだった、と何度も述べています。1998年のロッテルダムマラソンで優勝したファビアン・ロンセロは、エネルギー保持のためにウォークブレイクを数回とって、2時間7分26秒の世界記録を樹立しています。

■ウォークブレイク・ランニング

　ウォークブレイクを取り入れたランナーの多くが、後半にスピードが低下することなく、よい結果を出しています。ベテランランナーでも、より速く走るために、レース中に早めに、また頻繁にウォークブレイクを取り入れて、多くがマラソンのタイムを10分、20分、30分以上短縮させています。レースの終盤3〜10kmで多くのランナーがスピードを低下させている中、さっそうと加速しているランナーをよく見かけると思います。

　マラソンランナーの称号は、走ろうが、歩こうが、はうように進もうが、自分の脚で全距離を全うしたときに与えられるものです。元気にフィニッシュラインを越えさえすれば、あなたはもう偉大なランナーの仲間入りです。

　私は100回以上マラソンを走りましたが、その半分はウォークブレイクを取り入れていませんでした。その後、ウォークブレイクを愛好するランナーたちの走りを見ているうちに、フィニッシュしたときの喜びや達成感はウォークブレイクを入れないで得られる満足感と何ら変わりがないことを知り、私自身もウォークブレイク・マラソンを取り入れ、その達成感を大いに楽しめるようになりました。

■ウォークブレイクの必要性

　使う筋肉を変えることで、脚のエネルギーを保存し、柔軟性を保つことも

できます。ウォークブレイクはエネルギーの枯渇を防ぎ、ランニングとウォーキングを交互に行うことで疲労の蓄積よりもむしろ回復の機会をもたらします。上手にウォーキングを入れることで、疲労を解消しゴールまで力強く走り抜くことができます。この劇的ともいえる筋肉疲労の軽減は、レース後のライフスタイルにも余力をもたらします。

ウォークブレイクは走り始めのオーバーペースを防ぎ、体のエネルギーや水分、筋力を節約してくれます。ウォークブレイクをこまめにとることで、筋肉をよい状態に保ち、ペースアップ、あるいはゴールまで力強い走りを維持することができます。下腿背面のふくらはぎなどの筋群は、連続的なキックで疲れやすく、弱った部分がオーバーユースとなり、減速や痛みの原因になります。ウォーキングとランニングを交互に取り入れ、下腿の前面と背面の筋肉を上手に使い分けることで、負担を分散し総合的なパフォーマンスの向上に役立ち、ベテランランナーにとっても目標タイムを左右する好結果をもたらします。

■**ウォークブレイクでケガ知らず**

故障が多かったランナーがウォークブレイクを取り入れることでケガ知らずになれます。歩かずに走り続けると、脚の筋肉は早々に疲れ、手足を適正な動作範囲で効果的に動かし続けることができなくなり、手足がもたついたり、オーバーストライドを引き起こしたりします。体をコントロールする力を失って、結果的に腱や筋肉群を痛めてしまいます。

最初からウォークブレイクを取り入れれば、筋肉はいつまでも力強さや柔軟性を保ち、脚はいつまでも力強く、効果的な動きを持続でき、膝のまわりや、踵、足などへの過度なストレスを減らします。また、疲労が生じたときも、ウォークブレイクによるバックアップ機能が働いてよい状態を保持してくれます。

■**ウォークブレイクをとるタイミング**

ウォークブレイクは、早めにとればとるほど効果的です。疲労を感じる前に、最初の1kmからウォークブレイクを始めるべきで、必要だと思うほど疲れるまで待つと、パフォーマンスはすでにかなり低下しています。3kmまでウォークブレイクを延ばすと、最初の1kmからウォークブレイクを取り入れた場合より、筋肉の弾力性は失われています。ショッピングのディス

カウント（割り引き）と同じように、ウォークブレイクは脚部や足部の大きな負担を大いに割り引いてくれます。頻繁に、早い段階からウォーキングを取り入れると、15km走っても10km走ったくらいに、また30km走っても20～25kmくらいにずっと楽に感じます。

　また、ウォークブレイクは普段のランニングの悪い点を修正することもできます。時々、走り出してあまり調子がよくないと感じることがあります。そのとき、やめるか苦しむか（もう走りたくなくなることさえあります）迷ったら、3～8分ごとに1～2分間のウォークブレイクを試してください。最初から頻繁にウォークブレイクを入れることで、その日に走りたい距離を楽に走ることができ、燃やしたいだけカロリーを燃やすことができ、そして、ランニングそのものを楽しむことができます。

　ただ、短めの軽いランニングではウォークブレイクを入れる必要はありません。週末の15km走が定着しているのなら、火曜日の軽い8km走ではウォークブレイクは必要ないでしょう。いずれにしても、ウォークブレイクは躊躇せず、よい経験として大いに試してみるべきです。

### ■迷わず、歩こう

　25分ごとに5分間歩くよりも、5分ごとに1分間歩くほうが効果的です。短い時間であっても、最初からウォークブレイクを入れることで、より早く回復できます。4分間走ってから1分間歩き、それでも気持ちよく感じないならば、4分間走って2分間歩いたり、2分間走って1分間歩いたりしてみましょう。

　わずかな違いではありますが、より頻繁なウォークブレイク（2分間走ってから1分間歩く）によって、よりフレッシュになれます。長く走り続けるほど足は疲れ、1分間歩いたとしても、走り続けたときよりわずか17秒しか失わないことを覚えておきましょう。早い段階にウォーキングで失った短い距離は、終盤に必ず取り戻せます。なぜならば、脚はフレッシュな状態を維持しているからです。この法則でいけば、頻繁にウォークブレイクを取り入れても、長距離の総合タイムは決して遅くならないことがわかります。

### ■ウォークブレイクでの歩くスピード

　ゆっくり歩くことです。1分間早歩きをすると、多くのランナーの通常の走るペースよりもおよそ15秒間遅くなります。しかし、ゆっくり歩いたとし

ても、たった20秒ほどしか遅くなりません。せっかちな早歩きランナーは、歩幅を伸ばし過ぎないようにすべきです。ハムストリングや膝裏の腱の硬さに注意を払い、もしそこに張りを感じたら、ゆっくり歩き、膝の周囲がリラックスできるように膝を曲げ気味（ベントニー）で歩きます。ゆっくり歩いても、早歩きと同様、脚部背面のこわばりを防いでくれます。

競歩の技術を取り入れるのもよいことです。定期的に競歩練習を取り入れて、競歩のようにウォークブレイクができれば、実際多くのランナーの走るスピードより速く歩けます。そして、競歩で使う筋肉はランニングで使う筋肉とは異なり、ウォークブレイク中にランニングで使われる主要な筋肉の回復と修復にあてることができます。

■**ウォークブレイクをとる頻度**

走る距離が長いほど、より頻繁にウォークブレイクを取り入れます。6分間走り1分間歩くことが快適に感じるランナーは、25〜30kmでは5分ごとにウォークブレイクをとり、32kmでは4分ごとに、そして35kmでは3分ごとに歩くとよいでしょう。もちろん、ウォークブレイクとランニングの比率は固定的に考える必要はありません。

毎日同じ距離を走るとしても、走るスピードや坂道、暑さ、湿度、あるいはトレーニングから離れていた時間などを考慮して、ウォークブレイクの頻度を変えるようにします。走り続けることがつらくなったり、回復に時間がかかるように感じたりしたら、より多く、より長くウォークブレイクを入れるようにします。そうすることで、驚くほどすばやく回復できることを実感できるでしょう。ただし、寒い日は歩く回数は少なめでよいでしょう（とはいっても、30km以上を走る場合はウォークブレイクを減らすことは賢明ではありません）。

■**ウォークブレイクで速くなる？**

ベテランランナーを対象とした実験では、同じ条件でマラソンを走り続けるよりも、ウォークブレイクを入れたときのほうが、タイムが平均13分短縮されたことが明らかになっています。早めにウォークブレイクを取り入れることで、走るための筋力を保持し効果的な筋力発揮が可能になり、ランナーが最も勢いを失うマラソンの終盤で速度の低下を避けることができます。疲れる前に確実に歩くことで、最終的に7〜15分のタイムロスを避けて、フィ

### ウォークブレイクは意気地なしか

　40代後半になる私の友人はマラソンで3時間30分を切る挑戦を数年間続けていました。彼のベストタイムは3時間40分で、5kmと10kmのタイムからすると3時間25分で走ることが可能でした。彼はマラソンレースに向けて、走行距離を伸ばし、スピード練習や1日2回走るなど、十分な練習を積んでいました。私は彼に、目標とするマラソンタイムを切れなかったら小切手を返すと約束し、私のプログラムに参加してもらいました。目標達成のためには、ウォークブレイクを取り入れて彼のペースをスローダウンさせる集団と一緒に走るべきであると私は確信していました。

　最初の練習会の後、彼は、「ウォークブレイクなんてできない。それは意気地なしのすることだ！　小切手を返せ」と要求してきました。私は小切手を返すのを拒み、約束は約束であると伝えました。こうした経緯がありましたが、彼はプログラムを終えるたびにウォークブレイクをとることに不平をもらして、同じペースグループの友人に、本番のレースではウォークブレイクはしないとこっそり言っていたようでした。

　レースの朝、彼のグループのリーダーが集合をかけ、1.6kmごとに1分間必ず歩くように強制しました。そして30km地点まで進んだとき、リーダーは「君の脚は十分余力がある。今こそ走ろう！」と励まし、彼はそのとおり走って3時間25分でフィニッシュ、自己ベストを15分間も短縮しました。

　彼は1.6kmごとに歩くことでタイムが上がるとは信じていませんでした。しかし、彼が過去のマラソンを分析してみると、いつも最後の10〜12kmで失速していたことに気づきました。このときのマラソンで、30km以降のペースに重点を置き、最後の部分でタイムを5分間も短縮したのです。ウォークブレイクを取り入れて使われる筋肉を変えながら、フィニッシュラインまで力強く、反応のよい脚を維持して目標を達成したのです。

ニッシュラインを力強く駆け抜けることができます。適切なスピード練習やペーストレーニング、そして、ランニングとウォーキングのほどよい比率、早めのウォークブレイクで、ラスト10〜13kmをより速く走ることができるでしょう。

■短めのランニングでもウォークブレイクは必要か

週半ばの短めのランニングが十分走り通せるようであれば、ウォークブレイクを入れる必要はありません。もちろん、短いランニングであっても必要と感じるようならウォークブレイクを入れてください。週半ばのウォークブレイクを取り入れたランニングは、週末の走り込みによる疲労をスムーズに回復させてくれます。

■走り終わってもウォークブレイクをとるべきか

疲労回復を早めるためにも、走り終わってもできるだけ長めに歩くようにします。脚がつりそうに（こむら返り）感じたら、短いストライドでゆっくり足を引きずるように歩きます。走り終えても、筋群がまだ使えるうちにできるだけ滑らかな状態を保つようにします。走り終えて脚がつりそうになるということは、次回はもっとゆっくり走ったほうがよいことや、走る前日、当日の朝、あるいは走行中に水分をしっかり摂って脱水を避けるべきことを教えています。

>>> 短時間でも、早めに、規則的にウォークブレイクをとると……
- 筋肉が弾力性を取り戻す。歩くたびに回復注射をしたかのように。
- ウォーキングとランニングで筋肉への負担が交互に行き交い、力強さを最後まで維持できる。
- 早い段階からウォークブレイクを入れることで、ペースが維持できる。
- 膝、足首、臀部、足など故障が多かった人も、ウォークブレイクで故障せずにトレーニングができる。

# 3. レースの作戦
## ―5km、10km、ハーフマラソン―

本節では、5km、10km レースを中心に示していますが、ハーフマラソンや 30km レースにもその多くは役立ちます。

## レースに向けた調整

### ■いよいよレース

今や、私たちはレースに向けた調整もできあがりました。レースは、優勝や完走といった私たちの願いを試してくれる格好の場となります。なかには、今度のレースよりもその次のレースにウエイトをおいている人もいるでしょうが、どんなレースでもエキサイティングであり、レースはひとつの区切りとなります。

レースは、一生懸命トレーニングしたときには必ず報いてくれます。レースに焦点をあわせることで走ることに対して積極的な気持ちが生まれ、レースをカレンダーにマークするだけで練習計画の目標が定まりエネルギーが満ちてきます。

ただ、レースは最大の強度となり、レースへの興奮やその刺激が体にかなりの無理をさせ、障害を引き起こすこともあります。レースでは何ともなくても、その後のトレーニングや休息のとり方に失敗して障害を起こすかもしれません。レースに臨むスリルや達成感が、ランナーたちを「ケガ（障害）と成功の境界域」に導きます。万事うまくいって、ベストレースが得られるかもしれませんが、レースで無理をして、体を壊してしまうこともあります。

レースによる陶酔感が自分の力を強大なもののように錯覚させます。つらいレースから早く逃れたいと思っているにもかかわらず、体はつい無理をしてしまいます。レースはわがままです。タイムが少しでも下まわると、日々

のランニングに多くの原因を見出そうとします。しかし、何よりも重要なことは、日々のランニングを通してケガ（障害）をせず、生理的にも心理的にも丈夫な体を得ることであり、レースタイムをわずか20秒間短縮することではないのです。

## ■レースの目標設定

現実的な考え方がレースの目標設定でのカギとなります。10kmを59分で走るランナーが、レースシーズンの終わりまでに49分で走るという計画は現実的ではありません。54分でも厳しい感じがしますが、そのあたりが限界です。

達成できそうな無理のない目標を設定します。目標は徐々に積み上げていけばよいのです。段階的な目標達成は自信を生み出しますし、思ったよりよい結果が得られればその喜びは大きくなります。

## ■ピーキング

「ピーキング」は、自分の競技力をトップコンディションにもっていくことであり、最終的な仕上げ練習の綿密なスケジュール計画がカギになります。スピード練習と長い距離走の組み合わせがレース向きの筋肉をつくり上げるのに効果的です。レースに向けた標準的なスケジュール例は次節に示しました。10kmレースやそれより短いレースを目指したピーキングスケジュールも示しています。いずれにしても、レースをピークで迎え、ピークを維持するために、質の高い綿密なスケジュールが必要になります。

最終的な目標レースの約2週間前に、10kmレースを設定してピークをあわせるリハーサルをするのは効果的です。自分の体力の力試しとなり、最終的なミスのチェックや必要な修正ができます。

## ■レースの前日

レースの前日は、まったく走らないより数km軽く走るようにします。この程度の軽いランニングでは疲れることなく、筋肉を適度に動かして血液循環を整えることができます。積極的な休息効果も得られて、フレッシュな気分でレースを迎えることができます。

## ■レース前の飲食

バランスのとれた食事が栄養的にもベストです。普段のベストな生活で摂っているような食事を、レース前に急に変えてはいけません。また、レースが近づいたら、油っこいフライや脂肪の多いもの、牛乳、チーズ、たんぱ

く質を多く含む食品など、消化の悪いものは避けるようにします。

　レース前日の昼食は固形物を摂る最後の食事にし、レース前の12時間から18時間の間はできるだけ固形の食物を避けて、食べ物の量も減らすようにします。流動食が適しています。特に、レース当日は、1時間ごとに200mlの水またはミネラルウォーターを補給するようにします。1日に約3～5Lを摂取することになりますが、脱水状態になるよりずっと安全です。スポーツドリンクには、水分だけでなく運動で失われるミネラル（カリウムとマグネシウム）が含まれています。オレンジジュースも優れています。カルシウムも良好な筋収縮、心臓機能を維持するうえで重要となります。

### ■レース前のウォームアップ

　ウォームアップは、不活発な状態の体をほぼ1時間以内に最大能力を引き出せるようにする準備運動です。ゆっくりと徐々に行うようにします。ゆっくりとしたランニングによって、筋肉や腱、呼吸循環系などの内臓諸器官がスムーズに機能するよう温めていきます。

　特に、レースでは体のウォームアップとともに心理的なウォームアップが重要になります。ウォームアップの手順どおりに淡々と行うようにします。最初はゆっくり、徐々に、強度を高めてレース状態にもっていくように刺激していきます。そして、しばしの休息をとって準備万端です。レース前の不安はなくなり、自信をもってレースに臨むことができます。

　先に挙げたスピード練習のときに、レース前のウォームアップをリハーサルしておくのは効果的です。自分でいろいろな運動を組み合わせて、良好な方法を試しておきます。

## レースの走り方

### ■レースでのペースづくり

　ピストルの合図によって、エネルギーとアドレナリンの放出が始まります。最初の100～200mでスムーズに加速した後、レースのペースまでスピードを落とします。最初のスムーズな飛び出しは、スタートの混雑から抜け出してレース展開をうまく運ぶために大切です。ただ、ビッグレースでは、とんでもない混雑でゆっくりとファンランを楽しまざるを得ないかもしれません。

落ち着いたスタートを：スタートの混雑の中で、数百 m の最初の飛び出しがつい長くなって、エネルギーを使い過ぎないようにします。繰り返し行ってきたスピード練習でペース感覚はすっかり身についているはずです。実際、マラソンや 10km のレースでの最初の 1km は、ウォームアップのつもりでレースペースより 10 秒くらい遅くし、その後、レースペースに乗って走るようにします。前半での数秒の飛ばし過ぎが、終盤では 1.6km につき 5 〜 10 秒ずつ遅くなってしまうことをよく覚えておくことです。

　私は、最初の 1km を目標ペースよりほぼ 15 〜 20 秒遅く走るようにしています。これはウォームアップとリラックスの効果があり、その後の目標ペースの維持がずっと楽になり、後半で著しくスピード低下することもなく、目標タイムが得られます。

一定ペースで走る：一定ペースを持続するのが最も効果的な走り方です。体力レベルに応じて、安定した一定ペースを維持できれば、より速く走ることができます。エネルギーと酸素利用でも一定のペースが効率的であり、体温の上昇も最小限に抑えることができます。

熱との闘い：最初はゆっくりスピードを抑えて、前半を自分の一定のペースで走るもう 1 つの理由は、体温を上げ過ぎずクールに保つためです。気温が 16℃以上になって暑さが厳しくなると、特にオーバーペースはこたえます。まず体温が上がり、続いて熱を逃すために皮膚への血流量が増えて、発汗量が増えてきます。結果的に酸素の供給や老廃物の除去にかかわる血流量が減ってしまうことになります。また、発汗も究極的には脱水によって血液供給を不足させます。

後半が速くなる：前半無理をせず、一定ペースを維持できれば、後半はわずかですがスピードを上げることができ、効率的に走ることができます。レース前半に余裕をもって走ることで、後半には力強く走ることができ、結果的に後半のスプリットタイムがより速くなります。

## ■脱水と冷却

　十分な水分補給は、特にレースにおいてはきわめて重要です。近年、レースにおけるさまざまなトラブル、筋肉痛やケガ、あるいは思わしくないレース結果など、その多くは大なり小なり脱水症状が原因であったことが明らかになりました。発汗によって血液から水分が失われ、十分な水分補給をしな

ければ、細胞や筋肉にとって重要な液体が不足してしまいます。また、グリコーゲンを効率よくエネルギーに変換できず、老廃物がうまく除去されません。水不足によって、レースのストレスがいっそう深刻になります。

脱水状態にならないようにするためには、以下の点に気をつけましょう。

**給水所では必ず水分補給をする**：特にのどが乾いていなくても、レースの早い段階から各給水所で少なくともコップ1杯程度は水分を補給するようにします（実際、水がほしいと感じたときには、体の中ではすでに脱水が始まっています）。

**頭に水をかける**：これは体を冷やし、深部体温を下げてくれます。科学的な裏づけはありませんが、皮膚を冷やすことで、減少していた筋肉への血液を増やす効果があると思います。つまり、より多くの血液を役立てられるわけです。繰り返しますが、暑さを感じる前の早い段階から、積極的に水をかけたり、水分補給に努めるようにしましょう。

**ペースを守る**：各チェックポイントで予定のペースどおりに走れていれば、それを誇りに思ってください。そうすれば、後半になって次々とランナーを抜いていく自分の走り方に驚き、さらに終盤で疲れたときもランナーの集団を次々追い越せるほど大いに頑張れるものです。

■ ケガ（障害）との境目

ファンラン（楽しむレース）ではなく、競技としてのレースを目指すのであれば、心身ともに限界近くまで追い込む苦しさに打ち勝てるようにならなければいけません。そして、限界近くの苦しさとケガにつながる痛みとを区別できることも必要です。アルベルト・サラザールの全力を出しきったゴールの写真や1983年のニューヨークシティマラソンでのジェフ・スミスの勇壮なゴールは、まさに経験豊かなランナーの限界ぎりぎりの姿を見ることができます。もちろん、こうしたトップランナーのように追い込めというのではなく、どうして限界を超えるとケガをするのかを知るために、限界に近い状態の感覚をいろいろ経験しておくことが大切です。

よりハードに追い込むと、筋肉への酸素の供給が不十分になってスムーズなランニングが困難になります。適正なスピード練習によって、酸素不足やある程度の老廃物があっても持続できる能力を高めることはできますが、限界を超えるとミトコンドリアが膨張し細胞膜が壊れて乳酸が生じ、ケガを引

き起こしてしまいます。

　限界近くまで追い込む感覚をトレーニングで経験しておくと、レースでつぶれることなく我慢強く走れるようになります。レース終盤の苦しいときには、もう二度と走りたくないと思うかもしれませんが、30分後（あるいは数日後）には次のレースを検討し始めるようになるものです。

　[注] 限界近くまで追い込む場合には、十分な注意が必要です。特に、心臓疾患のある人は担当医の指示に従わなければなりません。鍛えられた競技者でも、単なる苦しさと筋肉や持久力の限界を示すサインとの違いをよく見極めることが大切です。

■レース中の気分転換

　レース中に上手に気を紛らわすことはよい効果をもたらします。疲れてきたときに積極的に気持ちを切り替えるようにすると、苦難を乗り越えることができます。疲れを感じたときは意識的に気分転換を図りましょう。例えば、前方のランナーを次の電柱までに抜こうとか、単純に次の5歩だけでもこのリズムで意識的に走ってみようとか。そうしているうちに、また気持ちよく走れるようになります。自分なりの気分転換の方法を見つけるようにします。

■力を振り絞る

　レース中スピードが落ちてきたときに、疲労に打ち勝って力を振り絞ることができれば、偉大な力がみなぎってくることを発見します。一度、ランニング中に力を振り絞って、このエネルギーの源をたたき出す経験をすると、生活の場面で難局にぶちあたっても大いに役立ちます。限界近くの「黄昏時」に、こうした偉大な力を見つけ出すことができます。最初は、ちょっぴり頑張ることから迫るようにします。そして、次にはもうちょっと。時には、自分の力を過大評価してへばってしまうこともありますが、ねばり強く取り組めば、必ずみなぎる力を発見し大いに役立てることができます。

# レース直前（カウントダウン）の注意事項

**1週間前**：つい走り過ぎてしまいがちです。ここでやり過ぎて、疲れを残してはいけません。距離は短めにして、最後の3日間は1.6～5km以上走らないようにします。レースのために筋肉を休め再生させます。普段どおりの食

事と 1 時間に 100 〜 150ml の水を摂るようにします。

**レース前の 2 日間**：睡眠を十分にとるようにしましょう。

**レース前夜**：
- レース用の荷物をバッグに準備する。
- 軽い食事にするか、何も食べない（私はマラソンでもレース前のカーボローディングはあまり信じていない）。
- 起きている間は、1 時間ごとに 100 〜 150ml の水を摂る。
- よく眠れるようにリラックスを心がける。たとえ眠れなくても、レースに失敗することはない（私は前夜にほとんど眠れなかったときでも、何回も会心のレースをした経験がある）。

**持ち物リスト**：
- シューズ、ソックス、ランニングシャツ、ランニングパンツ、トレーニングパンツ。
- 寒いときは、手袋、帽子、タートルネックなど。
- 水（約 1 L）。
- バンドエイドとワセリン。
- 少々のお金とレース後の食べ物など。
- 郵送で送られているなら、ナンバーと安全ピン 4 つ。
- レース当日の大会要項。

**レースの朝**：レース当日の土壇場では、いろいろなことをつい忘れてしまいます。このページをメモしてバッグに入れておきましょう。
- 起床後は、30 分おきに 100 〜 150ml の水を摂る。
- レースの 30 分前に最後の水を摂る。
- 時間内に消化できないので、何も食べない（血糖値を維持するための軽い食事が必要な場合は、練習や他のレースで試しておく）。
- 30 〜 40 分前からウォームアップを始める。

**スタートラインに立つ前**：
- 徐々に体を慣らすために、まず 5 〜 10 分間歩く。
- 10 〜 20 分間ゆっくりとジョギング。非常にゆっくりから始めて、徐々に調子を上げる感じで行う。
- 軽いストレッチ、準備体操を入れる。

- リラックスのために、また3〜5分間歩く。
- スタートの10〜15分前、レースペースに備えて50〜100mの軽い流し（加速走）を5〜10本行う。ゆっくりとレースペースまで加速し、またゆっくりとジョギングの速さまで減速する。
- 再び3〜5分間歩く。
- スタート5〜10分前には、リラックスのために、座ったり軽く歩きまわったりする。あるランナーは頭のほうへ脚をもっていったり、またあるランナーは瞑想したりしている。
- スタートラインに立ったら気持ちを切り替える。緊張しているとスムーズに動けなくなるので、冗談を言ったり、お祭り的な興奮を楽しんだりするようにする。こうしてリラックスして準備完了となる。

号砲がなったら：
- ゆっくりとスタートし、自分のペースをつかみ、それを守る。
- 暑いときはレースの10分ほど前に頭に少し水をかけ、ウエアを濡らしておく。また、各給水所では積極的に水分補給する。
- レース中はリラックスに努め、そのレース体験を楽しむよう心がける。

レース終了直後：
- レース後は、1km程度歩くようにする。
- 水を150mlほど飲む。また、レース後3時間くらいは20分ごとに薄い飲み物を摂る。
- その日は、疲労回復のために30〜40分間歩く（またはウォーキング＆ジョギング）。

## レースの翌朝

- 筋肉をほぐすために、30〜40分間歩く（またはウォーキング＆ジョギング）。
- 目覚めたら、1時間ごとに100〜150mlの水を摂る。
- 次のレースを決めたり、あるいは二度とレースに出ないと決断したりする前に、少なくとも1週間は待つようにする。

# 4. トレーニングプログラム

　本節では、5 km、10km、ハーフマラソンの目標タイム別トレーニングプログラムを紹介しています。

■**トレーニングプログラムを行う際の注意点**
- 長く走るときは、ウォークブレイクを多く入れる。
- プログラム中の「XT」はクロストレーニングを指す。ウォーキング、水泳、自転車、簡単なマシーントレーニングで無理のないクロストレーニングを 10 分間程度取り入れる。最初の段階では 5 分間くらいから始め、徐々に 2～3 分間ずつ増やすようにする。特に、水中ランニングはクロストレーニングに適している。
- ラン／ウォークの練習では、積極的にウォークブレイクを入れるようにする（p.79「ウォークブレイク」の項参照）。
- インターバル走（400m、800m）では、身近な競技場に行って、練習前のウォームアップと練習後のクールダウンをそれぞれ少なくとも 5 分間行う（800m の場合は、クールダウンはゆっくりとしたジョギングとウォーキングを 5 分間ずつ）。
- 土曜日に長距離を走りたい場合、金曜日は練習しない。
- 5 km、10km レースなどでウォークブレイクをとる際には、事前に道の外側に移動してから歩くようにする。

# 5kmレースのためのトレーニングプログラム

## プログラム1　5km完走を目指したトレーニングプログラム

| 週 | 月 | 火 | 水 | 木 | 金 | 土 | 日 |
|---|---|---|---|---|---|---|---|
| 第1週 | 休養またはXT | ラン/ウォーク 10分 | 休養またはXT | ラン/ウォーク 10分 | 休養またはXT | 休養 | ラン/ウォーク 2km |
| 第2週 | 休養またはXT | ラン/ウォーク 13分 | 休養またはXT | ラン/ウォーク 13分 | 休養またはXT | 休養 | ラン/ウォーク 2km |
| 第3週 | 休養またはXT | ラン/ウォーク 15分 | 休養またはXT | ラン/ウォーク 15分 | 休養またはXT | 休養 | ラン/ウォーク 3km |
| 第4週 | 休養またはXT | ラン/ウォーク 17分 | 休養またはXT | ラン/ウォーク 17分 | 休養またはXT | 休養 | ラン/ウォーク 4km |
| 第5週 | 休養またはXT | ラン/ウォーク 19分 | 休養またはXT | ラン/ウォーク 19分 | 休養またはXT | 休養 | ラン/ウォーク 5km |
| 第6週 | 休養またはXT | ラン/ウォーク 20分 | 休養またはXT | ラン/ウォーク 20分 | 休養またはXT | 休養 | ラン/ウォーク 6km |
| 第7週 | 休養またはXT | ラン/ウォーク 20分 | 休養またはXT | ラン/ウォーク 20分 | 休養またはXT | 休養 | レース 5km |
| 第8週 | 休養またはXT | ラン/ウォーク 20分 | 休養またはXT | ラン/ウォーク 20分 | 休養またはXT | 休養 | ラン/ウォーク 3～5km |

※このプログラムはランニングをまったくしていない人を想定してつくられています。このスケジュールよりも多く走っている人はそのままそのスケジュールを続けてください。また、回復する時間を十分にとってください。

- 火曜日のラン／ウォークで〈走り3分／歩き1分〉なら、長く走るときは〈走り1分／歩き1分〉くらいで無理のないようにし、5kmのレースペースより1.6kmで2分遅いペースにする。
- 5kmレースでは、1kmごとにウォークブレイクを取り入れて、楽に走れるようにする。始めの2～3kmからウォークブレイクを入れることで、最後の1kmを力強く走ることができる（プログラム2～4も同様）。

## プログラム2　5km目標タイム45分のトレーニングプログラム

| 週 | 月 | 火 | 水 | 木 | 金 | 土 | 日 |
|---|---|---|---|---|---|---|---|
| 第1週 | 休養またはXT | ラン/ウォーク 10分 | 休養またはXT | インターバル走 400m×3 | 休養またはXT | 休養 | ラン/ウォーク 2km |
| 第2週 | 休養またはXT | ラン/ウォーク 13分 | 休養またはXT | インターバル走 400m×4 | 休養またはXT | 休養 | ラン/ウォーク 3km |
| 第3週 | 休養またはXT | ラン/ウォーク 15分 | 休養またはXT | インターバル走 400m×5 | 休養またはXT | 休養 | ラン/ウォーク 4km |
| 第4週 | 休養またはXT | ラン/ウォーク 17分 | 休養またはXT | インターバル走 400m×6 | 休養またはXT | 休養 | ラン/ウォーク 5km |
| 第5週 | 休養またはXT | ラン/ウォーク 19分 | 休養またはXT | インターバル走 400m×7 | 休養またはXT | 休養 | ラン/ウォーク 6km |
| 第6週 | 休養またはXT | ラン/ウォーク 20分 | 休養またはXT | インターバル走 400m×8 | 休養またはXT | 休養 | ラン/ウォーク 6km |
| 第7週 | 休養またはXT | ラン/ウォーク 20分 | 休養またはXT | インターバル走 400m×4 | 休養またはXT | 休養 | レース 5km |
| 第8週 | 休養またはXT | ラン/ウォーク 20分 | 休養またはXT | ラン/ウォーク 20分 | 休養またはXT | 休養 | ラン/ウォーク 3～5km |

※このプログラムは、練習を開始して2ヶ月程度、上記の表の第1週のレベルで走れる人を想定しています。このスケジュールよりも多く走っている人はそのままそのスケジュールを続けてください。また、回復期間を十分にとってください（プログラム3～8も同様）。

- 火曜日のラン／ウォークで〈走り3分／歩き1分〉なら、長く走るときは〈走り2分／歩き1分〉くらいにする（調子の悪い日は〈歩き2分／歩き2分〉）。ペースはゴールタイムよりも1.6kmで1分遅いペースにする（1.6kmを16分以上、1kmを10分以上のペース）。
- インターバル走は、400mを3分28秒～3分30秒くらいで走り、200m（半周）ゆっくり歩いた後、繰り返す。

第3章 本格的なレースに向けて

### プログラム3　5km 目標タイム 38 分のトレーニングプログラム

| 週 | 月 | 火 | 水 | 木 | 金 | 土 | 日 |
|---|---|---|---|---|---|---|---|
| 第1週 | 休養またはXT | ラン／ウォーク 10分 | 休養またはXT | インターバル走 400m×3 | 休養またはXT | 休養 | ラン／ウォーク 3km |
| 第2週 | 休養またはXT | ラン／ウォーク 13分 | 休養またはXT | インターバル走 400m×4 | 休養またはXT | 休養 | ラン／ウォーク 4km |
| 第3週 | 休養またはXT | ラン／ウォーク 15分 | 休養またはXT | インターバル走 400m×5 | 休養またはXT | 休養 | ラン／ウォーク 5km |
| 第4週 | 休養またはXT | ラン／ウォーク 17分 | 休養またはXT | インターバル走 400m×6 | 休養またはXT | 休養 | ラン／ウォーク 6km |
| 第5週 | 休養またはXT | ラン／ウォーク 19分 | 休養またはXT | インターバル走 400m×7 | 休養またはXT | 休養 | ラン／ウォーク 6km |
| 第6週 | 休養またはXT | ラン／ウォーク 20分 | 休養またはXT | インターバル走 400m×8 | 休養またはXT | 休養 | ラン／ウォーク 7km |
| 第7週 | 休養またはXT | ラン／ウォーク 20分 | 休養またはXT | インターバル走 400m×4 | 休養またはXT | 休養 | レース 5km |
| 第8週 | 休養またはXT | ラン／ウォーク 20分 | 休養またはXT | ラン／ウォーク 20分 | 休養またはXT | 休養 | ラン／ウォーク 3〜5km |

⇨プログラム 2 の※参照。
- 火曜日のラン／ウォークで〈走り 3 分／歩き 1 分〉なら、長く走るときは〈走り 2 分／歩き 1 分〉くらいにする（調子の悪い日は〈歩き 2 分／走り 2 分〉）。ペースはゴールタイムより 1.6km で 1 分遅いペースにする（1.6km を 13 分 30 秒以上のペース）。
- インターバル走は、400m を 2 分 52 秒〜2 分 55 秒くらいで走り、200m（半周）ゆっくり歩いた後、繰り返す。

### プログラム4　5km 目標タイム 30 分のトレーニングプログラム

| 週 | 月 | 火 | 水 | 木 | 金 | 土 | 日 |
|---|---|---|---|---|---|---|---|
| 第1週 | 休養またはXT | ラン／ウォーク 15分 | 休養またはXT | インターバル走 400m×3 | 休養またはXT | 休養 | ラン／ウォーク 3km |
| 第2週 | 休養またはXT | ラン／ウォーク 18分 | 休養またはXT | インターバル走 400m×4 | 休養またはXT | 休養 | ラン／ウォーク 4km |
| 第3週 | 休養またはXT | ラン／ウォーク 20分 | 休養またはXT | インターバル走 400m×5 | 休養またはXT | 休養 | ラン／ウォーク 5km |
| 第4週 | 休養またはXT | ラン／ウォーク 22分 | 休養またはXT | インターバル走 400m×6 | 休養またはXT | 休養 | ラン／ウォーク 6km |
| 第5週 | 休養またはXT | ラン／ウォーク 25分 | 休養またはXT | インターバル走 400m×7 | 休養またはXT | 休養 | ラン／ウォーク 6km |
| 第6週 | 休養またはXT | ラン／ウォーク 27分 | 休養またはXT | インターバル走 400m×8 | 休養またはXT | 休養 | ラン／ウォーク 7km |
| 第7週 | 休養またはXT | ラン／ウォーク 20分 | 休養またはXT | インターバル走 400m×4 | 休養またはXT | 休養 | レース 5km |
| 第8週 | 休養またはXT | ラン／ウォーク 20分 | 休養またはXT | ラン／ウォーク 20分 | 休養またはXT | 休養 | ラン／ウォーク 3〜5km |

⇨プログラム 2 の※参照。
- 火曜日のラン／ウォークで〈走り 4 分／歩き 1 分〉なら、長く走るときは〈走り 3 分／歩き 1 分〉くらいにする（調子の悪い日は〈走り 2 分／歩き 1 分〉）。ペースはゴールタイムより 1.6km で 1 分遅いペースにする（1.6km を 11 分以上のペース）。
- インターバル走は、400m を 2 分 15 秒〜2 分 18 秒くらいで走り、200m（半周）ゆっくり歩いた後、繰り返す。

## プログラム5　5km 目標タイム 25 分のトレーニングプログラム

| 週 | 月 | 火 | 水 | 木 | 金 | 土 | 日 |
|---|---|---|---|---|---|---|---|
| 第1週 | 休養または XT | ラン／ウォーク 18分 | 休養または XT | インターバル走 400m×5 | 休養または XT | 休養 | ラン／ウォーク 4km |
| 第2週 | 休養または XT | ラン／ウォーク 20分 | 休養または XT | インターバル走 400m×6 | 休養または XT | 休養 | ラン／ウォーク 5km |
| 第3週 | 休養または XT | ラン／ウォーク 22分 | 休養または XT | インターバル走 400m×7 | 休養または XT | 休養 | ラン／ウォーク 6km |
| 第4週 | 休養または XT | ラン／ウォーク 25分 | 休養または XT | インターバル走 400m×8 | 休養または XT | 休養 | ラン／ウォーク 6km |
| 第5週 | 休養または XT | ラン／ウォーク 27分 | 休養または XT | インターバル走 400m×9 | 休養または XT | 休養 | レース 5km |
| 第6週 | 休養または XT | ラン／ウォーク 30分 | 休養または XT | インターバル走 400m×10 | 休養または XT | 休養 | ラン／ウォーク 8km |
| 第7週 | 休養または XT | ラン／ウォーク 20分 | 休養または XT | インターバル走 400m×4 | 休養または XT | 休養 | レース 5km |
| 第8週 | 休養または XT | ラン／ウォーク 20分 | 休養または XT | ラン／ウォーク 20分 | 休養または XT | 休養 | ラン／ウォーク 3～6km |

⇨プログラム2の※参照。

- 火曜日のラン／ウォークで〈走り6分／歩き1分〉なら、長く走るときは〈走り5分／歩き1分〉くらいにする（調子の悪い日は〈走り4分／歩き1分〉）。ペースはゴールタイムより1.6kmで2分遅いペースにする（1.6kmを10分のペース）。
- インターバル走は、400mを1分52秒～1分55秒くらいで走り、200m（半周）ゆっくり歩いた後、繰り返す。
- 5週目の5kmレースは、テストレースとする。最初の1kmは目標ペースより30秒程度ゆっくり走るようにし、3km以降目標ペースに挑戦してみよう（プログラム6～8も同様）。
- 7週目の5kmレースは、自分のレースを心がけ、最初の1kmは目標ペースより5～10秒くらい抑えて走り、後半徐々にペースを上げ、最後の1kmが最も速くなるように走る（プログラム6～8も同様）。

## プログラム6　5km 目標タイム 22 分のトレーニングプログラム

| 週 | 月 | 火 | 水 | 木 | 金 | 土 | 日 |
|---|---|---|---|---|---|---|---|
| 第1週 | 休養または XT | ラン／ウォーク 20分 | 休養または XT | インターバル走 400m×6 | 休養または XT | 休養 | ラン／ウォーク 5km |
| 第2週 | 休養または XT | ラン／ウォーク 22分 | 休養または XT | インターバル走 400m×7 | 休養または XT | 休養 | ラン／ウォーク 6km |
| 第3週 | 休養または XT | ラン／ウォーク 25分 | 休養または XT | インターバル走 400m×8 | 休養または XT | 休養 | ラン／ウォーク 6km |
| 第4週 | 休養または XT | ラン／ウォーク 28分 | 休養または XT | インターバル走 400m×9 | 休養または XT | 休養 | ラン／ウォーク 7km |
| 第5週 | 休養または XT | ラン／ウォーク 30分 | 休養または XT | インターバル走 400m×10 | 休養または XT | 休養 | レース 5km |
| 第6週 | 休養または XT | ラン／ウォーク 30分 | 休養または XT | インターバル走 400m×12 | 休養または XT | 休養 | ラン／ウォーク 9km |
| 第7週 | 休養または XT | ラン／ウォーク 25分 | 休養または XT | インターバル走 400m×5 | 休養または XT | 休養 | レース 5km |
| 第8週 | 休養または XT | ラン／ウォーク 30分 | 休養または XT | ラン／ウォーク 30分 | 休養または XT | 休養 | ラン／ウォーク 5～8km |

⇨プログラム2の※参照。

- 火曜日のラン／ウォークで〈走り8分／歩き1分〉なら、長く走るときは〈走り6分／歩き1分〉くらいにする（調子の悪い日は〈走り5分／歩き1分〉）。ペースはゴールタイムより1.6kmで2分遅いペースにする（1.6kmを9分のペース）。
- インターバル走は、400mを1分35秒～1分40秒くらいで走り、200m（半周）ゆっくり歩いた後、繰り返す。

第3章 本格的なレースに向けて

### プログラム7　5 km 目標タイム 19 分のトレーニングプログラム

| 週 | 月 | 火 | 水 | 木 | 金 | 土 | 日 |
|---|---|---|---|---|---|---|---|
| 第1週 | 休養またはXT | ラン/ウォーク 30分 | 休養またはXT | インターバル走 400m×7 | 休養またはXT | 休養 | ラン/ウォーク 6km |
| 第2週 | 休養またはXT | ラン/ウォーク 33分 | 休養またはXT | インターバル走 400m×8 | 休養またはXT | 休養 | ラン/ウォーク 8km |
| 第3週 | 休養またはXT | ラン/ウォーク 36分 | 休養またはXT | インターバル走 400m×9 | 休養またはXT | 休養 | ラン/ウォーク 10km |
| 第4週 | 休養またはXT | ラン/ウォーク 39分 | 休養またはXT | インターバル走 400m×10 | 休養またはXT | 休養 | ラン/ウォーク 11km |
| 第5週 | 休養またはXT | ラン/ウォーク 42分 | 休養またはXT | インターバル走 400m×11 | 休養またはXT | 休養 | レース 5km |
| 第6週 | 休養またはXT | ラン/ウォーク 45分 | 休養またはXT | インターバル走 400m×13 | 休養またはXT | 休養 | ラン/ウォーク 14km |
| 第7週 | 休養またはXT | ラン/ウォーク 30分 | 休養またはXT | インターバル走 400m×6 | 休養またはXT | 休養 | レース 5km |
| 第8週 | 休養またはXT | ラン/ウォーク 30分 | 休養またはXT | ラン/ウォーク 30分 | 休養またはXT | 休養 | ラン/ウォーク 6〜13km |

⇨プログラム2の※参照。
- 火曜日のラン/ウォークで〈走り9分/歩き1分〉なら、長く走るときは〈走り7分/歩き1分〉くらいにする（調子の悪い日は〈走り6分/歩き1分〉）。ペースはゴールタイムより1.6kmで2分遅いペースにする（1.6kmを8分、1kmを5分のペース）。
- インターバル走は、400mを1分22秒～1分25秒くらいで走り、200m（半周）ゆっくり歩いた後、繰り返す。

### プログラム8　5 km 目標タイム 17 分のトレーニングプログラム

| 週 | 月 | 火 | 水 | 木 | 金 | 土 | 日 |
|---|---|---|---|---|---|---|---|
| 第1週 | 休養またはXT | ラン/ウォーク 30分 | 休養またはXT | インターバル走 400m×7 | 休養またはXT | 休養 | ラン/ウォーク 8km |
| 第2週 | 休養またはXT | ラン/ウォーク 33分 | 休養またはXT | インターバル走 400m×8 | 休養またはXT | 休養 | ラン/ウォーク 10km |
| 第3週 | 休養またはXT | ラン/ウォーク 36分 | 休養またはXT | インターバル走 400m×9 | 休養またはXT | 休養 | ラン/ウォーク 11km |
| 第4週 | 休養またはXT | ラン/ウォーク 39分 | 休養またはXT | インターバル走 400m×10 | 休養またはXT | 休養 | ラン/ウォーク 13km |
| 第5週 | 休養またはXT | ラン/ウォーク 42分 | 休養またはXT | インターバル走 400m×12 | 休養またはXT | 休養 | レース 5km |
| 第6週 | 休養またはXT | ラン/ウォーク 45分 | 休養またはXT | インターバル走 400m×14 | 休養またはXT | 休養 | ラン/ウォーク 16km |
| 第7週 | 休養またはXT | ラン/ウォーク 30分 | 休養またはXT | インターバル走 400m×6 | 休養またはXT | 休養 | レース 5km |
| 第8週 | 休養またはXT | ラン/ウォーク 30分 | 休養またはXT | ラン/ウォーク 30分 | 休養またはXT | 休養 | ラン/ウォーク 6〜13km |

⇨プログラム2の※参照。
- 火曜日のラン/ウォークで〈走り9分/歩き1分〉なら、長く走るときは〈走り7分/歩き1分〉くらいにする（調子の悪い日は〈走り6分/歩き1分〉）。ペースはゴールタイムより1.6kmで2分遅いペースにする（1.6kmを7分30秒〜8分のペース）。
- インターバル走は、400mを1分14秒～1分16秒くらいで走り、200m（半周）ゆっくり歩いた後、繰り返す。
- このプログラムは最小限のメニューと位置づけ、余裕があれば月曜日か金曜日に軽いランニングを加えるようにする。

## 10kmレースのためのトレーニングプログラム

**プログラム9**　10km完走目標のトレーニングプログラム

| 週 | 月 | 火 | 水 | 木 | 金 | 土 | 日 |
|---|---|---|---|---|---|---|---|
| 第1週 | 休養またはXT | ラン/ウォーク 10分 | 休養またはXT | ラン/ウォーク 10分 | 休養またはXT | 休養 | ラン/ウォーク 2km |
| 第2週 | 休養またはXT | ラン/ウォーク 13分 | 休養またはXT | ラン/ウォーク 13分 | 休養またはXT | 休養 | ラン/ウォーク 2km |
| 第3週 | 休養またはXT | ラン/ウォーク 15分 | 休養またはXT | ラン/ウォーク 15分 | 休養またはXT | 休養 | ラン/ウォーク 3km |
| 第4週 | 休養またはXT | ラン/ウォーク 17分 | 休養またはXT | ラン/ウォーク 17分 | 休養またはXT | 休養 | ラン/ウォーク 4km |
| 第5週 | 休養またはXT | ラン/ウォーク 19分 | 休養またはXT | ラン/ウォーク 19分 | 休養またはXT | 休養 | ラン/ウォーク 5km |
| 第6週 | 休養またはXT | ラン/ウォーク 20分 | 休養またはXT | ラン/ウォーク 20分 | 休養またはXT | 休養 | ラン/ウォーク 6km |
| 第7週 | 休養またはXT | ラン/ウォーク 21分 | 休養またはXT | ラン/ウォーク 21分 | 休養またはXT | 休養 | ラン/ウォーク 6km |
| 第8週 | 休養またはXT | ラン/ウォーク 22分 | 休養またはXT | ラン/ウォーク 22分 | 休養またはXT | 休養 | ラン/ウォーク 7km |
| 第9週 | 休養またはXT | ラン/ウォーク 23分 | 休養またはXT | ラン/ウォーク 23分 | 休養またはXT | 休養 | ラン/ウォーク 8km |
| 第10週 | 休養またはXT | ラン/ウォーク 24分 | 休養またはXT | ラン/ウォーク 24分 | 休養またはXT | 休養 | ラン/ウォーク 9km |
| 第11週 | 休養またはXT | ラン/ウォーク 26分 | 休養またはXT | ラン/ウォーク 26分 | 休養またはXT | 休養 | ラン/ウォーク 10km |
| 第12週 | 休養またはXT | ラン/ウォーク 20分 | 休養またはXT | ラン/ウォーク 20分 | 休養またはXT | 休養 | レース 5km |
| 第13週 | 休養またはXT | ラン/ウォーク 28分 | 休養またはXT | ラン/ウォーク 28分 | 休養またはXT | 休養 | ラン/ウォーク 10km |
| 第14週 | 休養またはXT | ラン/ウォーク 20分 | 休養またはXT | ラン/ウォーク 20分 | 休養またはXT | 休養 | レース 10km |
| 第15週 | 休養またはXT | ラン/ウォーク 20分 | 休養またはXT | ラン/ウォーク 20分 | 休養またはXT | 休養 | ラン/ウォーク 5〜8km |

※このプログラムは、ランニングをまったくしていない人を想定してつくられています。このスケジュールよりも多く走っている人はそのままそのスケジュールを続けてください。また、回復する時間を十分にとってください。

- 火・木曜日のラン／ウォークで〈走り2分／歩き1分〉なら、長く走るときは〈走り2分／歩き2分〉あるいは〈走り1分／歩き1分〉くらいにする（調子の悪い日は〈歩き2分／走り1分〉）。初心者はもっとウォーキングを取り入れてもよい（例えば〈歩き4に対して走り1〉）。
- 目標となる10kmレースの2週間前にある5kmレースは、ビッグレースのためのリハーサルレースとなる。レース中はウォークブレイクを入れて、ラスト1kmで余裕を感じたら、ウォークブレイクを減らすようにする。全力疾走、特にラストスパートは行わない（プログラム10〜13も同様）。
- 10kmレースでは、1kmごとにウォークブレイクを入れて、楽に感じるレースを目指す。特に、最初の2〜3kmでもウォークブレイクを入れることがポイントで、最後の1kmを力強く走ることができる（プログラム10〜13も同様）。

第 3 章 本格的なレースに向けて

## プログラム10　10km 目標タイム 90 分のトレーニングプログラム

| 週 | 月 | 火 | 水 | 木 | 金 | 土 | 日 |
|---|---|---|---|---|---|---|---|
| 第1週 | 休養またはXT | ラン/ウォーク 10分 | 休養またはXT | インターバル走 400m×4 | 休養またはXT | 休養 | ラン/ウォーク 4km |
| 第2週 | 休養またはXT | ラン/ウォーク 13分 | 休養またはXT | インターバル走 400m×5 | 休養またはXT | 休養 | ラン/ウォーク 5km |
| 第3週 | 休養またはXT | ラン/ウォーク 15分 | 休養またはXT | インターバル走 400m×6 | 休養またはXT | 休養 | ラン/ウォーク 6km |
| 第4週 | 休養またはXT | ラン/ウォーク 17分 | 休養またはXT | インターバル走 400m×7 | 休養またはXT | 休養 | ラン/ウォーク 6km |
| 第5週 | 休養またはXT | ラン/ウォーク 19分 | 休養またはXT | インターバル走 400m×8 | 休養またはXT | 休養 | ラン/ウォーク 7km |
| 第6週 | 休養またはXT | ラン/ウォーク 21分 | 休養またはXT | インターバル走 400m×9 | 休養またはXT | 休養 | ラン/ウォーク 8km |
| 第7週 | 休養またはXT | ラン/ウォーク 23分 | 休養またはXT | インターバル走 400m×10 | 休養またはXT | 休養 | ラン/ウォーク 9km |
| 第8週 | 休養またはXT | ラン/ウォーク 25分 | 休養またはXT | インターバル走 400m×11 | 休養またはXT | 休養 | ラン/ウォーク 10km |
| 第9週 | 休養またはXT | ラン/ウォーク 27分 | 休養またはXT | インターバル走 400m×12 | 休養またはXT | 休養 | ラン/ウォーク 10km |
| 第10週 | 休養またはXT | ラン/ウォーク 29分 | 休養またはXT | インターバル走 400m×13 | 休養またはXT | 休養 | レース 5km |
| 第11週 | 休養またはXT | ラン/ウォーク 30分 | 休養またはXT | インターバル走 400m×14 | 休養またはXT | 休養 | ラン/ウォーク 11km |
| 第12週 | 休養またはXT | ラン/ウォーク 20分 | 休養またはXT | インターバル走 400m×5 | 休養またはXT | 休養 | レース 10km |
| 第13週 | 休養またはXT | ラン/ウォーク 20分 | 休養またはXT | ラン/ウォーク 20分 | 休養またはXT | 休養 | ラン/ウォーク 5〜8km |
| 第14週 | 休養またはXT | ラン/ウォーク 25分 | 休養またはXT | ラン/ウォーク 25分 | 休養またはXT | 休養 | ラン/ウォーク 6〜10km |

※このプログラムは、練習を開始して2ヶ月程度、少なくとも上記の第1週のレベルで走れる人を想定してつくられています。このスケジュールよりも多く走っている人は、そのままそのスケジュールを続けてください。また、回復する時間を十分にとってください（プログラム 11 〜 13 も同様）。

- 火曜日のラン/ウォークで〈走り3分/歩き1分〉なら、長く走るときは〈走り2分/歩き1分〉くらいにする（調子の悪い日は〈歩き2分/走り2分〉）。ペースはゴールタイムより1.6kmで1分遅いペースにする（1.6kmは16分以上、1kmを10分以上のペース）。
- インターバル走は、400mを3分28秒〜3分30秒くらいで走り、200m（半周）ゆっくり歩いた後、繰り返す。
- 目標とするレースの前に、カレンダーにレース後 2 〜 4 週間の予定を書いておく。景色のよい場所でのランや友人との交流ラン、あるいはレースでなくてもかまわない。そうすることでモチベーションを高め、意欲の継続に役立たせることができる。

## プログラム11　10km 目標タイム 70 分のトレーニングプログラム

| 週 | 月 | 火 | 水 | 木 | 金 | 土 | 日 |
|---|---|---|---|---|---|---|---|
| 第1週 | 休養または XT | ラン／ウォーク 15分 | 休養または XT | インターバル走 400m×5 | 休養または XT | 休養 | ラン／ウォーク 5km |
| 第2週 | 休養または XT | ラン／ウォーク 17分 | 休養または XT | インターバル走 400m×6 | 休養または XT | 休養 | ラン／ウォーク 6km |
| 第3週 | 休養または XT | ラン／ウォーク 19分 | 休養または XT | インターバル走 400m×7 | 休養または XT | 休養 | ラン／ウォーク 6km |
| 第4週 | 休養または XT | ラン／ウォーク 20分 | 休養または XT | インターバル走 400m×8 | 休養または XT | 休養 | ラン／ウォーク 7km |
| 第5週 | 休養または XT | ラン／ウォーク 21分 | 休養または XT | インターバル走 400m×9 | 休養または XT | 休養 | ラン／ウォーク 8km |
| 第6週 | 休養または XT | ラン／ウォーク 23分 | 休養または XT | インターバル走 400m×10 | 休養または XT | 休養 | ラン／ウォーク 9km |
| 第7週 | 休養または XT | ラン／ウォーク 25分 | 休養または XT | インターバル走 400m×11 | 休養または XT | 休養 | ラン／ウォーク 10km |
| 第8週 | 休養または XT | ラン／ウォーク 27分 | 休養または XT | インターバル走 400m×12 | 休養または XT | 休養 | ラン／ウォーク 10km |
| 第9週 | 休養または XT | ラン／ウォーク 29分 | 休養または XT | インターバル走 400m×13 | 休養または XT | 休養 | ラン／ウォーク 11km |
| 第10週 | 休養または XT | ラン／ウォーク 31分 | 休養または XT | インターバル走 400m×14 | 休養または XT | 休養 | レース 5km |
| 第11週 | 休養または XT | ラン／ウォーク 32分 | 休養または XT | インターバル走 400m×15 | 休養または XT | 休養 | ラン／ウォーク 12km |
| 第12週 | 休養または XT | ラン／ウォーク 20分 | 休養または XT | インターバル走 400m×6 | 休養または XT | 休養 | レース 10km |
| 第13週 | 休養または XT | ラン／ウォーク 20分 | 休養または XT | ラン／ウォーク 20分 | 休養または XT | 休養 | ラン／ウォーク 5〜8km |
| 第14週 | 休養または XT | ラン／ウォーク 25分 | 休養または XT | ラン／ウォーク 25分 | 休養または XT | 休養 | ラン／ウォーク 6〜10km |

⇨プログラム10 の※参照。

- 火曜日のラン／ウォークで〈走り4分／歩き1分〉なら、長く走るときは〈走り3分／歩き1分〉くらいにする（調子の悪い日は〈歩き3分／走り2分〉）。ペースはゴールタイムより1.6kmで1分遅いペースにする（1.6kmを12分以上のペース）。
- インターバル走は、400mを2分50秒〜2分52秒くらいで走り、200m（半周）ゆっくり歩いた後、繰り返す。

第3章 本格的なレースに向けて　　103

### プログラム12　10km 目標タイム 59 分のトレーニングプログラム

| 週 | 月 | 火 | 水 | 木 | 金 | 土 | 日 |
|---|---|---|---|---|---|---|---|
| 第1週 | 休養または XT | ラン／ウォーク 18分 | 休養または XT | インターバル走 400m × 6 | 休養または XT | 休養 | ラン／ウォーク 6km |
| 第2週 | 休養または XT | ラン／ウォーク 20分 | 休養または XT | インターバル走 400m × 7 | 休養または XT | 休養 | ラン／ウォーク 6km |
| 第3週 | 休養または XT | ラン／ウォーク 22分 | 休養または XT | インターバル走 400m × 8 | 休養または XT | 休養 | ラン／ウォーク 7km |
| 第4週 | 休養または XT | ラン／ウォーク 24分 | 休養または XT | インターバル走 400m × 9 | 休養または XT | 休養 | ラン／ウォーク 8km |
| 第5週 | 休養または XT | ラン／ウォーク 26分 | 休養または XT | インターバル走 400m × 10 | 休養または XT | 休養 | ラン／ウォーク 9km |
| 第6週 | 休養または XT | ラン／ウォーク 28分 | 休養または XT | インターバル走 400m × 11 | 休養または XT | 休養 | ラン／ウォーク 10km |
| 第7週 | 休養または XT | ラン／ウォーク 30分 | 休養または XT | インターバル走 400m × 12 | 休養または XT | 休養 | ラン／ウォーク 10km |
| 第8週 | 休養または XT | ラン／ウォーク 30分 | 休養または XT | インターバル走 400m × 13 | 休養または XT | 休養 | ラン／ウォーク 11km |
| 第9週 | 休養または XT | ラン／ウォーク 30分 | 休養または XT | インターバル走 400m × 14 | 休養または XT | 休養 | ラン／ウォーク 12km |
| 第10週 | 休養または XT | ラン／ウォーク 32分 | 休養または XT | インターバル走 400m × 15 | 休養または XT | 休養 | レース 5km |
| 第11週 | 休養または XT | ラン／ウォーク 30分 | 休養または XT | インターバル走 400m × 16 | 休養または XT | 休養 | ラン／ウォーク 13km |
| 第12週 | 休養または XT | ラン／ウォーク 20分 | 休養または XT | インターバル走 400m × 7 | 休養または XT | 休養 | レース 10km |
| 第13週 | 休養または XT | ラン／ウォーク 20分 | 休養または XT | ラン／ウォーク 20分 | 休養または XT | 休養 | ラン／ウォーク 5～8km |
| 第14週 | 休養または XT | ラン／ウォーク 25分 | 休養または XT | ラン／ウォーク 25分 | 休養または XT | 休養 | ラン／ウォーク 6～10km |

⇨プログラム 10 の※参照

- 火曜日のラン／ウォークで〈走り5分／歩き1分〉なら、長く走るときは〈走り4分／歩き1分〉くらいにする（調子の悪い日は〈歩き3分／走り1分〉）。ペースはゴールタイムより 1.6km で 1 分遅いペースにする（1.6km を 11 分以上のペース）。
- インターバル走は、400m を 2 分 14 秒～2 分 17 秒くらいで走り、200m（半周）ゆっくり歩いた後、繰り返す。

## プログラム13　10km 目標タイム 49 分のトレーニングプログラム

| 週 | 月 | 火 | 水 | 木 | 金 | 土 | 日 |
|---|---|---|---|---|---|---|---|
| 第1週 | 休養またはXT | ラン/ウォーク 20分 | 休養またはXT | インターバル走 400m × 6 | 休養またはXT | 休養 | ラン/ウォーク 6km |
| 第2週 | 休養またはXT | ラン/ウォーク 22分 | 休養またはXT | インターバル走 400m × 7 | 休養またはXT | 休養 | ラン/ウォーク 7km |
| 第3週 | 休養またはXT | ラン/ウォーク 24分 | 休養またはXT | インターバル走 400m × 9 | 休養またはXT | 休養 | ラン/ウォーク 8km |
| 第4週 | 休養またはXT | ラン/ウォーク 26分 | 休養またはXT | インターバル走 400m × 10 | 休養またはXT | 休養 | ラン/ウォーク 9km |
| 第5週 | 休養またはXT | ラン/ウォーク 28分 | 休養またはXT | インターバル走 400m × 11 | 休養またはXT | 休養 | ラン/ウォーク 10km |
| 第6週 | 休養またはXT | ラン/ウォーク 30分 | 休養またはXT | インターバル走 400m × 12 | 休養またはXT | 休養 | ラン/ウォーク 10km |
| 第7週 | 休養またはXT | ラン/ウォーク 30〜32分 | 休養またはXT | インターバル走 400m × 14 | 休養またはXT | 休養 | ラン/ウォーク 11km |
| 第8週 | 休養またはXT | ラン/ウォーク 30〜34分 | 休養またはXT | インターバル走 400m × 15 | 休養またはXT | 休養 | ラン/ウォーク 12km |
| 第9週 | 休養またはXT | ラン/ウォーク 30〜36分 | 休養またはXT | インターバル走 400m × 16 | 休養またはXT | 休養 | ラン/ウォーク 13km |
| 第10週 | 休養またはXT | ラン/ウォーク 30〜34分 | 休養またはXT | インターバル走 400m × 12 | 休養またはXT | 休養 | レース 5km |
| 第11週 | 休養またはXT | ラン/ウォーク 30〜32分 | 休養またはXT | インターバル走 400m × 18 | 休養またはXT | 休養 | ラン/ウォーク 14km |
| 第12週 | 休養またはXT | ラン/ウォーク 20分 | 休養またはXT | インターバル走 400m × 8 | 休養またはXT | 休養 | レース 10km |
| 第13週 | 休養またはXT | ラン/ウォーク 20分 | 休養またはXT | ラン/ウォーク 20分 | 休養またはXT | 休養 | ラン/ウォーク 5〜8km |
| 第14週 | 休養またはXT | ラン/ウォーク 25分 | 休養またはXT | ラン/ウォーク 25分 | 休養またはXT | 休養 | ラン/ウォーク 6〜10km |

⇨プログラム10の※参照。
- 火曜日のラン/ウォークで〈走り6分/歩き1分〉なら、長く走るときは〈走り5分/歩き1分〉くらいにする（調子の悪い日は〈歩き4分/走り1分〉）。ペースはゴールタイムより1.6kmで1分遅いペースにする。
- インターバル走は、400mを1分52秒〜1分55秒くらいで走り、200m（半周）ゆっくり歩いた後、繰り返す。

第 3 章　本格的なレースに向けて

## プログラム14　10km 目標タイム 44 分のトレーニングプログラム

| 週 | 月 | 火 | 水 | 木 | 金 | 土 | 日 |
|---|---|---|---|---|---|---|---|
| 第 1 週 | 休養または XT | ラン/ウォーク 25 分 | 休養または XT | インターバル走 400m × 6 | 休養または XT | 休養 | ラン/ウォーク 6km |
| 第 2 週 | 休養または XT | ラン/ウォーク 27 分 | 休養または XT | インターバル走 400m × 8 | 休養または XT | 休養 | ラン/ウォーク 7km |
| 第 3 週 | 休養または XT | ラン/ウォーク 29 分 | 休養または XT | インターバル走 400m × 9 | 休養または XT | 休養 | ラン/ウォーク 9km |
| 第 4 週 | 休養または XT | ラン/ウォーク 31 分 | 休養または XT | インターバル走 400m × 10 | 休養または XT | 休養 | ラン/ウォーク 10km |
| 第 5 週 | 休養または XT | ラン/ウォーク 30 〜 33 分 | 休養または XT | インターバル走 400m × 11 | 休養または XT | 休養 | ラン/ウォーク 10km |
| 第 6 週 | 休養または XT | ラン/ウォーク 30 〜 35 分 | 休養または XT | インターバル走 400m × 12 | 休養または XT | 休養 | ラン/ウォーク 12km |
| 第 7 週 | 休養または XT | ラン/ウォーク 30 〜 36 分 | 休養または XT | インターバル走 400m × 13 | 休養または XT | 休養 | ラン/ウォーク 13km |
| 第 8 週 | 休養または XT | ラン/ウォーク 30 〜 36 分 | 休養または XT | インターバル走 400m × 14 | 休養または XT | 休養 | ラン/ウォーク 14km |
| 第 9 週 | 休養または XT | ラン/ウォーク 30 〜 38 分 | 休養または XT | インターバル走 400m × 16 | 休養または XT | 休養 | ラン/ウォーク 14km |
| 第 10 週 | 休養または XT | ラン/ウォーク 30 〜 38 分 | 休養または XT | インターバル走 400m × 17 | 休養または XT | 休養 | レース 5km |
| 第 11 週 | 休養または XT | ラン/ウォーク 30 〜 40 分 | 休養または XT | インターバル走 400m × 18 | 休養または XT | 休養 | ラン/ウォーク 16km |
| 第 12 週 | 休養または XT | ラン/ウォーク 20 分 | 休養または XT | インターバル走 400m × 8 | 休養または XT | 休養 | レース 10km |
| 第 13 週 | 休養または XT | ラン/ウォーク 30 分 | 休養または XT | ラン/ウォーク 30 分 | 休養または XT | 休養 | ラン/ウォーク 5 〜 10km |
| 第 14 週 | 休養または XT | ラン/ウォーク 30 〜 39 分 | 休養または XT | ラン/ウォーク 30 分 | 休養または XT | 休養 | ラン/ウォーク 8 〜 13km |

※このプログラムは、練習を開始して 2 ヶ月程度、少なくとも上記の第 1 週のレベルで走れる人を想定してつくられています。このスケジュールよりも多く走っている人は、そのままそのスケジュールを続けてください。また、休養は大切にしますが、すでに週 4 日走っている人は、金曜日に 3 〜 5km の軽いランニングを加えてもよいでしょう。

- 火曜日のラン/ウォークで〈走り 8 分/歩き 1 分〉なら、長く走るときは〈走り 6 分/歩き 1 分〉くらいにする（調子の悪い日は〈走り 5 分/歩き 1 分〉）。ペースはゴールタイムより 1.6km で 2 分遅いペースにする。
- インターバル走は、400m を 1 分 39 秒〜 1 分 42 秒くらいで走り、200m（半周）ゆっくり歩いた後、繰り返す。
- 5km レースと 10km レースは、自分のペースを守り、最初の 1km は目標ペースより 5 〜 10 秒遅く走り、徐々にペースを上げる。最後の 1km が最も速くなるようにするが、ラストのスプリントダッシュは避ける（プログラム 15 〜 16 も同様）。

## プログラム15　10km 目標タイム 39 分のトレーニングプログラム

| 週 | 月 | 火 | 水 | 木 | 金 | 土 | 日 |
|---|---|---|---|---|---|---|---|
| 第1週 | 休養またはXT | ラン/ウォーク 25分 | 休養またはXT | インターバル走 400m×7 | 休養またはXT | 休養 | ラン/ウォーク 8km |
| 第2週 | 休養またはXT | ラン/ウォーク 27分 | 休養またはXT | インターバル走 400m×8 | 休養またはXT | 休養 | ラン/ウォーク 10km |
| 第3週 | 休養またはXT | ラン/ウォーク 29分 | 休養またはXT | インターバル走 400m×9 | 休養またはXT | 休養 | ラン/ウォーク 11km |
| 第4週 | 休養またはXT | ラン/ウォーク 31分 | 休養またはXT | インターバル走 400m×10 | 休養またはXT | 休養 | ラン/ウォーク 13km |
| 第5週 | 休養またはXT | ラン/ウォーク 30〜33分 | 休養またはXT | インターバル走 400m×11 | 休養またはXT | 休養 | ラン/ウォーク 14km |
| 第6週 | 休養またはXT | ラン/ウォーク 30〜35分 | 休養またはXT | インターバル走 400m×12 | 休養またはXT | 休養 | ラン/ウォーク 16km |
| 第7週 | 休養またはXT | ラン/ウォーク 30〜36分 | 休養またはXT | インターバル走 400m×13 | 休養またはXT | 休養 | レース 5km |
| 第8週 | 休養またはXT | ラン/ウォーク 30〜36分 | 休養またはXT | インターバル走 400m×14 | 休養またはXT | 休養 | ラン/ウォーク 19km |
| 第9週 | 休養またはXT | ラン/ウォーク 30〜38分 | 休養またはXT | インターバル走 400m×16 | 休養またはXT | 休養 | レース 5km |
| 第10週 | 休養またはXT | ラン/ウォーク 30〜38分 | 休養またはXT | インターバル走 400m×18 | 休養またはXT | 休養 | ラン/ウォーク 21〜22km |
| 第11週 | 休養またはXT | ラン/ウォーク 30〜40分 | 休養またはXT | インターバル走 400m×20 | 休養またはXT | 休養 | レース 5km |
| 第12週 | 休養またはXT | ラン/ウォーク 20分 | 休養またはXT | インターバル走 400m×8 | 休養またはXT | 休養 | レース 10km |
| 第13週 | 休養またはXT | ラン/ウォーク 30分 | 休養またはXT | ラン/ウォーク 30分 | 休養またはXT | 休養 | ラン/ウォーク 5〜10km |
| 第14週 | 休養またはXT | ラン/ウォーク 30〜39分 | 休養またはXT | ラン/ウォーク 30分 | 休養またはXT | 休養 | ラン/ウォーク 8〜13km |

※このプログラムは、練習を開始して2ヶ月程度、少なくとも上記の第1週のレベルで走れる人を想定してつくられています。このスケジュールよりも多く走っている人は、そのままそのスケジュールを続けてください。また、休養は大切にしますが、すでに週4日走っている人は、金曜日に6〜8kmの軽いランニングを加えてもよいでしょう。

- 火曜日のラン/ウォークで〈走り8分/歩き1分〉なら、長く走るときは〈走り6分/歩き1分〉くらいにする（調子の悪い日は〈走り5分/歩き1分〉）。ペースはゴールタイムより1.6kmで2分遅いペースにする（1.6kmを8分30秒のペース）。
- インターバル走は、400mを1分28秒〜1分31秒くらいで走り、200m（半周）ゆっくり歩いた後、繰り返す。

第3章 本格的なレースに向けて

## プログラム16　10km 目標タイム 34 分のトレーニングプログラム

| 週 | 月 | 火 | 水 | 木 | 金 | 土 | 日 |
|---|---|---|---|---|---|---|---|
| 第1週 | 休養または XT | ラン/ウォーク 30〜45分 | 休養または XT | インターバル走 400m × 7 | XT | 休養 | ラン/ウォーク 10km |
| 第2週 | 休養または XT | ラン/ウォーク 30〜45分 | 休養または XT | インターバル走 400m × 8 | XT | 休養 | ラン/ウォーク 11km |
| 第3週 | 休養または XT | ラン/ウォーク 30〜45分 | 休養または XT | インターバル走 400m × 9 | XT | 休養 | ラン/ウォーク 13km |
| 第4週 | 休養または XT | ラン/ウォーク 35〜45分 | 休養または XT | インターバル走 400m × 10 | XT | 休養 | ラン/ウォーク 14km |
| 第5週 | 休養または XT | ラン/ウォーク 35〜45分 | 休養または XT | インターバル走 400m × 11 | XT | 休養 | ラン/ウォーク 16km |
| 第6週 | 休養または XT | ラン/ウォーク 35〜45分 | 休養または XT | インターバル走 400m × 12 | XT | 休養 | ラン/ウォーク 18km |
| 第7週 | 休養または XT | ラン/ウォーク 40〜45分 | 休養または XT | インターバル走 400m × 13 | XT | 休養 | レース 5km |
| 第8週 | 休養または XT | ラン/ウォーク 40〜50分 | 休養または XT | インターバル走 400m × 14 | XT | 休養 | ラン/ウォーク 21km |
| 第9週 | 休養または XT | ラン/ウォーク 40〜50分 | 休養または XT | インターバル走 400m × 16 | XT | 休養 | レース 5km |
| 第10週 | 休養または XT | ラン/ウォーク 40〜50分 | 休養または XT | インターバル走 400m × 18 | XT | 休養 | ラン/ウォーク 24km |
| 第11週 | 休養または XT | ラン/ウォーク 40〜50分 | 休養または XT | インターバル走 400m × 20 | XT | 休養 | レース 5km |
| 第12週 | 休養または XT | ラン/ウォーク 20分 | 休養または XT | インターバル走 400m × 8 | XT | 休養 | レース 10km |
| 第13週 | 休養または XT | ラン/ウォーク 30分 | 休養または XT | ラン/ウォーク 30分 | XT | 休養 | ラン/ウォーク 5〜10km |
| 第14週 | 休養または XT | ラン/ウォーク 30〜45分 | 休養または XT | ラン/ウォーク 30分 | XT | 休養 | ラン/ウォーク 13〜24km |

※このプログラムは、練習を開始して2ヶ月程度、少なくとも上記の第1週のレベルで走れる人を想定してつくられています。このスケジュールよりも多く走っている人は、そのまま そのスケジュールを続けてください。また、休養は大切にしますが、すでに週4日走っている人は、月曜日に5〜10kmの軽いランニング、火曜日のランニング中にウインドスプリントを4〜8回加えてもよいでしょう。

- 15km近く走る場合、〈走り8〜9分/歩き1分〉にする。ペースはゴールタイムよりも1.6kmで2分遅いペースにする（1.6kmを8分ぐらいのペース）。
- インターバル走は、400mを1分14秒〜1分16秒くらいで走り、200m（半周）ゆっくり歩いた後、繰り返す。

## ハーフマラソンのためのトレーニングプログラム

### プログラム17　ハーフマラソン完走目標のトレーニングプログラム

| 週 | 月 | 火 | 水 | 木 | 金 | 土 | 日 |
|---|---|---|---|---|---|---|---|
| 第1週 | 休養またはXT | ラン／ウォーク 10分 | 休養またはXT | ラン／ウォーク 10分 | 休養またはXT | 休養 | ラン／ウォーク 2km |
| 第2週 | 休養またはXT | ラン／ウォーク 13分 | 休養またはXT | ラン／ウォーク 13分 | 休養またはXT | 休養 | ラン／ウォーク 3km |
| 第3週 | 休養またはXT | ラン／ウォーク 15分 | 休養またはXT | ラン／ウォーク 15分 | 休養またはXT | 休養 | ラン／ウォーク 5km |
| 第4週 | 休養またはXT | ラン／ウォーク 17分 | 休養またはXT | ラン／ウォーク 17分 | 休養またはXT | 休養 | ラン／ウォーク 6km |
| 第5週 | 休養またはXT | ラン／ウォーク 20分 | 休養またはXT | ラン／ウォーク 20分 | 休養またはXT | 休養 | ラン／ウォーク 8km |
| 第6週 | 休養またはXT | ラン／ウォーク 23分 | 休養またはXT | ラン／ウォーク 23分 | 休養またはXT | 休養 | ラン／ウォーク 10km |
| 第7週 | 休養またはXT | ラン／ウォーク 25分 | 休養またはXT | ラン／ウォーク 25分 | 休養またはXT | 休養 | ラン／ウォーク 11km |
| 第8週 | 休養またはXT | ラン／ウォーク 27分 | 休養またはXT | ラン／ウォーク 27分 | 休養またはXT | 休養 | ラン／ウォーク 13km |
| 第9週 | 休養またはXT | ラン／ウォーク 30分 | 休養またはXT | ラン／ウォーク 30分 | 休養またはXT | 休養 | ラン／ウォーク 16km |
| 第10週 | 休養またはXT | ラン／ウォーク 30分 | 休養またはXT | ラン／ウォーク 30分 | 休養またはXT | 休養 | ラン／ウォーク 8km |
| 第11週 | 休養またはXT | ラン／ウォーク 30分 | 休養またはXT | ラン／ウォーク 30分 | 休養またはXT | 休養 | ラン／ウォーク 19km |
| 第12週 | 休養またはXT | ラン／ウォーク 30分 | 休養またはXT | ラン／ウォーク 30分 | 休養またはXT | 休養 | ラン／ウォーク 10km |
| 第13週 | 休養またはXT | ラン／ウォーク 30分 | 休養またはXT | ラン／ウォーク 30分 | 休養またはXT | 休養 | ラン／ウォーク 22km |
| 第14週 | 休養またはXT | ラン／ウォーク 30分 | 休養またはXT | ラン／ウォーク 30分 | 休養またはXT | 休養 | ラン／ウォーク 10km |
| 第15週 | 休養またはXT | ラン／ウォーク 30分 | 休養またはXT | ラン／ウォーク 30分 | 休養またはXT | 休養 | レース ハーフマラソン |

**レース後の継続スケジュール**

| | 休養またはXT | ラン／ウォーク 30分 | 休養またはXT | ラン／ウォーク 30分 | 休養またはXT | 休養 | ラン／ウォーク 8〜10km |
|---|---|---|---|---|---|---|---|

※このプログラムは、ランニングをまったくしていない人を想定したプログラムです。このスケジュールよりも多く走っている人は、疲労回復を大切にしながら、そのままそのトレーニングを維持してください。また、すでに日曜日に2km以上走っている人は、同じ距離の週からプログラムをスタートできます。

- 火・木曜日のラン／ウォークで〈走り2分／歩き1分〉なら、長く走るときは〈走り2分／歩き2分〉、あるいは〈走り1分／歩き1分〉くらいにする（調子の悪い日は〈歩き2分／走り1分〉）。初心者はウォーキングを中心に進める（例えば〈歩き3に対して走り1〉）。
- ハーフマラソンレースでは、1kmごとにウォークブレイクを入れて、楽に感じるように走る。スタートから18kmまではウォークブレイクを入れながら走り、最後の3kmのところで余裕があれば、ウォーキングを省いて走り通す。

## 第3章 本格的なレースに向けて

**プログラム18** ハーフマラソン目標タイム2時間45分のトレーニングプログラム

| 週 | 月 | 火 | 水 | 木 | 金 | 土 | 日 |
|---|---|---|---|---|---|---|---|
| 第1週 | 休養またはXT | ラン／ウォーク 15分 | 休養またはXT | ラン／ウォーク 15分 | 休養またはXT | 休養 | ラン／ウォーク 5km |
| 第2週 | 休養またはXT | ラン／ウォーク 17分 | 休養またはXT | ラン／ウォーク 17分 | 休養またはXT | 休養 | ラン／ウォーク 6km |
| 第3週 | 休養またはXT | ラン／ウォーク 20分 | 休養またはXT | ラン／ウォーク 20分 | 休養またはXT | 休養 | ラン／ウォーク 8km |
| 第4週 | 休養またはXT | ラン／ウォーク 23分 | 休養またはXT | ラン／ウォーク 23分 | 休養またはXT | 休養 | ラン／ウォーク 10km |
| 第5週 | 休養またはXT | ラン／ウォーク 25分 | 休養またはXT | ラン／ウォーク 25分 | 休養またはXT | 休養 | ラン／ウォーク 11km |
| 第6週 | 休養またはXT | ラン／ウォーク 27分 | 休養またはXT | ラン／ウォーク 27分 | 休養またはXT | 休養 | ラン／ウォーク 13km |
| 第7週 | 休養またはXT | ラン／ウォーク 30分 | 休養またはXT | ラン／ウォーク 30分 | 休養またはXT | 休養 | ラン／ウォーク 16km |
| 第8週 | 休養またはXT | ラン／ウォーク 30分 | 休養またはXT | ラン／ウォーク 30分 | 休養またはXT | 休養 | インターバル走 800m×3 |
| 第9週 | 休養またはXT | ラン／ウォーク 30分 | 休養またはXT | ラン／ウォーク 30分 | 休養またはXT | 休養 | ラン／ウォーク 19km |
| 第10週 | 休養またはXT | ラン／ウォーク 30分 | 休養またはXT | ラン／ウォーク 30分 | 休養またはXT | 休養 | レース 5km |
| 第11週 | 休養またはXT | ラン／ウォーク 30分 | 休養またはXT | インターバル走 800m×4〜5 | 休養またはXT | 休養 | ラン／ウォーク 22km |
| 第12週 | 休養またはXT | ラン／ウォーク 30分 | 休養またはXT | ラン／ウォーク 30分 | 休養またはXT | 休養 | インターバル走 800m×5〜6 |
| 第13週 | 休養またはXT | ラン／ウォーク 30分 | 休養またはXT | ラン／ウォーク 30分 | 休養またはXT | 休養 | ラン／ウォーク 24km |
| 第14週 | 休養またはXT | ラン／ウォーク 30分 | 休養またはXT | インターバル走 800m×6〜7 | 休養またはXT | 休養 | ラン／ウォーク 10km |
| 第15週 | 休養またはXT | ラン／ウォーク 30分 | 休養またはXT | ラン／ウォーク 30分 | 休養またはXT | 休養 | レース ハーフマラソン |

### レース後の継続スケジュール

| | 休養またはXT | ラン／ウォーク 30分 | 休養またはXT | ラン／ウォーク 30分 | 休養またはXT | 休養 | ラン／ウォーク 8〜10km |
|---|---|---|---|---|---|---|---|

※このプログラムは、第1週に相当する量を走っている人を想定しています。それほど走っていない人は、このプログラムを始める前に1〜2週間、プログラム17の初心者のスケジュールをやってください。また、すでにそれ以上をこなしている人は、走り過ぎに気をつけてそのまま維持してください。また、普段5km以上を走っている人は、その距離の週から開始してもよいでしょう（プログラム19〜22も同様）。

- 火・木曜日のラン／ウォークで〈走り3分／歩き1分〉なら、長く走るときは〈走り2分／歩き1分〉くらいにする（調子の悪い日は〈走り1分／歩き1分〉）。ペースはゴールタイムのペースより1.6kmで2分くらい遅くする。もっと遅くてもかまわない。
- インターバル走は、800mを6分10秒以内で走り、400m（1周）歩いた後、繰り返す。
- インターバル走は目標タイムに必要なスピードを身につけるのに役立つトレーニングだが、指定された目標タイムがつらければ修正する。また、指定されたペースより速く走っても利益にならないことを覚えておく（プログラム19〜22も同様）。
- 5kmレースの目標タイムは33分30秒か、それよりも少し速いタイムが目安となる。
- 5kmレースは、目標タイムの「確認」のために役立つ。レース当日、やや速いタイムを得るために、ウォークブレイクの数を減らしてもかまわない。目標タイムが達成できないようならば、より遅く修正し直す（プログラム19〜22も同様）。
- ハーフマラソンレースでは、快適に走れるように、ウォークブレイクを1.6kmごとに多く入れる。スタートから16kmくらいまでは1.6kmごとに1分のウォークブレイクを入れ、最後の数kmに余裕があればウォーキングを省いて走り通すことができる。

## プログラム19　ハーフマラソン目標タイム 2 時間 20 分のトレーニングプログラム

| 週 | 月 | 火 | 水 | 木 | 金 | 土 | 日 |
|---|---|---|---|---|---|---|---|
| 第1週 | 休養またはXT | ラン/ウォーク 15分 | 休養またはXT | ラン/ウォーク 15分 | 休養またはXT | 休養 | ラン/ウォーク 5km |
| 第2週 | 休養またはXT | ラン/ウォーク 17分 | 休養またはXT | ラン/ウォーク 17分 | 休養またはXT | 休養 | ラン/ウォーク 6km |
| 第3週 | 休養またはXT | ラン/ウォーク 20分 | 休養またはXT | ラン/ウォーク 20分 | 休養またはXT | 休養 | ラン/ウォーク 8km |
| 第4週 | 休養またはXT | ラン/ウォーク 23分 | 休養またはXT | ラン/ウォーク 23分 | 休養またはXT | 休養 | ラン/ウォーク 10km |
| 第5週 | 休養またはXT | ラン/ウォーク 25分 | 休養またはXT | ラン/ウォーク 25分 | 休養またはXT | 休養 | ラン/ウォーク 11km |
| 第6週 | 休養またはXT | ラン/ウォーク 27分 | 休養またはXT | ラン/ウォーク 27分 | 休養またはXT | 休養 | ラン/ウォーク 13km |
| 第7週 | 休養またはXT | ラン/ウォーク 30分 | 休養またはXT | ラン/ウォーク 30分 | 休養またはXT | 休養 | ラン/ウォーク 16km |
| 第8週 | 休養またはXT | ラン/ウォーク 30分 | 休養またはXT | ラン/ウォーク 30分 | 休養またはXT | 休養 | インターバル走 800m×3 |
| 第9週 | 休養またはXT | ラン/ウォーク 30分 | 休養またはXT | ラン/ウォーク 30分 | 休養またはXT | 休養 | ラン/ウォーク 19km |
| 第10週 | 休養またはXT | ラン/ウォーク 30分 | 休養またはXT | ラン/ウォーク 30分 | 休養またはXT | 休養 | レース 5km |
| 第11週 | 休養またはXT | ラン/ウォーク 30分 | 休養またはXT | インターバル走 800m×4〜5 | 休養またはXT | 休養 | ラン/ウォーク 22km |
| 第12週 | 休養またはXT | ラン/ウォーク 30分 | 休養またはXT | ラン/ウォーク 30分 | 休養またはXT | 休養 | インターバル走 800m×5〜6 |
| 第13週 | 休養またはXT | ラン/ウォーク 30分 | 休養またはXT | ラン/ウォーク 30分 | 休養またはXT | 休養 | ラン/ウォーク 24km |
| 第14週 | 休養またはXT | ラン/ウォーク 30分 | 休養またはXT | インターバル走 800m×6〜7 | 休養またはXT | 休養 | ラン/ウォーク 10km |
| 第15週 | 休養またはXT | ラン/ウォーク 30分 | 休養またはXT | ラン/ウォーク 30分 | 休養またはXT | 休養 | レース ハーフマラソン |

**レース後の継続スケジュール**

| | | | | | | | |
|---|---|---|---|---|---|---|---|
| | 休養またはXT | ラン/ウォーク 30分 | 休養またはXT | ラン/ウォーク 30分 | 休養またはXT | 休養 | ラン/ウォーク 8〜10km |

⇨プログラム18の※参照。
- 火・木曜日のラン／ウォークで〈走り4分／歩き1分〉なら、長く走るときは〈走り3分／歩き1分〉くらいにする（調子の悪い日は〈走り2分／歩き1分〉）。ペースはゴールタイムのペースより1.6kmで2分くらい遅くする。もっと遅くてもかまわない。
- インターバル走は、800mを5分10秒以内で走り、400m（1周）歩いた後、繰り返す。
- 5kmレースの目標タイムは29分か、それよりも少し速いタイムが目安となる。
- ハーフマラソンレースでは、快適に走れるように、ウォークブレイクを1.6kmごとに多く入れる。スタートから18kmくらいまでは1.6kmごとに1分のウォークブレイクを入れ、最後の数kmに余裕があればウォーキングを省いて走り通すことができる。

第 3 章　本格的なレースに向けて　111

**プログラム20**　ハーフマラソン目標タイム 1 時間 59 分のトレーニングプログラム

| 週 | 月 | 火 | 水 | 木 | 金 | 土 | 日 |
|---|---|---|---|---|---|---|---|
| 第 1 週 | 休養または XT | ラン／ウォーク 30 〜 40 分 | 休養または XT | ラン／ウォーク 30 〜 40 分 | 休養または XT | 休養 | ラン／ウォーク 10km |
| 第 2 週 | 休養または XT | ラン／ウォーク 30 〜 40 分 | 休養または XT | ラン／ウォーク 30 〜 40 分 | 休養または XT | 休養 | ラン／ウォーク 11km |
| 第 3 週 | 休養または XT | ラン／ウォーク 35 〜 40 分 | 休養または XT | ラン／ウォーク 35 〜 40 分 | 休養または XT | 休養 | ラン／ウォーク 13km |
| 第 4 週 | 休養または XT | ラン／ウォーク 35 〜 40 分 | 休養または XT | インターバル走 800m × 5 | 休養または XT | 休養 | ラン／ウォーク 14km |
| 第 5 週 | 休養または XT | ラン／ウォーク 40 分 | 休養または XT | ラン／ウォーク 40 分 | 休養または XT | 休養 | ラン／ウォーク 16km |
| 第 6 週 | 休養または XT | ラン／ウォーク 40 分 | 休養または XT | ラン／ウォーク 40 分 | 休養または XT | 休養 | レース 5km |
| 第 7 週 | 休養または XT | ラン／ウォーク 40 分 | 休養または XT | ラン／ウォーク 40 分 | 休養または XT | 休養 | ラン／ウォーク 19km |
| 第 8 週 | 休養または XT | ラン／ウォーク 40 分 | 休養または XT | ラン／ウォーク 40 分 | 休養または XT | 休養 | インターバル走 800m × 6 |
| 第 9 週 | 休養または XT | ラン／ウォーク 40 分 | 休養または XT | ラン／ウォーク 40 分 | 休養または XT | 休養 | ラン／ウォーク 22km |
| 第10週 | 休養または XT | ラン／ウォーク 40 分 | 休養または XT | インターバル走 800m × 7 | 休養または XT | 休養 | レース 5km |
| 第11週 | 休養または XT | ラン／ウォーク 40 分 | 休養または XT | インターバル走 800m × 8 | 休養または XT | 休養 | ラン／ウォーク 26km |
| 第12週 | 休養または XT | ラン／ウォーク 40 分 | 休養または XT | ラン／ウォーク 40 分 | 休養または XT | 休養 | インターバル走 800m × 10 |
| 第13週 | 休養または XT | ラン／ウォーク 40 分 | 休養または XT | ラン／ウォーク 40 分 | 休養または XT | 休養 | ラン／ウォーク 27km |
| 第14週 | 休養または XT | ラン／ウォーク 40 分 | 休養または XT | ラン／ウォーク 40 分 | 休養または XT | 休養 | インターバル走 800m × 6 〜 7 |
| 第15週 | 休養または XT | ラン／ウォーク 30 分 | 休養または XT | ラン／ウォーク 30 分 | 休養または XT | 休養 | レース ハーフマラソン |

**レース後の継続スケジュール**

| | 休養または XT | ラン／ウォーク 30 分 | 休養または XT | ラン／ウォーク 30 分 | 休養または XT | 休養 | ラン／ウォーク 8 〜 10km |
|---|---|---|---|---|---|---|---|

⇨プログラム18 の※参照。
- 火・木曜日のラン／ウォークで〈走り 5 分／歩き 1 分〉なら、長く走るときは〈走り 4 分／歩き 1 分〉くらいにする（調子の悪い日は〈走り 3 分／歩き 1 分〉）。ペースはゴールタイムのペースより 1.6km で 2 分くらい遅くする。もっと遅くてもかまわない。
- インターバル走は、800m を 4 分 28 秒〜 4 分 30 秒で走り、400m（1 周）歩いた後、繰り返す。
- 火曜日と木曜日の練習で、余裕があれば 1600m をレースペースで走り、短いウォークブレイクを入れて 2 セット繰り返す（3200m）。セット間は 4 分のウォーキングとスロージョギングでつなぐ（合計で 6400m）。この練習は、レースペースへのリハーサルとなる。脚が十分回復しないようであれば、ウォークブレイクを入れた無理のないゆっくりとした走りにする。
- 5km レースの目標タイムは 25 分か、それよりも少し速いタイムが目安となる。
- ハーフマラソンレースでは、快適に走れるように、ウォークブレイクを 1.6km ごとに 30 〜 60 秒程度入れる。スタートから 16km くらいまでは 1.6km ごとに 1 分のウォークブレイクを入れ、最後の数 km に余裕があればウォーキングを省いて走り通すことができる。

## プログラム21　ハーフマラソン目標タイム1時間45分のトレーニングプログラム

| 週 | 月 | 火 | 水 | 木 | 金 | 土 | 日 |
|---|---|---|---|---|---|---|---|
| 第1週 | 休養またはXT | ラン/ウォーク 35～40分 | 休養またはXT | ラン/ウォーク 35～40分 | 休養またはXT | 休養 | ラン/ウォーク 10km |
| 第2週 | 休養またはXT | ラン/ウォーク 35～40分 | 休養またはXT | ラン/ウォーク 35～40分 | 休養またはXT | 休養 | ラン/ウォーク 11km |
| 第3週 | 休養またはXT | ラン/ウォーク 35～40分 | 休養またはXT | ラン/ウォーク 35～40分 | 休養またはXT | 休養 | ラン/ウォーク 13km |
| 第4週 | 休養またはXT | ラン/ウォーク 35～40分 | 休養またはXT | ラン/ウォーク 35～40分 | 休養またはXT | 休養 | ラン/ウォーク 14km |
| 第5週 | 休養またはXT | ラン/ウォーク 40分 | 休養またはXT | ラン/ウォーク 40分 | 休養またはXT | 休養 | ラン/ウォーク 16km |
| 第6週 | 休養またはXT | ラン/ウォーク 40分 | 休養またはXT | ラン/ウォーク 40分 | 休養またはXT | 休養 | レース 5km |
| 第7週 | 休養またはXT | ラン/ウォーク 40分 | 休養またはXT | ラン/ウォーク 40分 | 休養またはXT | 休養 | ラン/ウォーク 19km |
| 第8週 | 休養またはXT | ラン/ウォーク 40分 | 休養またはXT | ラン/ウォーク 40分 | 休養またはXT | 休養 | インターバル走 800m×5 |
| 第9週 | 休養またはXT | ラン/ウォーク 40分 | 休養またはXT | ラン/ウォーク 40分 | 休養またはXT | 休養 | ラン/ウォーク 22km |
| 第10週 | 休養またはXT | ラン/ウォーク 40分 | 休養またはXT | インターバル走 800m×6 | 休養またはXT | 休養 | レース 5km |
| 第11週 | 休養またはXT | ラン/ウォーク 40分 | 休養またはXT | インターバル走 800m×7 | 休養またはXT | 休養 | ラン/ウォーク 26km |
| 第12週 | 休養またはXT | ラン/ウォーク 40分 | 休養またはXT | ラン/ウォーク 40分 | 休養またはXT | 休養 | インターバル走 800m×10 |
| 第13週 | 休養またはXT | ラン/ウォーク 40分 | 休養またはXT | ラン/ウォーク 40分 | 休養またはXT | 休養 | ラン/ウォーク 27～29km |
| 第14週 | 休養またはXT | ラン/ウォーク 40分 | 休養またはXT | ラン/ウォーク 40分 | 休養またはXT | 休養 | インターバル走 800m×6～7 |
| 第15週 | 休養またはXT | ラン/ウォーク 30分 | 休養またはXT | ラン/ウォーク 30分 | 休養またはXT | 休養 | レース ハーフマラソン |

### レース後の継続スケジュール

| | | | | | | | |
|---|---|---|---|---|---|---|---|
| | 休養またはXT | ラン/ウォーク 30分 | 休養またはXT | ラン/ウォーク 30分 | 休養またはXT | 休養 | ラン/ウォーク 8～10km |

⇨プログラム18の❖参照。
- 火・木曜日のラン／ウォークで〈走り6分／歩き1分〉なら、長く走るときは〈走り5分／歩き1分〉くらいにする（調子の悪い日は〈走り4分／歩き1分〉）。ペースはゴールタイムのペースより1.6kmで2分くらい遅くする。もっと遅くてもかまわない。
- インターバル走は、800mを3分50秒で走り、400m（1周）歩いた後、繰り返す。
- 火曜日と木曜日の練習では、余裕があれば1600mをレースペースで走り、短いウォークブレイクを入れて3セット繰り返す（4800m）。セット間は4分のウォーキングとスロージョギングでつなぐ（合計で9600m）。この練習は、レースペースへのリハーサルとなる。脚が十分回復しないようであれば、ウォークブレイクを入れた無理のないゆっくりとした走りにする（プログラム22も同様）。
- 5kmレースの目標タイムは22分13秒か、それよりも少し速いタイムが目安となる。
- ハーフマラソンレースでは、快適に走れるように、ウォークブレイクを1.6kmごとに30～45秒程度入れる。スタートから13kmくらいまでは1.6kmごとに40～60秒のウォークブレイクを入れ、最後の数kmに余裕があればウォーキングを省いて走り通すことができる。

第 3 章 本格的なレースに向けて 113

**プログラム22** ハーフマラソン目標タイム 1 時間 29 分のトレーニングプログラム

| 週 | 月 | 火 | 水 | 木 | 金 | 土 | 日 |
|---|---|---|---|---|---|---|---|
| 第 1 週 | 休養または XT | ラン/ウォーク 40 分 | 休養または XT | ラン/ウォーク 40 分 | 休養または XT | 休養 | ラン/ウォーク 10km |
| 第 2 週 | 休養または XT | ラン/ウォーク 40 分 | 休養または XT | ラン/ウォーク 40 分 | 休養または XT | 休養 | ラン/ウォーク 11km |
| 第 3 週 | 休養または XT | ラン/ウォーク 40 分 | 休養または XT | ラン/ウォーク 40 分 | 休養または XT | 休養 | ラン/ウォーク 12km |
| 第 4 週 | 休養または XT | ラン/ウォーク 40 分 | 休養または XT | インターバル走 800m × 5 | 休養または XT | 休養 | ラン/ウォーク 14km |
| 第 5 週 | 休養または XT | ラン/ウォーク 40 分 | 休養または XT | インターバル走 800m × 6 | 休養または XT | 休養 | ラン/ウォーク 16km |
| 第 6 週 | 休養または XT | インターバル走 800 × 7 | 休養または XT | ラン/ウォーク 40 分 | 休養または XT | 休養 | レース 5km |
| 第 7 週 | 休養または XT | ラン/ウォーク 40 分 | 休養または XT | インターバル走 800m × 9 | 休養または XT | 休養 | ラン/ウォーク 20km |
| 第 8 週 | 休養または XT | ラン/ウォーク 40 分 | 休養または XT | ラン/ウォーク 40 分 | 休養または XT | 休養 | インターバル走 800m × 11 |
| 第 9 週 | 休養または XT | ラン/ウォーク 40 分 | 休養または XT | ラン/ウォーク 40 分 | 休養または XT | 休養 | ラン/ウォーク 22km |
| 第10週 | 休養または XT | ラン/ウォーク 40 分 | 休養または XT | インターバル走 800m × 13 | 休養または XT | 休養 | レース 5km |
| 第11週 | 休養または XT | ラン/ウォーク 40 分 | 休養または XT | インターバル走 800m × 15 | 休養または XT | 休養 | ラン/ウォーク 25km |
| 第12週 | 休養または XT | ラン/ウォーク 40 分 | 休養または XT | ラン/ウォーク 40 分 | 休養または XT | 休養 | インターバル走 800m × 16 |
| 第13週 | 休養または XT | ラン/ウォーク 40 分 | 休養または XT | ラン/ウォーク 40 分 | 休養または XT | 休養 | ラン/ウォーク 30km |
| 第14週 | 休養または XT | ラン/ウォーク 40 分 | 休養または XT | ラン/ウォーク 40 分 | 休養または XT | 休養 | インターバル走 800m × 6 〜 7 |
| 第15週 | 休養または XT | ラン/ウォーク 30 分 | 休養または XT | ラン/ウォーク 30 分 | 休養または XT | 休養 | ハーフマラソン レース |

**レース後の継続スケジュール**

| | 休養または XT | ラン/ウォーク 30 分 | 休養または XT | ラン/ウォーク 30 分 | 休養または XT | 休養 | ラン/ウォーク 8 〜 10km |
|---|---|---|---|---|---|---|---|

⇨プログラム 18 の※参照。
- 火・木曜日のラン/ウォークで〈走り 8 分/歩き 1 分〉なら、長く走るときは〈走り 6 分/歩き 1 分〉くらいにする(調子の悪い日は〈走り 5 分/歩き 1 分〉)。ペースはゴールタイムのペースより 1.6km で 2 分くらい遅くする。もっと遅くてもかまわない。
- インターバル走は、800m を 3 分 12 秒で走り、400m(1 周)歩いた後、繰り返す。
- 5km レースの目標タイムは 19 分以内が目安となる。
- ハーフマラソンレースでは、快適に走れるように、ウォークブレイクを 1.6km ごとに 15 〜 30 秒程度入れる。スタートから 10km くらいまでは 1.6km ごとに 20 〜 30 秒のウォークブレイクを入れ、それ以降、余裕があればウォーキングを省いて走り通すことができる。

# 5. ハイレベルを目指す競技ランナー
## ―上級ランナーのトレーニング―

## 上級ランナーのトレーニングの考え方

　スピード練習を含むランニング経験を4年ほど積み重ねると、自分の競技力をさらに伸ばしたくなります。ハードなトレーニングにも耐えられる筋肉や腱を身につけ、オーバートレーニングに陥ることもありません。このレベルになってもトレーニングの原則は同じです。トレーニングの方法や種類を変えるのではなく、トレーニングの程度を少し変容させればよいのです。

　ハイレベルな上級ランナーのトレーニングでは、第2章の「練習の軽い週（休養週間）」（p.54参照）の必要性はより重要になります。走行距離にあまりこだわらないで、ロングラン、スピードトレーニング、フォームづくりを重んじるようにします。むしろオーバートレーニングやケガを避けるために、週間走行距離は抑えるべきです（例えば週5～6日のランニングから、休養日を入れて週3～4日で40km程度を目安とします）。

　［注］より高いレベルを目指すには、何らかの犠牲を強いられるものです。よりよい成果を得るには多くの時間を必要とし、仕事や家族、あるいは友人との時間が犠牲になり、それが大きなストレスとなるかもしれません。私にベストアンサーがあるわけではありませんが、結局は何を優先するかだと思います。ハイレベルを目指すには、自分の生活の中でランニングと他の大切なこととのバランスをどのようにとるかだと思います。トレーニングをよりハードに進めていく前に、もう一度第1章「2. ランナーへの5段階」（p.8参照）について理解を深めてください。

### ■障害へのリスクの増加

　上級ランナーであっても、ランニングにおけるトラブルをなかなか克服できないものです。豊富な経験と鍛えあげられた筋肉をもつ上級ランナーが一

般ランナーよりも障害が多くなる理由は、より多く、ハードに走るためであり、特にスピードトレーニングは要注意です。火に近いほどその熱さがより感じられるように、ハードな練習をより多く経験することで、ストレス過多の初期サインを敏感に感じ取り、トレーニングにブレーキをかける「計画的な休息」が必要になります。

### ■高くなる休養の必要性

ストレスが大きいほど休養の必要性も高くなります。ハイレベルな上級ランナーは、月に2回の「練習の軽い週」を設け、ハードなトレーニングや長い距離を走った後の2日間を休養日とする必要があります。疲れが長引くように感じたら、我慢してでも練習を休むようにします。疲労状態でのハードなトレーニングよりも、休養のほうが競技力向上にはより効果的であることを理解すべきです。とはいっても、障害を経験しないことには、なかなか休養の必要性を痛感できないものです。

### ■脈拍や体重のチェック

ベテランの上級ランナーにとっても、脈拍と体重をチェックすることはとても重要です。朝ベッドを出る前に脈拍を測り、その後すぐに体重計に乗るようにします。詳しくは第2章「脈拍や体重の記録」の項(p.43)を参照してください。

### ■よくみられるミス

**ペースが速過ぎる**：ハイレベルな上級ランナーは、日々のランニングペースが速過ぎる傾向があります。長い距離走で持久力を高め、ヒルトレーニングで筋力を鍛え、スピード練習ではスピードを高めますが、その間の疲労回復のランニングでは、10kmのレースペースよりも1kmあたり1～2分くらいゆっくりと走るべきです。

**週末に頑張り過ぎる**：週末に、レースと長い距離走の両方を入れないようにします。過度なストレスとならないように、レースのない週末に長い距離走を入れるなど、週末に頑張り過ぎないようにします。

**スピード練習をやり過ぎる**：スピードトレーニングは、トレーニングプログラムに例示した以上にやり過ぎないようにします。過労や体調不良、障害などを引き起こします。

### ■週に1日は休養日を

　レースを目指すランナーは、まるで何かにとりつかれたように走ってしまいます。走りたい、走らねばという欲求を抑えて、少なくとも週に1日、長い距離走の前日に、休養日を計画的に入れるようにします。40歳以上では週2日、50歳以上では週3日は休養日とすべきでしょう。

### ■目標設定

　他のランナー同様、高いレベルを目指すランナーも目標（記録）を設定しますが、目標達成はなかなか容易ではありません。目標記録を達成するまで、次から次に何度もレースに出場することがあります。長期計画に沿って自分のベスト記録に向かっていくという、腰を据えた態度を見失ってしまいます。少なくとも6ヶ月間のトレーニング計画（p.34「ピラミッド型トレーニング」参照）に沿って、長期的に取り組むことが重要です。レース、長い距離走、スピードトレーニングを長期的なスケジュールの中で上手に組み合わせてレースに備えるようにします。

　初めから最終目標に執着し過ぎてはいけません。小さな目標を1つひとつ確実に超えていくことが、より大きな成功をもたらす土台となるからです。計画がうまくいけば、4〜6週間でトップパフォーマンスが獲得できるとされています。したがって、日々のスケジュールに一喜一憂するのではなく、週や月単位で一定の継続的な取り組みが重要になります。

## 上級ランナーのトレーニングプログラム

### ■持久力養成（長い距離走）

　ゆっくり走る長い距離走（ロングスローラン）を隔週で取り入れます。走行距離はレースで走る距離を超えるまでとし、例えば10kmレースに出るのであれば20〜25km程度、ハーフマラソンに出る場合は25〜30km程度まで、少しずつ伸ばしていきます。これによって持久力が高められ、またレースでより速いペースを持続する能力が身につきます。全身持久力が向上し、スピード練習を効果的に進めるためにも有益です。

### ■ヒルトレーニング

　ハイレベルを目指すには、基礎トレーニング期（p.35図2-5参照）に週1

回のヒルトレーニングを行うようにします。4〜8個の丘を走ることで、脚部（下腿）の筋力を強化し、体を前方に蹴り出すキック力を高めます。まさに、このトレーニングで走るスピードを高めます。

ヒルトレーニング期には、週に2回のヒルトレーニングを行い、1回目は300〜600m程度の丘を、10kmペースで4〜8回上り、2回目にはより短い距離の80〜150m程度の丘を、より速く5kmペースで6〜10回駆け上ります。火曜日と木曜日に入れて、週末に長い距離走かレースとするとよいでしょう。ヒルトレーニングの前は十分なウォームアップを行います。

■ **スピードをつける**

スピードトレーニング期のヒルトレーニングは、インターバル走やファルトレクに置き換えることができます。こうしたスピード練習を取り入れることで、自己ベストを達成するための優れたスピードを身につけます。スピード練習は慣れるにつれて、間の休息をウォーキングではなくジョギングでつなぎ、休息時間も徐々に短くして、無酸素的な能力を高めます。ただ、設定タイムで反復できないようであれば、休息時間は必要に応じて長くします。

また、より短く速いスピード練習（通常は木曜日）を毎週取り入れて、脚部のスピードや強化を図るのも効果的です。400mの全力走より5秒くらい遅いペースで、短い距離で行います。セット間の休息は十分にとります。決して、全力疾走してはいけません。リラックスして伸び伸びと、レースペースよりいくぶん速く、速いリズムで反復練習します（例：400m×3〜5回、200m×6〜8回、300m×2回、400m×1回、200m×2回）。

さらに脚筋力を強化したい場合には、このタイプのトレーニングと短めのヒルトレーニングを交互に入れるとよいでしょう。スピードトレーニング期では、長めのヒルトレーニングは控えるようにします。また、短いレースに出場して、これをスピード練習に置き換えることもできます。マラソンランナーは10kmレース、10kmを目指すランナーは5kmレースというようになります。

基礎的な持久力はロングラン（長い距離走）によって身につけ、レースにおける持久力はややハードで持続的なテンポ走などで磨きます。ハーフマラソンを目指すランナーは、ロングランを行った次の週の木曜日か金曜日、あるいは次のロングランを行う前の火曜日か水曜日に400mのテンポ走を行い

ます。10kmペースより5〜7秒速いペースで徐々に回数を増やし、20回くらいまで反復練習します。10kmを目指すランナーであれば、最大400m×12回を目標に、5kmペースよりも3〜5秒速く反復します。

■上級ランナーのファルトレク

　ファルトレクは心と体を鍛えるのに適しています。周回するトラック練習は飽き飽きしてすぐに限界となりますが、限界近くでも頑張れるトレーニングとしてファルトレクは適しており、自分の潜在能力を知ることができます。ただ、ファルトレクはかなり追い込むので、練習後は十分な回復時間が必要です。インターバル走の翌日に軽い練習日が必要であるように、ファルトレクの後の2日間は軽い練習日とします。このトレーニングは2週間に1回で十分です。レースではスピードを上げるタイミングがつかみにくいですが、ファルトレクでは不完全な休息を挟みながら間欠的な加速を繰り返すことで、レースに必要なスピード変化へのすばやい対応能力を磨くことができます。

- ファルトレクはレースと同じ距離で行う（ただし、最長20kmまで）。
- 練習前に1〜2kmの軽いランニングでウォームアップをする。
- レースペースより5〜10％ほどスピードを抑えるが、いくぶんハードなペースが基本となる。
- スタートはレースペースのように加速する。
- 加速する距離は、50〜300m、400〜600m、800〜1000mと種々変化させる。時には、最初の50mはダッシュするなど、必要に応じて短い距離も入れる。
- 加速走の合間は、ジョギングペースにならないようにすばやくレースペースに戻して繰り返す。ここが、かなりつらい局面となる。
- 1〜5分ごとに区切って走る。
- 最後の2〜3kmはリラックスしたジョギングでクールダウンする。
- ファルトレクの練習内容の設定は自由であり、自分に必要なスピードで、自由に創造的に走る。レースの終盤でいつも抜かれるランナーはファルトレクの終盤に加速走を取り入れ、レース中盤でおいていかれるランナーはファルトレクでも中盤で加速走を積極的に取り入れる。

■上級ランナーのインターバル走

　インターバル走も、自分流に自由に創造できます。全走行距離をレースの

距離とほぼ同一にし、レースペースをやや下まわるペースで反復するという基本を押さえれば、自分流のインターバルメニューがつくれます。

　ベテランランナーになれば、インターバルの休息時間を短くしたり、インターバルをやや速めのジョギングでつないだりすることもできます。ただ、インターバル走の後は休養日が必要となりますので、よく「体の声（回復状況）」に耳を傾けて、十分な休養をとるようにします。

　いくぶん長い距離を反復することで、レースに即応した実践的能力を身につけることができます。例えば、400mを20回反復する代わりに800mを10回、あるいは1600mを5回反復して10kmレースにより近づけることができます。また、いつも同じ距離を反復する必要はありません。600m走って、その後1600m、そして400mを走るといったやり方もあります。ガイドラインとしては、400m×6～8回くらいから始め、徐々に20回まで増やしていくようにします。インターバル走は8週間以上続けてはいけません。その後は、再びエアロビックな基礎トレーニング期に戻る必要があります。

　ここに挙げたファルトレクやインターバル走は、私にとっても革新的で効果的なトレーニング手段となりました。1600mの反復練習を中心に行い、レースペースはそのペースが基本になりました。400mを4周走る1600mの中で、1回は500m、そして50～100mを2～3回加速し、その間はレースペースに落として走るようにしていました。

　ハイレベルを目指すランナーは、ファルトレク、インターバル走、またはそれらをミックスしたトレーニング方法を取り入れるとよいでしょう。いずれにせよ、これら2種類の強度の高いトレーニングは、レースや長い距離走（ロングラン）の日程にあわせて、十分な休養を挟みながら巧みに取り入れるようにします。

[表3-4] 2週間のスケジュール例

| 週 | 月 | 火 | 水 | 木 | 金 | 土 | 日 |
| --- | --- | --- | --- | --- | --- | --- | --- |
| 1 | 軽い練習 | インターバル走 | 軽い練習 | ウインドスプリント | 軽い練習 | 休養 | 25～30km走 |
| 2 | 軽い練習 | ファルトレク | 軽い練習 | ウインドスプリント | 軽い練習 | 休養 | 13～25km走またはレース |

表3-4に示したスケジュール例は、10kmレースやハーフマラソンを目指す場合の目安です。これはあくまでフォームづくりやスピード養成を目指す事例であり、このとおりにできなくても気にする必要はありません。大事なことは、トレーニングを元気に力強く成し遂げることです。疲れを感じたり脚が重く感じられたりするようであれば、走行距離や反復回数を少なくしたり、あるいはやめてしまってもかまいません。

### ■ウインドスプリント（軽い疾走）

　ハイレベルを目指す上級ランナーは、週に3日くらいウインドスプリントを入れることはとても重要です。すばやいリズムで脚部を温め、フォームづくりにも役立ちます。全力疾走ではありません。自分の慣性を利用して加速し、滑るように軽く疾走します。緩い下り坂を利用するのもよいでしょう。平地よりも簡単にスピードに乗れて、脚部のスムーズな回転が得られます。疾走の減速も徐々に行いながら自分のペースに戻るようにします。ポイントは、スムーズに滑るようにすばやく走り抜ける「余裕のある疾走」です（p.135参照）。

### ■はだしでランニング

　適当なコースがあったら、はだしで走るのも効果的です。足部のすばやい反応や衝撃吸収、さらに脚部のやわらかな動きづくりに貢献します。それはランニングシューズによって、足裏からのリズミカルな感覚が妨げられているからです。はだしで走るには小石やガラスの破片などのない、整備された芝生のコースなどがベストです。はだしで50mを1～2回軽く走り、スピードを楽しみます。全力疾走してはいけません。2～3日おいて、またはだし走を2～3回というように行います。ランニングシューズのクッションがないので、急激にやり過ぎて筋肉や腱を痛めないようにします。

　はだし走に慣れてくると砂の上で走ることもできますが、砂は抵抗が大きく、リズミカルなランニングにはやや不適です。ただ、十分注意して行えばヒルトレーニングの代わりになりますが、かなりハードな負荷をかけることになりますので相応の注意が必要です。ソックスで走るのもはだし走と同様な成果が期待できます。

### ■ピーキング（仕上げの練習）

　ハイレベルを目指すランナーほど、レースに向けてコンディションを最高

の状態に仕上げていくことがとても重要になります。ベストの状態を目指して、注意深く仕上げの練習に取り組むようにします。

■プラトー（限界）を乗り越える

ベテランランナーになると、「これ以上走っても、マラソンで3時間5分は切れそうもない」、あるいは「10kmを38分は切れない」などといった声を聞きます。同様な限界を感じる声や悩みに対して、ここでいくつか提案します。もし、限界を感じたり、「壁」を乗り越えられないプラトー（限界）状態（タイムだけでなく心理的な「壁」を感じても同様）に陥ったりしたら、以下のことを試してみることをおすすめします。

- 仕事のストレスを一時的に減らす。マラソンのレース前に2〜3週間、年休やバカンスなどをとり、コンピューターや電話から解放された生活を送る。
- レースをする場所よりも高地でトレーニングを行う（これは心理的にも有効）。
- レースシューズを軽いものに代える。クッション性もある軽めのシューズは効率よく記録もねらえる。ただし、ハーフマラソンには軽いレースシューズより軽めのトレーニングシューズのほうがよい。
- 体脂肪を減らす（体重や体脂肪が高めのランナーの場合）。脂肪や糖質の摂取量を減らしながら、走行距離をゆっくり徐々に伸ばしていく。

>>> 長く走り続けて

ランナーの多くは、自分の走能力や持久力が伸びるのにそれほど長い期間がかかるとは思っていません。2年、3年、あるいは4年くらいでプラトーに達すると、もうこれが限界であるかのように考えてしまいます。実際は、ランニングに必要な筋力、スピード、持久力がバランスよく完全に発達するには、ランニングを始めた年齢にかかわらず、少なくとも10年くらいは必要です。

# 上級ランナーのレース運び

## ■フロントランナー（先頭で走る作戦）

フロントランナーは時折レースに勝てますが、ただ単に優勝者のペースメーカーになってしまうこともあります。前方でリードを保ち、後続ランナーのやる気を失わせようとする作戦ですが、しばしばオーバーペースを引き起こしレースの残り3分の1で突然ペースダウンし、自分のペースを保持してきた後続のランナーに抜かれてしまうことがよくあります。

フロントランナーは、自分が先頭を走っているということが自信にはなりますが、それが逆によりハードな苦しいレースを強いることにもなります。ただ、経験豊富なフロントランナーは優勝こそ少ないものの、同レベルのランナーの間ではコンスタントによい成績を出しますし、またよい記録を出すためにも積極的にリードしていく走り方は効果的です。

レースを積極的にハイペースで押していくフロントランナー作戦は、とても優れたレース経験を生み出します。もし過度となってオーバートレーニングを引き起こすようなことがなければ、フロントランナーはレースのたびに力をつけ、より速いペースでより長い距離を走れるようになります。

## ■ラストスパートにかける作戦

自然なスピードでレース後半まで余裕を残して走り、ラストスパートにかける作戦です。ラストスパートに強いランナーは、ペースは他のランナーに任せて、前のほうでポジション争いが起きているときは、先頭集団の後方に少し遅れて位置し、エネルギーを温存しています。

ラストスパート型のランナーにとって最も重要なことは、フィニッシュラインが視界に入るまで何とか先頭集団の中にいることです。あまり遅れると、追いつくために非常に大きな精神的エネルギーが必要になります。先頭集団のランナーたちは、エネルギーに満ちあふれ（偏執的と思えるほど）、精神的に高ぶっています。集団の中から他のランナーを振り落とすために、ペースを上げたり落としたり揺さぶりをかけてきます。

近年、どのレベルの長距離レースでも競争が激しくなり、ラストスパートが決め手になるレースが増えてきました。レベルを問わず、スピードを高め、シャープな加速がスムーズにできるようなスパート練習を日常的に身につけ

ていくことがとても重要になってきました。ごく普通のスピード練習やロングランだけでは、鋭い効果的なラストスパートは身につきません。

### ●力強い腕振りを

力が接近したランナー2人が、ラストスパートで秀でるとしたら力強い腕振りが決定的になります。短時間であれば、腕振りをすばやくするだけでより速く走れます。ジム・ライアンはウエイトトレーニングを欠かさなかったし、フランク・ショーターはウエイトトレーニングによって10000mのラスト400mを3秒短縮できると語っています。

### ●ラストスパートが強くなる方法

- ウインドスプリントを週に2回、年間を通して行う。リズミカルに、すばやく、全力疾走ではなく、1600mや800mのレースペースで。
- スピード練習のメニューが終わった後に、プラスアルファでウインドスプリントを入れる。例えば、300m×1回、200m×1回、150m×2回など。150mの場合は、トラックの曲走路からスタートし直走路を疾走する。
- 力強く、かつ軽快に走る。腕振りが大きくできるように、手をいくぶん下げて、手首をリラックスさせてスパートする。
- ラストスパートの練習は、ハードで疲労しやすく障害のリスクが高まるので無理のないようにする。
- 練習後は、少なくとも1kmのスロージョギングによるクールダウンを丁寧に行う。

## ■揺さぶり戦法──失敗も多い作戦

ラストスパートが苦手なランナーは、レースの中盤か後半にスピードを上げたり下げたりする「揺さぶり走法」を駆使して、ラストに強いランナーを振り切る作戦を用います。ラストスパート型の選手は、前を走るランナーについていく作戦をもっており、揺さぶり型ランナーに惑わされて自分の速筋線維のエネルギーを使い果たし、ラストスパートのパワーを失ってしまいます。だからといって揺さぶり型ランナーについていかなければ、大きく引き離されてしまいます。

しかし、「揺さぶり戦法」はレースでなかなか通用しません。レース中に揺さぶりをかけて加速ランを繰り返してもその効果は現れず、ただ疲れ切って

しまうことがよくあります。一般的に、ラストスパート型のランナーは揺さぶり型ランナーを先に走らせ、少しずつスピードを上げて最終的に揺さぶり型ランナーに追いつきます。ラストスパート型のランナーが、揺さぶり戦法のランナーのトリックにかかって疲れ果てることはめったにありません。

　勝利を手にするランナーの走り方は、先頭集団から爆発的に加速して逃げ切るか、先頭集団にくらいついて走りラストスパートで出し抜く戦法です。一流と呼ばれるスター選手は、中盤で1〜2回のスパートをかけてライバルのやる気を喪失させるのが上手です。

■長めのラストスパート（2段階スパート）

　賢いランナーは、レースの最後の部分までは常に一定のペースで走り、最終局面で自分にふさわしい作戦を用います。私の意見は、ラストスパートが強くないランナー向けの、ラストの2〜3kmを一定のスピードで走り抜く、長めのラストスパート作戦です。自分にとって、レースの最終局面がどのくらいの距離になるか実践的に確かめておくことが必要になります。10kmレースではラスト800m〜3km、ハーフマラソンではラスト2〜5kmくらいの範囲の中で、集中して走り抜ける距離を確かめておきます。1〜2km以内であれば誰でも走り切れるはずです。

　ラストスパートはそれほど長く持続できません。爆発的なスパートはそれだけダメージも大きく、フィニッシュラインまで持続できないかもしれません。そこで、自分で決めた最終局面の前半を終えた地点から、第2段階のスパートをかけると効果的です。最終局面の残り半分でさらにペースを上げるのはとても厳しいことですが、そうしたトレーニングを経験していないライバルにとってはさらに厳しいダメージになります。彼らはまた、あなたがそんなにスパートを持続できるとは知る由もありません。多くの場合、この長めのラストスパート作戦は最後のスプリントだけに頼るランナーを早めに疲れさせ、肝心のラストスパート力を奪ってしまうのです。この作戦を身につける最良のトレーニングは、ヒルトレーニングやスピード練習でいくぶん早い段階からよりハードなスパート練習を反復練習することです。

# いいこともやり過ぎると

　ランニングは習慣性をもっており、長期間にわたってランニングによる持久性運動の刺激を受けることで、ランニングを始める以前の生活に戻るのは困難になります。とても気分がよくなり、この壮快な気分を失いたくないと思うようになります。身体的にも有酸素的な運動習慣で呼吸循環系が高まり、エンドルフィン効果も得られるようになります。

　しかしながら、ランニングも他の趣味と同じように、単なる習慣を超えて中毒的になることもあります。体重オーバーで、座りがちな生活をしていた人が、ランニングを始めてからその魅力にとりつかれ、没頭し、体重が減り、レースにさえ出場するようになることもあります。その一方で、減量や運動不足を解決するためのランニングという手段が、バーンアウトやオーバートレーニングといったもう1つの問題を生むこともあります。

　バーンアウト（焼き切れ）の初期のサインは身体的な兆候となって現れます。運動量の急激な増加、あまりにも多くのレースへの参加は障害の原因になります。また精神面への影響も少なくなく、ランニングへの情熱が失せ、憂うつになり、おかしな行動が見られたりします。

## ■初期の兆候

　人間の体はホルモンの働きによってある程度のストレスの下でもバランスをとっています。ストレス過多になっても、平常時よりも爽快感を感じることさえあります。過剰なストレスの初期サインに気をつけることで障害の予防や回復を早めます。以下のような初期サインを見逃さないようにします。

- 夜眠れない。
- 起床時の安静脈拍数が高い。平常時よりも10%高ければ、練習距離を50%減らし、1kmあたり1分くらいペースを落とす。20%高ければ、3日間練習を休む。
- 脚部の痛み。1週間痛みが続くようであれば、2〜3日練習を休む。
- おなかの痛み。胃がむかむかしたり痛んだりするときは、1〜2日練習を休み、回復の兆しが見えてから再開する。
- 食欲の変化。急に食欲が減退、または増進した場合。
- 意欲の低下。普通、走り始めは調子が乗らなくても、走っているうちに

再び意欲がわいてくるが、3日以上もやる気が起きてこない場合は、3日ほどの休養が必要になる。
- ランニングの始まりと終わりに、がっくりと元気がなくなる場合は、3日間休む。

　ランニングが、趣味やさまざまなプレッシャーからの解放以上のものになってしまうと、家族や友人、あるいは仕事に悪影響を及ぼします。ランニングの世界に強く傾倒し、他のものを何もかも捨ててしまった人は少なくありません。皮肉にもこういった人は、ランニング以外のあらゆるものを日々打ち壊し、捨て去り、ついにはランニングに対するやる気そのものさえも失ってしまうのです。とてもみじめですが、自分ではそれに気づいていません。

　私はこれまでのランニング人生の中で多くのバーンアウトのケースを見てきましたが、それらはさまざまな災難――離婚、別居、友との絶縁、社会的な関係の崩壊、これまでの業績の喪失――を伴うものでした。私ができ得るベストなアドバイスは、第一には、初期の危険なサインに気をつけることです。障害の繰り返し、憂うつ、やる気の喪失、短気、病的な固執など、こうした兆候はできるだけ速やかに修正する必要があります。第二には、日常のもろもろの事象に関してバランスと調和を保つ中でランニングを行うようにし、決してランニングを自分の人生そのものにしようなどと思わないことです。

# 第4章 調子を上げていく方法

# 1. ランニングフォーム

　私は18年間、ランニングフォームについてほとんど関心がありませんでした。かつてある大学で、なぜフォームの改善に関心をもたないのかをたずねられたことがありました。彼らは技術的に高いランナーであり、そのため私のぎこちないフォームを改善できるように、親切に、また素晴らしいヒントを与えてくれました。しかし、残念ながら私にはこのフォームのポイントがよく理解できず、「あなた方の指摘は、必ずしも私にあてはまるとはいえない」と言ったと記憶しています。私は誰でも身体的な特性から、最も効率のよいフォームを自然に身につけるものだと信じていました。

　ところが、10年以上経てから自分のひどいフォームが原因で障害を経験しました。地面をキックするときの足首のしなやかな動きにかかわる足部の柔軟性が低下していることを直感的に感じました。この障害の後、下腿を休ませるとともに、歩いたり走ったりしながら、足部を軽く小刻みに蹴り返すピッチ走法を意識し、リラックスしたやわらかな足部の動作を身につけ、走行時にも軽快にスムーズに動かせるようになりました。ただ、レースや練習でも滑るような走り方に変えたために、走るパワーが低下し、レースの記録も落ちていったのです。あまり跳ね過ぎないようにはなりましたが、レースでの強さは失われました。

　その後、私はニュージーランドのアーサー・リディアードに出会いました。彼はフォーム練習がランナーを強くすると信じており、私は彼の意見を聞き入れて自分のフォームを改善し、これまでと同じ努力でより速くスムーズに走れるようになりました。

　「指導書」から学ぶことは、コーチから直接学ぶこととは異なって、問題が生じることがあります。この本の中で記載し得るのは「よいフォーム」の一般的原理です。みなさんが共感できる部分も少なからずあるでしょう。また、

自分のフォームに改善の余地があることに気づくかもしれません。でも、すぐにこれを自分の練習に取り入れないほうが無難です。なぜならむしろ混乱することが予想されるからです。次項では「よいフォーム」の概説と適切な改善策を示しました。その後に、フォームチェックの3つのポイントを挙げています。

## フォームのポイント

私たちは1人ひとり、個性豊かな存在であることから、効率よく走るための単純な規定などはありません。ただ、ここで示すフォームのポイントは、誰にもあてはまる一般的な原則を示したものです。この原則をもとに、自分の体型や能力に応じて柔軟に調整しながら取り入れてください。決して固定的なランニングスタイルに強いていく必要はありません。

能力や経験に関係なく、誰でも「よいフォーム」を身につけることができます。競技ランナーは、より速く走ることに直結することからフォームの改善に大いに関心がありますが、初心者、あるいは競技ランナーでなくとも、「よりよいフォーム」の原則を理解することで、より滑らかに、より楽しく走ることができるようになります。

### ■上体を起こす

ランニングは上体をまっすぐ起こすことで最も効率がよくなります。店先のウィンドーに自分のフォームを映してチェックしてみましょう。頭部、胴体、腰部、膝、足首が1つの直線上に一体となって前方に動いているか、頭や肩が体の前方や後方に傾き過ぎていないかをウィンドーが教えてくれます。

### ■足部は低めにスムーズに

足部や脚部を1歩1歩上手に運ぶことが、無駄を防ぎスピードや効率を上げます。足部ははだしで着地するときのように低めにやわらかく地面を捉えるのが最も効果的です。足や脚のすばやいスムーズな回転がランニングスピードを驚くほど向上させます。

### ■上体のリラックス

上体が起こされ、バランスがとれてリラックスした状態であれば、頭、首、肩などが直線上に維持されるため余分なエネルギーを消費しなくてもすみま

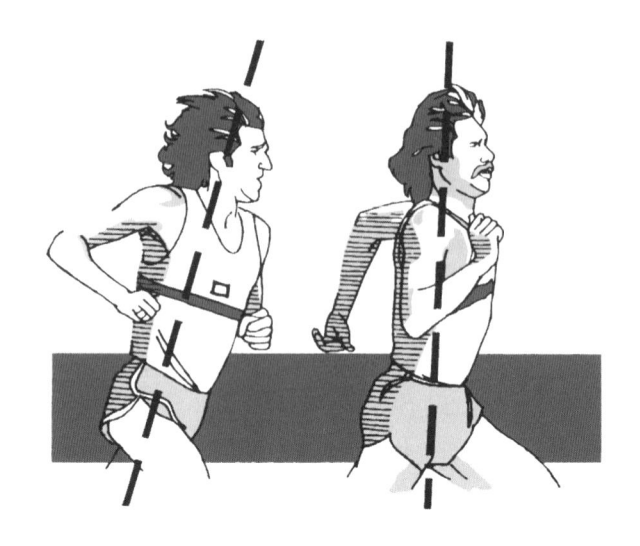

[図 4-1]
上体は、頭、首、肩をまっすぐ起こすようにします。左図のように前傾が強すぎると常に重心に逆らい続けることになります。

す。あごや顔の筋肉もランニング中はやや弾む程度に緩めにリラックスさせます。上体のリラックスができれば、体全体の重心移動がスムーズになり、効率的なエネルギー配分を生み出します。

■前方への動き

あらゆる動作はまっすぐ前方への動きに貢献すべきです。特に、腰、肩、腕、脚が左右にぶれたり後傾したりしないよう前方に向かっていかなければなりません。つい、後方のランナーを見ようとして、体がバランスを崩してぐらついたり、反り返ったりしてしまいます。「他の人より自分自身を見つめろ！」などと厳しいことを言うつもりはありませんが。

■効果的な腕振り

腕振りは脚との協応動作であり、効果的な腕振りはスムーズな脚動作を導きます。腕をやや下げて、体幹部からあまり開かずにリラックスして腕振りを行うことで、すばやい脚動作が引き出されます。体幹部から開いた腕振りは腕や肩の疲労を早めます。また、コンパクトな腕振りが効果的です。大げさな腕振りは上体を疲労させ、より速く走ることにはつながりません。大振りしないことです。

[図 4-2]

[図 4-3]

　両手はある程度高い位置で手首の力を抜いて、脚動作にあわせるように腕振りをします。両手は胸の中ほどまで上げ、腰の位置まで振り下げます。腕振りは前腕部の動作が中心となり、上腕部が動き過ぎないようにします。鏡の前で練習するとよいでしょう。腕で走ろうとしないで、リラックスして脚動作のリズムにあわせるように腕を振ります。
**腕振りのポイント**：指で軽くコップをつかむようにし、手のひらはやや下向きにします。両手がランニングパンツに軽く触れるように振ります。手や腕が硬く感じる場合は、親指と人差し指で小さな弧を描くような感じで振ってみます。

### ■腰の位置
　腰の位置は頭と両肩の下方にまっすぐ整列させます。立位や歩行、あるいは走行時にうつむき姿勢になる場合はやや後方に腰が引けていることが考えられます。そうなると、まっすぐな姿勢が崩れて、腰や膝の不調、障害の原因となります。

### ■脚の運び
　短距離選手は膝をより高く上げなければなりませんが、長距離ランナーは異なります。短距離では最大のストライド、脚のスピード、パワーが必要になりますが、そうした動作では長い時間走れません。長距離走では後方へ高

[図 4-4]
踵着地（左）：全体重を支え、やわらかく着地します。
足首の動き（中央）：足関節を通して前方へ力強く体重移動します。
つま先でのキック（右）：足関節のバネによって力強くキックします。

く蹴り上げすぎないようにし、足首のすばやい返し動作でスピードを上げます。膝の高さや後方への蹴り上げはほどほどに維持するようにします。

■**足首の重要性**

　足首は高性能な関節です。下腿の筋力が発するパワーが足関節の高性能なてこを通って地面をキックし、スムーズな体重移動を生み出します。まさに脚筋力のエネルギーは足関節の働きによって力を発揮します。ふくらはぎやハムストリングの代わりに強靱な足首が力を発揮しているといってもよいでしょう。着地からキック（離地）にかけての足首（足関節）の重要な働きを図 4-4 に示しています。

■**ストライドの長さ**

　信じられないかもしれませんが、ストライドが長いとスピードは抑制されます。熟練した競技ランナーはより速く走るためにストライド長を短縮させます。より速く走るためのキーポイントはストライドの頻度（ピッチ）にあります。すばやい足の運び、回転数、すなわちピッチを上げることが何よりも重要になります。記録を伸ばせないランナーの多くは、ストライドの伸ばし過ぎ（わずか 3～5 cm）に課題があります。

■**すばやく軽快に**

　1 歩 1 歩、軽く弾むように走ります。フォームが改善されるにつれて足首のバネが働き、足音が小さくなります。トップランナーは足首のバネを生かして、ハムストリングなどの大筋群のエネルギーを効率よく利用しながら、弾むように走ります。走り始めの頃は重力や慣性に抵抗することでいっぱいですが、フォームが改善されるにつれて、力や慣性を上手に利用できるよう

になります。地面を軽くすばやくタッチして、流れるようなランニングが感じられるようになれば最高です。

■**深い呼吸**

運動していないときは肺の一部しか利用されませんが、走行時にはより高い呼吸能力が必要になります。深い呼吸や腹式呼吸が動員されることでランニングはより楽になります。姿勢を起こし、胸を張って走ることで肺の能力がいっそう引き出されます。そして、より深い呼吸ができるようになると、少ない呼吸数でより多くの酸素を取り入れられるようになります。

深い呼吸は、大きい呼吸ではありません。すばやく肺の奥のほうまで取り込むことができる呼吸です。おなかに手をあてて、すばやく呼吸してみましょう。おなかがあまり膨らまないようなら、胸がいっぱいになる前におなかも膨らむように深い呼吸を試してみます。

## ランニング姿勢を正す3つのポイント―CHP―

ランニングの姿勢を改善するには3つの柱があります。この3本柱をマスターすることで、ランニングフォームは驚くほどよくなります

［注］多くのポイントを覚えてランニング中に実践するのはなかなか難しいものです。そのために、ここではポイントを3つに絞りました。「CHP（Chest/Hip/Push の略）の3本柱」と覚えてください。

■ **1. 胸を張って（Chest Up）**

胸を高く、前方に張って、息を深く吸ってから吐き出すようにします。リディアードは胸部に滑車をつけるイメージに例えました。つまり、滑車の一方の端から3階建てのビルまで引き上げてもらうようにイメージすれば、胸を高く前方に張って走ることができると。前かがみにならず、垂直に体を起こすことで呼吸がずっと楽になります。両肩、両腕はあまりぶれないようにし、胸部だけを意識することで、全体的によい姿勢が生まれます。

■ **2. 腰から前に（Hip Forward）**

胸を張ることで自然に腰も前方に引っ張られます。走る前に胸を張り、お尻に手をあてて前方に押し出すようにし、肩、頭、胸、脚を一直線上に整列させます。この姿勢ができれば、脚筋力のパワーを最大限に発揮することが

できます。腰が落ちたランニングではふくらはぎや大腿背面の筋肉に負担がかかります。腰を高く前に出すことで楽にスムーズに走ることができます。

### ■ 3. やわらかな着地からプッシュ（Push Off）

胸を張って、腰を前方に押し出すことで、少ない脚パワーで効果的なつま先によるプッシュ力が生み出されます。このプッシュ（キック）力は正しい姿勢が生み出すご褒美ともいえます。いくぶん後傾しているランナーは、1歩1歩がドスンドスンとなり、膝や足部に負担が生じます。シューズの踵の摩耗がこれを物語っています。正しい着地からキックがスムーズになされていれば、踵はそれほど摩耗しません。

自然に踵から着地すれば、急激なつま先への加重は生じません。踵から土踏まずへ、そしてつま先へと足首のてこを利用して体重移動します。足首のやわらかな動きによって、ランニングが着地衝撃の連続から流れるような感覚に変わっていくでしょう。

### ■3本柱「CHP」の練習

この3つのポイントはそれぞれ独立したものではなく一連の動作です。実際、立ち上がって試してください。胸を引き上げ腰の位置を決めれば、自然とつま先まで転がるような感覚で走れるでしょう。正しい姿勢は無駄な動作を省き、まっすぐ前方へ一直線に向かう、パワフルなランニングを生み出します。

## 75歳でフォーム改善

ランニングフォームは、週に2回練習すれば改善できます。フォーム練習の必要性について、夏のある合宿で70代の男性が私に話してくれたのが印象に残っています。

ミゲル・ドブリンスキーさんは74歳の誕生日をタホのトレイルランニング合宿で迎えていました。彼は私たちの合宿に積極的に参加していましたが、ウインドスプリント（軽い疾走）や跳躍走などのフォーム練習になるとグラウンドの外に出ていました。おそらく、彼はバネを効かせたフォームを身につけるには年齢的に無理があると考えているのだろうと、フォーム練習を行わない理由は聞きませんでした。

しかしそれから1年後、私たちは彼が元気にトレイルを弾むように走る姿に接したのです。彼は75歳の誕生日に、この1年間、定期的に軽い疾走練習を行ってきたことを明らかにしました。なんと彼は1年で30代の若さを取り戻したのです。

## フォームづくりのウインドスプリント

3日に1回くらい、ウォームアップにウインドスプリント（軽い疾走）を入れるとフォームづくりに役立ちます。全力疾走ではありません。あくまで余裕のある加速慣性走であり、慣性を利用してすぅーと流すように疾走します。緩い下り坂で行うと加速局面がずっと楽になります。海岸のような平坦でやわらかな走路では最大努力をしなくてもスムーズな加速ができます。減速するときも、急ブレーキではなく徐々に減速するようにします。スピード練習ではなく、スムーズに、すばやい脚部の回転を身につけるフォームづくりとして位置づけます。

■ **フォームづくりのウインドスプリントのやり方**
- 10分くらいのスロージョギングでウォームアップをする。
- その場で、肩、腕、頭を揺するリラックス運動を行う。
- 胸を張って、大きく深呼吸する（息を吸って、息を吐く）。
- 両手を臀部にあてて、前方へ押し出す。
- つま先をまわしたり、つま先立ちをしたりして、足首をやわらかくする。
- この後、ウインドスプリントに入る。
- 脚部は力まないようにして、リラックスを保つ。
- 緩やかな下り坂があれば楽にできる。ストライドを伸ばし過ぎないようにし、脚部のすばやい回転（ピッチ）で走るようにする。
- 3～5回くらいから始め、徐々に1～2回ずつ増やし、最大10～12回反復練習する。

**なぜ必要か**：よいフォームで軽く疾走することで、より速く走ることを教えてくれます。また、反復練習をすることで自然に効率の悪いランニングフォームが修正され、自分に適した効率のよいフォームが身につけられます。

いつやるか：年間を通して週に2回取り入れます。フォーム練習は意識して取り組むべきですが、それ以外の練習ではそれほどフォームを意識する必要はないでしょう。ヒルトレーニングやスピード練習、あるいはレース前のウォームアップ時、あるいは普段の練習の中に入れるようにします。火曜日と木曜日の2回行います。

距離：50～150m程度。

スピード：5kmのレースペースで走ります。全力疾走ではありません。スタートでは徐々に加速し、所定のスピードに達したら30～80mはそのスピードを維持します。最後も流すように徐々に減速します。

■ウインドスプリントの6つのステップ

①ウォームアップとして、5分間のウォーキング、その後5～10分間ウォーキング＆ジョギング、そしてその日のランニングペースに入る。練習後のクールダウン（整理運動）では逆の手順で行う。

②ウォームアップを終えたら、20～40歩の軽いランニング。ストライドは広げ過ぎないようにリラックスして。緩やかな下り坂があれば楽にできるが、平地でもストライドは短めで、地面にやわらかくタッチするように着地し、足部の蹴り返し（回転）をすばやくリズミカルにして走る。

③急加速ではなく徐々にリズムを高めるように加速する。また体全体をリラックスさせて伸び伸びと走る。

④流れるように、弾みすぎずに滑っていく感じで走り抜ける。

⑤10～30歩、流れるように軽く疾走する。

⑥ゆっくりとしたジョギングやウォーキングで回復させ、反復練習する。

## 丘陵地でのフォームづくり

■丘陵地（ヒル）を利用して

丘陵地では多様なコースが得られ、フォーム練習にも利用できます。

丘陵地は、長距離レースで最も重要な多様なリズム感を身につける場として最適であり、着地時の衝撃が少ないので、ハードな練習が可能になります。下腿や大腿部の筋力強化やパワーアップに役立ち、スピード練習への備えとしてふさわしい練習法になります。

### ■上体を起こす

　上りでも下りでも、胸を張ってよい姿勢を保つことがポイントです。また、上り下りでそれぞれ前傾、後傾することで最大加重を巧みに和らげます。そして、変化していく水平線を上手に見極めながら、頭、胸、腰、足部の垂直姿勢を保って走ることで、力強いキックを持続させます。いずれにしても、多様な地面をしっかり捉えるためにも直線的な姿勢が最善策となります。

### ■上りのランニング

　以下のいくつかの原則を理解して行えば、ヒルトレーニングはレースにもきわめて役立ちます。ライバルたちが平地で重力と闘っているときに、丘を上手に利用して無駄なエネルギーを使わずに効果的な練習を行うことができます。急勾配の上りはかなりハードになりますが、大変効果的なトレーニングといえます。

- 平地と同じように、自分にとって最適なリズムを維持する。
- 平地と同じような運動強度を維持する。それは平地と同ペースということではなく、呼吸をもとに運動強度が同程度となるようにペースを変容させる。
- ストライドは短くし、ペースを落とす。回復のための軽いランニングを上手に入れてエネルギーを温存する。上りでは地面をしっかり捉えて走る。
- 上り切るまでリズムをやや速めてピッチ重視で上る。腕振りのリズムは速めるが、腕振りの大きさやパワーを上げ過ぎてリズムを乱さないようにする。
- 上り終えたら、ひと呼吸入れてリラックスする。

### ■下りのランニング

　頂上からの下りでは、足の運びがかなり楽になります。重力に任せて、思い切って下りましょう。

- 重力を利用して走る。下りでは少ないエネルギーでリズムやスピードを上げることができる。
- ストライドを広げ過ぎない。ストライドを広げ過ぎるとバランスをとるのが難しくなり、膝や足部の負担が過大になりやすい。上手に体のバランスをコントロールして下りることが肝要。

- やわらかな着地ができる、無理のない自分のストライドで下りる。普段の練習で、最大のストライド長を確かめておくとよい。
- 下りの傾斜に負けないように、わずかに前傾を保って走る。

■丘のない地域では

誰もが丘陵地のあるところで暮らしているわけではありません。近くに丘陵地がない場合には、海岸の砂浜を利用するのもよいでしょう。丘陵地と同様に、ウォームアップを十分に行ってから、砂の上を中程度の速さで100〜200m走ります。また、他の手段としてオーバーパスや駐車場の坂道を利用したり、スタジアムの階段やトレッドミル、オフィスビルの階段を3〜5階ほど駆け上ったりするのもよいでしょう。丘陵地がなくても、多様な地形や施設を利用したヒルトレーニングが工夫できます。

## フォームに関連するトラブル

よいランニングフォームのポイントについて理解できたと思いますが、フォームに関連するトラブルも気になるところです。ここでは最も多いトラブルを取りあげておきます。

■肩の張り

走った後に肩の張りを感じる場合は、頭や肩の前傾あるいは後傾が強過ぎてバランスを失っていることが多くみられます。腰が後方に引けていないか、走っているときのフォームを店のショーウィンドーでチェックしてみてください。そうなっていたら、深い呼吸とともに腰の位置を前方へ突き出すようにします。また肩の張りは、リラックスがうまくできずに肩がつり上がっている場合や腕振りの脇が開き過ぎている場合に生じます。肩が重くまた張りを感じる場合は、立ち止まって肩や腕をだらりと下げてリラックスを心がけるようにします。

■大腿背面（ハムストリング）の張り

これは脚部が後方に流れて、足首、足部、下腿背面（ふくらはぎ）の筋肉が十分に働いていないのが原因です。ストライドを短めにして膝を前方にしっかり上げて、ハムストリングの負担を軽くすることです。地面を力強くキックするようにします。

■激しい呼吸、横腹のけいれん

　走るスピードの上げ過ぎ、特にスタート直後のオーバーペースが原因です。スピードを落としても呼吸が深くできないようなら、胸が落ち込んでいます。肩の張りと同様に、胸を前方にもち上げて深い呼吸を取り戻すようにします。胸を張ってゆっくり深い呼吸を整えることで和らぐでしょう。大切なことはランニング中は一貫して深い呼吸を意識することです。

　［注］トラブルが長引くときは医師の診断を受けるようにしてください。

■肩のローリング

　店のショーウィンドーでフォームを観察したとき、肩が上下、または前後に揺れ過ぎていませんか。これは腕振りが体を横切るような横振りになっているからです。腕は振り落とすように低い位置で前後に振るようにします。ただ、あまり上方に振り過ぎないようにします。

■首の張り

　頭が肩の上にまっすぐに乗っていない場合に生じます。上体の前傾が深過ぎると、頭部も前傾します。胸を後方に引いて上体を起こします。また、逆に上体が後傾している場合にも頭が前に出てしまいます。その場合は腰を前に出すようにします。ショーウィンドーでよくチェックしてください。また走った後に首のまわりをよくマッサージしてください。

　美しいランニングフォームは、自然で自由なフォームが基本です。走るときはいつも自然なフォームを失わないように心がけます。ランニングは楽しくスムーズであるべきです。週に2、3回のフォームを意識したランニングでも楽しさを忘れてはいけません。余分な動作を追い出して、1歩1歩前へ向かって、リラックスして楽しく走りましょう。

# 2. ストレッチ、補強、クロストレーニング
## ―リラックスとバランスのために―

## ストレッチの必要性とその方法

　ワールドクラスの競技者の多くは、正しいストレッチを取り入れることで、硬くなった筋肉をほぐし障害を予防しています。しかし、両刃の剣で、間違ったストレッチは逆に障害を引き起こすことにもなりかねません。長い距離走やスピード練習直後のストレッチなど、ストレッチが障害の引き金になることさえあります。

　私は苦い経験を通してストレッチの危険性を学びました。あるとき、ストレッチに関する印象深い記事に触れ、ストレッチを行わなかった16年間を取り戻そうとし、持病の坐骨神経痛を回復させようと考えました。体を軽く抱え込んで楽に伸ばそうとはせずに、かなりプッシュしていると感じるまでストレッチをしました。それはハムストリングを伸ばすというより反り返ってしまうほどの強い刺激となったためか、体の防衛反応が働いて筋の長さは逆に短縮しさらに張ってしまう結果となっていました。坐骨神経の回復を認めるまで、私はしばらくストレッチをやめました。

　ストレッチをやめて4年の後、私は結婚しました。妻のバーバラは体育教師の経験があり、私の背中が弓のように硬く曲がっていることに気づいていました。彼女は再びストレッチを始めた私を観察し、躊躇せず批判してくれました。ストレッチは体をほぐすという彼女のアドバイスによって、私は25年間苦しんだ坐骨神経痛を克服し、基本的なストレッチを学んだのです。ストレッチはやり過ぎてはいけない、ほどほどが一番とバーバラが気づかせてくれました。

　ストレッチは長期間続けることでその効果が得られますが、ランニングを即座に改善するものではありません。1970年代半ば、多くのランニングに関

する記事で、ストレッチは障害を取り除きスピードを高めるとしていましたが、その期待は多くが裏切られ、ストレッチへの一時的な注目は地に落ちていきました。

私たちランナーは、しばしば過度な期待をしてしまいます。ストレッチが「よい」と言われると、「素晴らしい」効果を期待してしまいます。しかし、ストレッチ効果を得ようと数cmも強く押してしまうとやわらかくなるどころが、逆に硬くもろくなって、障害を引き起こします。また、反対方向にいっぱいまでストレッチをしてしまうことも危険です。

■ストレッチをしなくても、それほど害はない

ランナーはストレッチをそれほど多くやる必要はないと思っています。確かに、野球やバスケットボール、フットボール、体操など大きな動作範囲が要求されるスポーツではストレッチは重要になりますが、ランニングの動作範囲はほどほどで十分です。私たちの祖先は年に何千 km も移動する生活をしながら、生き長らえ適応してきました。長距離ランナーの動きも生活に必要な動作範囲の中で十分であり、私も 20 年間はストレッチをしませんでした。その間、ケガはたった 1 回、窪みに足をとられたことくらいで、長い間ストレッチをしなくても、特段障害もありませんでした。

■ストレッチの必要性

ストレッチの必要性は個人によって違いますが、ストレッチが必要な人が行えば、確かに障害を避け、よりよく走れるようになります。腸脛靱帯にトラブルのある人はストレッチを続けることで回復を早めます。ですから、ストレッチが必要な人は、この章のストレッチの原則をよく読んで、安全に、柔軟性を高めてください。ただし、ストレッチに多くの時間をかける必要はありません。

ランニングだけでなく体を強化していくと、脚部の背面、腰、肩、首に徐々に張りが出て硬くなってきます。多くの人がそうした部分のストレッチや柔軟体操、マッサージを丁寧に取り入れることで張りや痛みが軽減しています。もっと必要と思うなら、ストレッチのエキスパートやトレーナーに相談するのもよいでしょう。

■ストレッチの方法

リラックスができている筋肉は、楽に、安全に伸ばすことができます。

- 軽いマッサージから始める。ふくらはぎ、ハムストリング、臀部、腰を、5分間くらい指で軽くもみほぐす。
- ゆっくり徐々にストレッチをする。リラックスして10〜20秒くらい伸展を持続する。少しでも圧迫感や痛みがあるときは、再度マッサージからやり直す。
- ストレッチは、あくまでゆっくり楽に終えるようにする。

■ストレッチの原則

**継続して行う**：筋肉をゆっくりと伸ばすストレッチ（伸展）を継続的に行うことで安定した成果が得られます。長時間の立位や歩行、ランニングは筋肉の張りをもたらし、継続的な筋肉の伸展はそうした張りを抑えてくれます。

**弾みをつけない**：10年前は弾みをつけたストレッチが行われていました。筋肉を伸ばすには、少し勢いをつけることが必要であると思われていましたが、最近の研究で、弾みをつけると筋肉の短縮や張りを引き起こすことが明らかとなりました。勢いをつけると防御反応が働き、筋は伸ばされるより、逆に硬くなってしまうのです。

**競争してはいけない**：他の人とストレッチを競ってはいけません。柔軟性は個人差が大きく、また前日のストレッチの長さまで行おうとしないことです。とても柔軟な日もあれば、硬くなる日もあります。リラックスして、その日に一番心地よいと感じる位置まで伸ばすようにします。

■ストレッチを行うタイミング―新しい考え方―

**ランニングの前？**：ランナーの多くは走る前にストレッチを行っています。ランニングに備えて、ベンチの上で足を上げたり、壁に向かって体を曲げたり伸ばしたりしている光景を目にしているでしょう。これはおすすめできません。走る前にストレッチをすることで、筋肉は硬くなり、張りやすくなるからです。朝、まだ体が温まらず血流も最低の状況では、特にリスクは高くなります。冷えている筋肉や関節、腱を伸ばすと障害を引き起こします。ネッド・フレデリック博士はホノルルマラソンで走る前にストレッチをするランナーに障害をもつ傾向が高く、走る前のストレッチで体を温める効果は少ないと報告しています。

**ランニングの後？**：走った直後のストレッチも危険性があります。走った直後の筋肉は急には止まれずエンジンがかかったままの状態なので、30分間く

らいたたないとストレッチに対応できません。走った直後のストレッチはけいれんを引き起こす原因にもなります。激しい運動後は防御反応が働いて、逆に筋肉が硬くなり筋線維を痛めてしまいます。

**それではいつ行うのか？**：ストレッチの最適なタイミングは、体が温まり、リラックスし、血流がよくなってからです。多くのランナーがこの部分を誤っていますので、ウォームアップしてからストレッチを行うようにしましょう。ウォームアップの代わりにストレッチは行わないこと。夜のお風呂あがりなどが適しています。

■**走行中の筋肉の張りへの対処**

走行中に筋肉の張りを感じたらウォークブレイクを入れたり、スピードを落として足を引きずるように走ったりしてみます。ストライドを最小限にして軽く滑るように走る方法です。けいれんを起こしそうに感じたら、立ち止まって静かにその部分をマッサージします。そして、再びゆっくり走り始めるようにします。

# ランナーのための3つのストレッチ

ランニングでは以下の3つの主要な筋群（p.144 図4-5 参照）が強化され、その部分に疲労による張りが生じます。

- ふくらはぎとアキレス腱（膝から下、下腿の背面）
- ハムストリング（膝と臀部の間、大腿の背面）
- 腰（臀部、背中の下部）

ストレッチ効果を上げるには、この3つの部分をそれぞれ分けて行うようにします。これらの筋群は特にランニングに動員され、また障害のリスクも高い部分でもあります。無理なランニングによって張りが生じることと、同様に不適切なストレッチによる障害にも注意が必要です。

■**ストレッチの方法**

筋肉を温めて行います。温まっていないときは、3～5分間の軽いマッサージを行ってから始めます。

- ストレッチの姿勢をとる。
- それぞれのストレッチは少なくとも10～20秒持続する。

背中の下部
大腿の背面（ハムストリング）
下腿の背面（ふくらはぎ）
アキレス腱

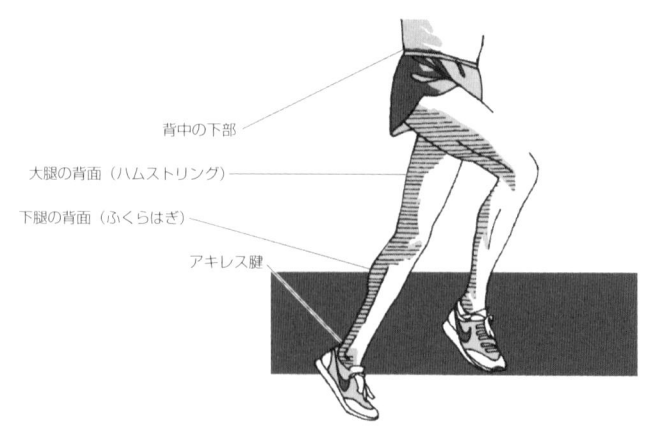

[図4-5]

- まずは週に3回程度行う。
- 少しずつストレッチの持続時間を伸ばす。
- 特に必要な部分はさらに長い時間をかけるようにする。

また、以下に挙げる基本の3つのストレッチに、他の部分のストレッチを追加するのもよいでしょう。ストレッチは全体で5〜15分間くらい必要ですが、この時間はきっと貴重な成果をもたらします。

■ふくらはぎとアキレス腱のストレッチ

壁や支柱に手をあてて突っ張るような姿勢をとります。前脚を曲げて、後ろ脚を伸ばします。少しずつ体重を後ろ足にかけながら、そのまま静かに持続します。このストレッチはふくらはぎの上部を伸ばします。次に、後ろ脚の膝を少し曲げて同じように行います。これはアキレス腱とふくらはぎの下部を伸ばします。このストレッチを両脚とも行います。丁寧にゆっくり伸ばし、あまり強く筋肉や腱を引っ張り過ぎないようにします。

■ハムストリングのストレッチ

あお向けになり、一方の足にタオルを巻きつけます。タオルがなければ、トレーニングパンツやTシャツを利用します。膝は伸ばし切らないで少し曲げて、ハムストリングが少しずつ伸ばされるようにタオルを短く引いていきます。これはいすなどに足を乗せてストレッチをする方法よりも、オーバーストレッチを防ぐ丁寧なやり方です。いすに足を乗せて行う方法はハムスト

リングに過度なストレスをかけますが、タオルなら適度に柔軟にストレッチができます。両脚のハムストリングを伸ばしたら、同様にタオルを使って臀部のストレッチを行います。膝をさらに深く曲げて、脚を体に引き寄せるようにして臀部を伸ばします。

■ 腰部のストレッチ

両足を曲げてスクワット姿勢にゆっくり屈みます。首や背中をリラックスさせた状態で背中の下部を曲げます。胸部にもたれるように頭を前に落とした姿勢です。踵を地面につけたままで行うと、アキレス腱のストレッチも同

[図 4-6] ふくらはぎのストレッチ

[図 4-7] アキレス腱のストレッチ
後ろ脚の膝をやや曲げる

[図 4-8] ハムストリングのストレッチ

[図 4-9] 背中の下部のストレッチ

時に行うことができます。踵をつけるのが難しい場合は踵を上げて行いますが、支柱やドアのノブなどに捕まって踵をつけたストレッチもやってみましょう。

## ランナーのための補強運動

　ランニングでは主として脚部の背面の筋肉が強化されますが、前面の筋肉はそれほど強化されません。ハードな短距離走とは異なり、持久的なランニングでは前面の筋肉が発達しないために、脚部の前・背面の筋力のバランスが崩れやすくなります。

　バランスのとれた筋力の発達は重要であり、前面の筋肉が弱いと背面の筋力に圧倒され、膝や足首、腰の障害につながります。ストレッチで背面の筋群の緊張をほぐすことはできますが、筋力のバランスを整えるには補強運動による筋力強化が必要となります。

　私は基本的なストレッチと補強運動が一体となって、初めて走るための体づくりがうまくいくと信じています。ストレッチと同様にそれほど多くの時間をかける必要はありません。以下にランナーのための基本的な5つの補強運動を紹介しますので、ぜひ取り組んでみてください。

　これらの補強運動はトレーニングジムに通う必要もなく、また自宅の地下に器具をセットする必要もありません。ウエイト器具を使わずに、たった5分間でできるのです。ストレッチと同様、週に2〜3回行うことで素晴らしい成果が期待できます。

　また、次項で障害を起こしやすい3つの運動についても取りあげています。

### ■大腿四頭筋の強化——曲げずに脚上げ

　膝のトラブルは大腿四頭筋の筋力不足によるものが多くあります。大腿四頭筋が鍛えられることで、体重をしっかり支え、着地時の衝撃が吸収されます。また膝関節がしっかりと働いて膝蓋骨も安全に保護されます。

　テーブル、ベンチ、あるいはいすに座って、膝を固定して脚をまっすぐ伸ばしたまま片脚を上げます。左右それぞれ5〜10回くらいから始め、2〜3週間ごとに片脚で40〜50回くらいまで増加させます。また必要であれば脚部に負荷（軽い重り）を加えて行うこともできます。決して膝を曲げてはい

けません。

## ■すねの補強——フットリフト（つま先上げ）

シンスプリントと呼ばれるすねのトラブルは、急激な走行距離の増加、固い路面や下り坂でのランニング、あるいは新しいシューズなどが原因となります。すねのトラブルの経験のない人はむしろまれであり、幸運であるといえるでしょう。

すねのトラブル予防には、前脛骨筋の付着部を補強する運動を行います。

テーブルかいすに腰かけて、足部のつま先にひもを巻きつけ、そこにバケツか袋をぶら下げます。最初は500gくらいから始め、足首を次のように動かしながら5〜10回上げ下げします。

- まっすぐ上下に動かす。
- 内側にひねりながら上げる。

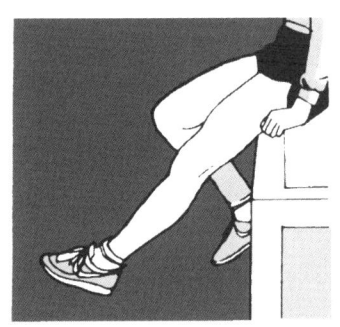

脚部を伸ばし、片脚ずつ上下させる

[図4-10] 大腿四頭筋の強化

まっすぐ上下に　　　内側にひねりながら上げる

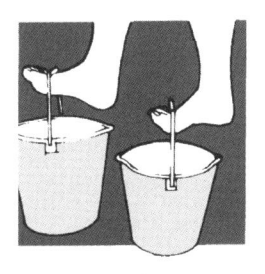

[図4-11] フットリフト

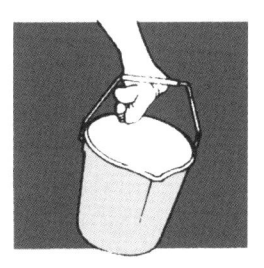

- 膝を固定して脚全体で上げるのではなく、足部だけで上げる。

慣れてきたら、回数を 30 〜 50 回くらい、負荷を 1.5 〜 2 kg くらいまで徐々に増加させます。足の外側から着地する傾向のあるランナーは、足部を内側にひねり上げるようにして、外側の筋肉を補強するようにします。これは、足首を強化し捻挫の予防にも役立ちます。

［注］この他に、フットリフトと踵で歩く「アヒル歩き」を交互に行うようにします。フットリフトをやったら、アヒル歩きを数秒間入れます。1 日おきに 3 〜 6 秒ずつアヒル歩きを長くして 40 〜 60 秒くらいまで伸ばします。

### ■体幹部の補強運動

筋力トレーニングは、何はなくとも体幹部の補強運動が一番であると確信しています。体幹部の姿勢を保持する筋肉群は上体をまっすぐリラックスさせるのにとても重要です。放っておくと徐々に弱ってきます。10 年もたつと徐々に前かがみになり姿勢が崩れ、スランプに陥る原因となるので、ランナーはできるだけ早く対処すべきです。体幹が弱いままハードに走り込んでいる限り、スピードやペースは落ち、疲労回復にかかる時間が長くなり、呼吸効率も低下してきます。私も 1980 年の後半にこのことにやっと気づき、体幹の補強運動をいろいろ取り入れて、以下の 2 種類の補強運動にたどりつきました。1 つは首、肩、背中上部・下部を強化する「腕振りランニング」であり、もう 1 つは上体の前面を強化する「上体起こし」です。

### ●腕振りランニング

立位で両脚を開いて、少しコンパクトな動作で練習します。ダンベルをもって行うときは両腕を体からあまり離さないようにして、安全に振るようにします。

① 肩幅くらいに両脚を開いて、まっすぐ楽な姿勢で立つ。
② 両手にダンベルをもって前後に振る。ダンベルの重さは無理のない、ほどほどの重さを選ぶ。
③ 腕振りは実際のランニングと同様に、脇をあまり開かないようにしてしっかり振る。
④ 1 セット 2 〜 3 回から始めて、10 回くらいまで徐々に増やす。週に 2 〜 3 回、10 回数セットを目安にする。

### ●腹部の強化──上体起こし

[図 4-12] 上体起こし

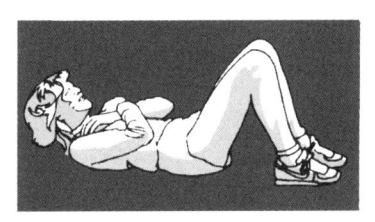

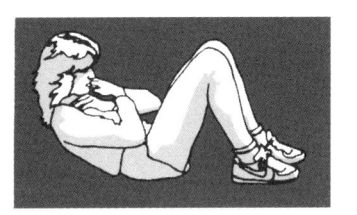

膝を曲げて　　　　　　　　　　上体を起こして 10 〜 12 秒持続

　腰痛など腰のトラブルは、腹筋の強化によって予防できます。腹筋がしっかりすることで、強靱な背中をつくり、脊柱の神経への圧迫を和らげます。
　膝を曲げてあお向けになり、床から足部を離した状態で両肩と上体をゆっくりと 5 〜 10cm くらい起こします。上体は完全に起こさずに低い位置（狭い範囲）でゆっくり反復することで、より強い腹筋をつくることができます。
　床から高く起こすやり方は、腹筋があまり強化されないだけでなく背中や腰を痛めてしまいます。また、勢いをつけて上体を起こそうとすると腹筋はあまり使われないので、ゆっくり低めに行います。胸の前で腕を十字に組んで、反動をつけずにゆっくり行うのがよいでしょう。
　数年間、私は足部を固定しないと、この運動はできませんでした。バーバラに励まされ、毎晩何度も起き上がろうとしましたが、なかなかできませんでした。約 1 ヶ月後、このアイソメトリック筋収縮の努力が実って、固定せずに 1 回目を成し遂げました。今では週に数回この上体起こしを楽しんでいます。

■足部の強化――つま先の曲げ伸ばし
　この補強運動は足部の痛みや土踏まず（アーチ）のトラブルを減らすのに効果的です。
　足部の痛み（朝起きてすぐに痛み、ウォームアップすると消える）は、足部（つま先部分）の筋肉が弱いことに起因します。この筋肉は走るだけではなかなか強化されません。また、さらに深刻なトラブルは足底の靱帯に生じます。この部分に着地の衝撃や、踵からつま先へ体重移動する際の大きなストレスがかかることによってトラブルが生じます。この補強運動で足底の靱帯を支える筋肉を強化することで、着地で体重をしっかり受け止め力強い

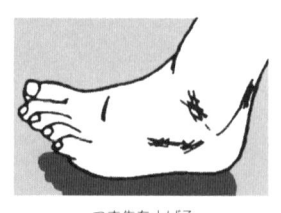

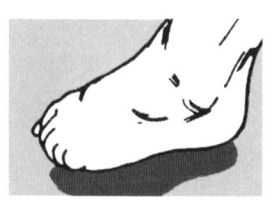

つま先を上げる　　　　　つま先を床につける
[図 4-13] つま先の曲げ伸ばし

キックを生み出すことができます。足底の腱のストレッチにもなります。
　7〜10秒ほど、つま先部分を強く収縮させたままにしてから、一度リラックスさせます。これを5〜10回反復します。筋肉がつるように感じるかもしれません。それは、この部分が弱く補強運動を必要としている証拠でもあります。

# トラブルを起こしやすい3つの運動

### ■台上ストレッチ
　台上に足を乗せたストレッチはよく見かけますが、これは大腿背面のハムストリングに過度な圧力を加えて多くの筋肉を引っ張り過ぎるので要注意です。ハムストリングのストレッチは先に紹介したタオルを使った無理のない方法をおすすめします。

### ■体の反り返り
　あお向けの姿勢から体の上に足部、および脚部をもち上げて反り返る運動は、首や脊柱にかなりの負担をかけることになります。何年もやっていて何のトラブルのない人もいるかもしれませんが、要注意です。背中や腰部のストレッチはリスクの少ない無理のない方法でやりましょう。

### ■過負荷の膝の曲げ伸ばし
　よくみられるウエイトトレーニングで、腰かけて足首に負荷をかけたまま90度から水平まで脚部を伸ばす方法です。これは脚部を硬く緊張させてしまい、膝のトラブルを引き起こしやすくなります。リスクの少ない方法で脚上げトレーニングを行いましょう。

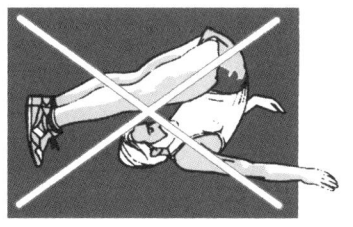

台上ストレッチ　　　　　　　　体の反り返り

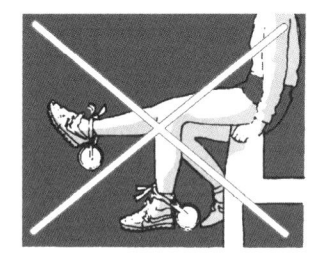

過負荷の膝の曲げ伸ばし

[図4-14] トラブルを起こしやすい運動

## クロストレーニング

　これまで走ることに多くの時間をかけて基本的な能力を身につけてきました。あとはちょっぴり時間をとって、他のスポーツの利点を役立てるだけです。例えば、ウエイトを用いた運動をほんの少し取り入れて姿勢やバランスを整えたり、ローイングマシーンやステップマシーンを楽しんで脂肪燃焼を促したりします。また、走るだけでは不十分と感じる人は、トライアスロンのようなマルチスポーツを楽しむことができます。こうした多様なクロストレーニングは脚部にあまり負担をかけないので、休養日に適したトレーニングになります。

　誰もが障害を望んではいませんが、もし障害を引き起こしたとき、走ることなしに体力を低下させない方法としてクロストレーニングが役立ちます。

　メアリー・デッカー・スレイニー（元米国記録保持者）は手術後数週間で奇跡的に復帰しましたが、プリフォンテーンコーチは彼女にプールでの水中ランニングを課していました。また、走れない3〜8週間の間に水中ランニ

ングを取り入れて復帰し、サブスリーを達成したランナーを何人も見てきました。

　最適なクロストレーニングは最終目標を見失わないことです。ウエイトトレーニングは筋力を高め、脂肪燃焼マシーンを用いたトレーニングは体熱産生を促します。ランニングだけでなく水泳や自転車走行が組み合わされたトライアスロンや水中ランニング、他の持久運動マシーンの利用など、上手に楽しみながらクロストレーニングとして役立てることができます。

　脂肪燃焼マシーンには以下のようなものがあります。
- クロストレーナー
- ステップマシーン（ランニング練習の休みの日はやらないほうがよい）
- ローイングマシーン
- 踏み台トレーナー

■ **クロストレーニングを始めるにあたって**
- 初日は20～30分間に5分間程度、休みを入れながら始める。
- 2～3種目の運動を織り交ぜながら始め、徐々に1時間くらいまで行うようにする。すばやくハードに行うのではなく、ゆっくり持続的に行う。
- うまくいくようであれば、1種目につき3～5分間を2セットくらいまで増やす。
- ランニングと同様に、強度と時間を徐々にビルドアップしていく。
- 初期段階は、全体で30分間を2セットくらいまで。慣れてきたら1日おきに異なる運動を入れるとよい。
- あまり疲労困憊するまで追い込まないようにする。

　障害がある場合は、クロストレーニングを取り入れることでその障害が悪化しないようにします。ランニングの代わりとして役立てるには、ランニングスケジュールと同様の強度と持続時間を目安にクロストレーニングを計画します。例えば、長い距離走の代わりに、水中ランニングやクロストレーナーを使ったトレーニングを行う場合でも同じくらいの持続時間にします。

## ■水中ランニング

〈利点〉
- 水中で動くことによって、空中とは異なる側面から効率のよい動作を探ることができる。
- 水の抵抗を利用して基礎的な筋力アップができる。ランニングと併用することで弾力性に富む筋力が得られる。また、ランニングにあまり使われない補完的な筋肉を発達させて、マラソンの最後の局面などメインの筋肉が疲労したときに役立たせる。
- 水中ランニングでは着地衝撃なしに、呼吸循環系を追い込むことができ、ランニングに必要なメインの筋肉を使わずに、障害治癒を促進させる。

〈方法〉
　水中でも地上と同じランニングフォームで走るようにします。体はまっすぐ起こしてリラックスさせ、やや前方に傾けますが、前傾が深くならないようにします。スムーズですばやい脚部の回転、水中での効率のよい動作を心がけ、地上での効率の悪い動きを修正し、安定した正しいフォームを身につけます。

- 膝を高く上げ過ぎないようにする。
- 下腿や足部は上ではなく、前方にキックする。
- 脚全体は膝を少し曲げて体の後方に運ぶ。
- 後方に運んだ脚は、適切な角度で前方にリターンする。
- 腕振りはランニングと同様の範囲で動かし、大振りしない。

## ■クロスカントリースキー動作

　クロストレーナーを用いたクロスカントリースキー動作による補強運動は10秒間から1分間程度の短時間のセットで行います。マラソンに必要な大腿前面の大腿四頭筋、後面のハムストリング、大臀筋、大腰筋を強化します。

- 脚はほぼまっすぐに。
- マラソンの動作よりも20％くらい大きな動作で行う。
- 脚の動作は水中ランニングと同様に行う。

　短時間から始め、動作の大きさ、時間は少しずつ増やしますが、あくまでも筋力アップのためであり、息が切れるような無酸素状態まで追い込み過ぎないようにします。

### ■ウインドスプリント（軽い疾走）

ファルトレクにも取り入れた、余裕のあるウインドスプリントはフォームづくりやスピードづくりに貢献し、障害のリスクもありません。

- 脚や足部は体の真下に着地するように走る。
- 脚や足部の回転動作はマラソンの動きよりも約2倍すばやく行う。

これはあくまで全力疾走ではなく、1～2分間持続できるようなペースで走る余裕のある疾走です。後半には息が切れる無酸素的な疾走となりますが、前半は徐々に加速してスムーズに流れるように疾走します。

### ■筋力トレーニング

私は長距離を走るために筋力づくりは必ず必要であるとは思っていません。疑うようなら、メジャーなマラソンレースで優勝する選手のか細い手足をよく見てください。彼らはトレーニングジムで多くの時間をかけているとはとても思えません。ランニングは流れるように惰性で走ることが最も重要であると考えています。ランニングは最小限のエネルギーで効率よく、より長く持続することが面白く、楽しいことであるからです。

とはいっても、長い時間姿勢を保持する筋力トレーニングはとても大切です。ランニングに必要な筋力を維持し、疲れたときも正しい上体の姿勢を維持して効率のよい呼吸や酸素を摂取するためにも、バランスのとれた体幹部の筋力はとても重要になります。私は1980年代の半ば、長い距離を走った後に腕や肩の疲労を大いに感じ、その重要性に気づきました。そして、以下に示す筋力トレーニングを取り入れることで、この疲労を克服しました。

### ●脚筋力

脚部は規則的なヒルトレーニングを取り入れることで効率的な強化が図れます。丘を利用したランニングでは自然の地形による抵抗に脚筋が働いて走力を向上させますが、人工的なウエイトエクササイズではそうした筋肉群の自然なバランスを壊してしまいます。そうしたアンバランスがまた障害を引き起こしたりします。しかし、これはランナーとしての私の意見であり、筋力向上をさらに深めたい場合は、筋力トレーニングの専門家に相談してください。

### ●体幹部のトレーニング

私は、いろいろ試した結果、最小限の筋力トレーニングはバランスのとれ

た体幹部の筋力づくりにあるという結論に達しました。1980年代後半から、最初は10種類くらいの補強運動から取り組みましたが、徐々に絞り込んで最終的に「上体起こし」と「腕振りランニング」の2種類にいきつきました。膝を曲げて行う上体起こしは上体の前面を強化し、腕振りランニングは上体の背面、首、肩、背中の筋群を強化します。この2種類の詳細な方法は先に紹介しましたので、ぜひ参考にしてください（p.148参照）。

# 3. モチベーションを高める（動機づけ）
―トレーニングなしで速く走る方法―

　精神力は身体的な限界をさらに押し広げる力をもっています。論理的な左脳と感情的な右脳とは分業し、左脳はストレスを避けて楽なほうに舵をとり、「何でこんなことをするんだ」「スピードを落とせ」「止まれ」といったネガティブなメッセージを発信します。心と体のバランスがとれていると、左脳は課題を予期し、右脳はその問題を解決しようとチームワークよく働きます。体が限界を感じても、右脳の直感力や創造的なパワーが働いて、あなたが気づかないうちに心のエネルギーを見つけ出します。

　この節の後半では「動機づけのトレーニング」を紹介します。トラブルを克服する方法、つまり悪い日をよい日に変える動機づけのテクニックを学ぶことができます。また、次節で「メンタルトレーニング」の3つの方法を紹介します。最初の「メンタルリハーサル」は、チャレンジ精神を喚起するときも普段の生活でも役立てられます。2つ目の「マジックワード（魔法の言葉）」は過去の成功イメージを次なる好成績に役立てる方法ですし、3つ目の「だましのテクニック」ではびっくりするほど意識を高めることができます。

　このような心理的、精神的トレーニングはそれほど努力や頑張りを必要としません。走っているよりもずっと短時間で体と心の協調、左脳と右脳のバランスを整えることができます。

## 動機づけのための準備

　「今、ソファーでゆっくりしたいと思っていても、一度動き始めると、続けたいと思ってきます」

　誰でもモチベーションが低い日や停滞する期間があります。ここでは、そうしたバリアを取り去り、ベッドから戸外へ踏み出す手助けが得られます。

## ■ペースを気にせず走る

　ランナーの多くはオーバーペースで痛みに満ちたランニングとなって、走行中の素晴らしいエンドルフィン効果を楽しんでいません。ウォークブレイクを早めに頻繁に取り入れて、苦痛のないランニング、意欲的なランニングを楽しむようにします。ペースを気にせず、ランニングとウォーキングの割合も決めないで、モチベーションの低いときはペースを落とし、ウォークブレイクをより多く入れるようにします。

## ■血糖値の低下を防ぐ

　エネルギーが半減して、やる気が遠のいているのかもしれません。ランニングの中盤、あるいは後半になって疲れを感じ意欲が低下したときは、血糖値が下がって意欲喪失を招きます。食後2時間以上経過すると集中力や意欲が低下してきます。低血糖は強いストレスとなって、左脳から「もう十分。明日にしよう」とか「ソファーに腰を下ろそう」といったメッセージを発信します。そんなときは、走る1時間前に水やコーヒー、軽いスナックを摂ることで、そうした喪失感はなくなります。

## ■予期される不快感を減らしておく

　これから5km走ろうとすると左脳はストレスを感知し、1～2km走っただけで不平を言い出し、全部歩いてしまおうといったメッセージを発信します。ランナーの多くは5～10kmを走り切ることはとても大変なことだと思っています。もし、それほど大変ではないとあらかじめ自分自身に言い聞かせ、そのような不快感を感じない無理のない目標タイムを設定してレースに臨むならば、長い距離をずっと短く感じ、楽な前半を迎えることができます。このように予期されるプレッシャーを減らしておくと、レースで驚くほど好タイムが得られます。

## ■目標を決め、カレンダーに明記する

　自分のやるべきことをカレンダーに書き込むことで、蒸し暑い日も雪がちらつく寒い日にもモチベーションをより高く維持することができます。

## ■モチベーションの低下はオーバーペースが原因

　オーバーペースはストレスがかかり、左脳から休みたいという否定的なメッセージが発信され、「壁」にぶちあたった感じになります。特に、暑い日のスタート局面や途中のペースが速過ぎると、後半には歩きたくなるほどみ

じめになります。

■エネルギースナックを摂る

　血糖値を維持するスナックはモチベーションの低下を食い止めます。20〜25kmくらい走るとエネルギーの枯渇を生じます。血糖値の低下が心配される場合はエネルギースナックバーやゼリーなどを摂ることで、モチベーションが鼓舞されてランニングを楽しめます。エネルギースナックは十分な水と一緒に摂るようにします。

■医学的なトラブルがないことを確かめておく

　医学的トラブル、例えば疲労骨折や呼吸循環系のトラブル、熱中症などを抱えている場合はモチベーションを高める心理的な後押しは控えるべきです。もちろん、こうした事例はまれであり、ほとんどは心配することはないと思います。いずれにしても、何か健康へのリスクがある場合は早期に医師に相談し、それらを除去しておくのが先決です。

■より速くタフに走り続けるために

　実際多くのランナーは何ヶ月も元気にタフに走り続けています。たまには走行中、あるいはスピード練習中に段差につまずいたりするようなことがないとも限りませんが、いつまでも元気にタフに走り続けるための私の心理的なトリックを紹介しましょう。

1）ゆっくりスローダウンして、心身にブレーキをかける：ウォークブレイクを入れたり、インターバル走やスピード練習の間の休息をより多くしたり、ゆっくり無理のない走り方に努めます。何事も早期対応を心がけ、無理なランニングから早めに抜け出して心身の良好をより長く維持します。

2）いけると思っても後半は無理をしない：後半は、ウォークブレイクを3〜5分ごとに入れて無理をしないようにします。3分間が長く感じるようなら1分ごとでもかまいません。そうすることでフィニッシュラインまで無理なく到達できます。

3）気晴らしを入れる：次の郵便ポストまで、あるいは次の信号、コンビニ、給水所まで、行って小休止。このようなちょっとした短い休息、気晴らしを入れると、また元気を取り戻すことができます。

4）レースでは、前を走る人を見定める：前方をしっかり見定めることで、すぐ前を走っている人をやがて追い越すことができます。その人に心理的に肉

薄し、その姿、帽子やウエアを見失わないようにします。詳細を見定めていれば左脳が働き、息が切れるようにはならないでしょう。やがて、1人追い抜き、さらに前の1人、2人へと焦点を移しながら追い抜いていけます。次節の「だましのテクニック」(p.166 参照) が参考になるでしょう。

5) 呪文を唱える：自分を奮い立たせるさまざまなタイプの言葉や熟語があるはずです。そうした呪文ともいえるポジティブな言葉を見つけて唱えることで自分自身を奮い立たせることができます。

6) 決してあきらめない：フィニッシュラインまで決してあきらめない意志をもち続けることです。ねばり強い積極的な態度が多くの困難を乗り越えて引っ張ってくれるでしょう。

# モチベーションを高める言葉 (呪文)
## ―繰り返し唱える―

### ■力強さや成績を向上させる言葉

疲れたときに隠れたエネルギーを奮い立たせるのに役立ちます。自分が選んだ言葉で筋肉のもつパワーや潜在的な力を引き出し、心や魂を呼び覚ます、まさに黄金の言葉となるでしょう。次のような言葉かけ (呪文) が役立ちますが、最も大切なことは、自分の体験の中から選び出した自分自身の言葉であることです。目前の力を奮い立たせるだけでなく、あなたの潜在能力を奥深くから掘り出す手助けにもなるでしょう。

- 「足は軽く、軽快に、そのまま、そのまま」
- 「脚は力強く」「心臓は快調」
- 「筋肉は血液がいっぱい」「肺に酸素がどんどん入っていく」
- 「力がみなぎっている」「とても楽」「私はできる」
- 「いい感じ」「私は強い」

### ■気を紛らわせる言葉

この言葉は、左脳が否定的なメッセージを送らないように先取りして発します。何回も唱えることで右脳がしっかり受け止めてくれるでしょう。

- 「私は今、家を建てている」「鉄道 (町、本棚など) をつくっている」
- 「私は機関車 (消防車、レーシングカー、登山電車など) のように強い」

- 「前を走っている人は、どんな小説が書けるだろうか」
- 「歩道を歩いているあの人は、どんな悪事をしているのだろう」
- 「このステージでどんな映画が上映されるのかな？」
- 「あの店（車、ビル、看板など）を見て」
- 「あの人（ヘアスタイル、帽子、Tシャツなど）を見て」

## ■実際に望んでいる言葉

自分が求めている言葉を唱えることで、そのように引っ張ってくれるでしょう。

- 「次の距離表示まで」
- 「フィニッシュラインを引き寄せよう」
- 「前のランナー（人）に、引っ張ってもらおう」
- 「だんだん元気になっている」
- 「この壁を乗り越えていこう」
- 「フィニッシュまで、このペースで」

## ■愉快な言葉

自分を笑わせ、右脳を活性化します。

- 「私はおどけて、バレリーナ（ピエロなど）のように走っている」
- 「海に浮かんでいる（スポンジに刺した針の）ように走ろう」
- 「ぴょんぴょん跳ねるように」「すーっと滑るように」

## ■走りながら唱える言葉

この言葉を唱えると、効率的なよいフォームで走れるようになります。

- 「もう1歩、もう1歩」
- 「次の角（電柱、信号など）まで」
- 「赤ん坊みたいに、ゆっくり、ゆっくり、」
- 「ひもでつられた操り人形のように」
- 「着地は軽く、低く、跳び過ぎないよう」
- 「スムーズに、流れるように」
- 「氷の上を、滑るように」

## ■想像的な言葉

- 「大脳さん、冗談言ってよ」
- 「私は、宙に浮いている」

- 「エンドルフィンさん、早く来て」
- 「だんだん、楽しくなってきた」
- 「いい感じ、生まれ変わったように」

## もはや元気づける必要がないときは

　私は数多くのマラソントレーニングをしていく中で、モチベーションが下がってしまった経験も数多くあります。モチベーションを高めようとした反動で、どうにもならなくなってしまったこともあります。私はバーンアウトやドロップアウトといったメンタルな障害までには至りませんでしたが、そのような障害を避けるためにも早めの対処が必要になります。どうしてもモチベーションが上がらないというときには、以下のような対応をトレーニングの途中でもかまわないので、早めにとることをおすすめします。

- 走行距離を減らす。走る日を週3日まで減らす。ウォーキングを多くしてみる。
- 走る意欲が出てくるような景色のよい場所やコースを歩いたり走ったりしてみる。
- 友だちや仲間たちと走る。走りながら、あるいは走った後に軽い食事などを一緒に楽しみながら、悩みを聞いてもらう。
- 友人とテーマランを楽しむ。例えば、冗談の言いあい、好きなキャラクター、悪い冗談コンテスト、甘いお話コンテストなど。
- 楽しいプラスアルファを入れてみる。例えば、走った後に自分への褒美タイムを設ける、長い距離走の後にウエアやシューズを購入する、など。
- 目標とする大会（訳者注：青梅マラソンや東京マラソンなど）を盛り上げる工夫をする。例えば、友だちや家族と大会にあわせてホテルに滞在し、やや贅沢な週末を過ごすようにしてみる。
- トレーニングの進み具合にあわせて、目標や大会を柔軟に修正する。

# 4. メンタルトレーニング

## メンタルリハーサル

　自分がやりたいと思っていることを頭の中で数多くリハーサルすることで、実際の場面でも問題なくできるようになります。トップアスリートの研究からもメンタルリハーサルの有効性が確かめられています。もちろん、競技レベルは問いません。リハーサルは誰でも取り入れることができます。

　結果は気にしないで挑戦してみることです。課題をリハーサルしていく中で、左脳へのメッセージとなって否定的なイメージが取り払われ、同時に、右脳では直感的に認識されたパワーが静かに解決策に導いてくれます。レースでもこれが同時に働くようになります。日頃から1kmでも2kmでも、こうありたいという課題意識をもって走るようにします。脳は24時間、すなわち1日中機能しているのですから。

■メンタルリハーサルの利点
1) **成功への近道**：ハードな練習やレースのメンタルリハーサルは、心身の状態を有利に上昇させ、リハーサルすればするほど、精神的な覚悟が円滑に定まって成功を生み出します。
2) **不安を取り除く**：メンタルリハーサルによって、自分自身でストレスや不安を取り去ることができ、勇気をもって安心して本番に臨めます。
3) **心身の調和**：メンタルリハーサルは精神状態を修正し改善します。普通なら20kmを2、3回走る必要があるかもしれませんが、メンタルリハーサルでは、ほんの15分間のリハーサルで十分です。
4) **自由にコントロールできる**：実際に起こることを、メンタルリハーサルで自由にイメージして準備し、次なるハードな練習や試合への挑戦を可能にします。

5) **計画の立案**：ゴールへの計画は、これまで直接的な経験から立案していましたが、メンタルリハーサルを行うとそのプロセスがより簡単になります。過去の経験だけでなく新しい課題に対処するパターンの中から計画をイメージできます。直接的な「壁」やストレスが軽減し、ゴールに向かって力強く踏み出していく青写真が見えてきます。

6) **創造性**：創造力も生み出します。実際、経験したこともない予期せぬ状況も想像しイメージリハーサルすることで、実際に直面したときにその衝撃やストレスへの対応力を導き出します。

# レースのためのリハーサル

### ■スタートのリハーサル

さあ、スタートです。大会アナウンサーの声や雰囲気にのまれて、うまくスタートできないかもしれないという不安があるかもしれません。でも、まわりの人とジョークを言ったり、うまくいくように念じたりすることで、気持ちが落ち着き、安心してスタートできます。ピストルの合図でゆっくり動き始め、みんなと一緒に、ポジティブに、フィニッシュを目指してスタートします。

### ■勝負どころのリハーサル

コース図などを手がかりにコースの特徴を理解しておくことは大切です。しかし、正確なコースルートを知らなくとも、リハーサルはできます。何回も数多くチャレンジしリハーサルすることで、待ち構えている困難な状況やストレスを、左脳が無意識に軽くしてくれます。

勝負どころは最後の数 km にやってきます。この部分はなるべくたくさんリハーサルしましょう。そして、疲労やモチベーションの低下、マメ、痛み、低血糖、脱水など、勝負どころのチェックリストを可能な限り列挙します。この困難でタフな局面を数多くリハーサルしておけば、レースの終盤が逆に楽しみになります。

### ■フィニッシュまで

くじけそうになったときにも、メンタルリハーサルによって不屈の精神的エネルギーを維持して克服し、うまく処理します。

こうしてメンタルリハーサルは、スタートからフィニッシュまでをその場で体験できます。1人でリハーサルすることでレースに必要な能力を身につけることができます。フィニッシュに向かうポジティブなエネルギーは、困難や不安を追い出してくれることでしょう。

## 普段の日のリハーサル

日々のランニングで多くのランナーの手助けになる簡単なリハーサルです。あたかもエンドルフィン効果が出て元気に走り始めるように、このリハーサルが手助けします。

リハーサルのポイントは、①一連の手順（ステップ）にする、②手順（ステップ）を1つ1つ決めておく、③次に何をするか考える必要がない自動的な手順でリハーサルする、です。

このリハーサルで不安がなくなり、左脳を気楽にさせます。仕事の帰り道と寝る前のリハーサルを紹介します。モチベーションが低下しているときでも力強くスムーズに第1歩を踏み出すことができます。

### ■走りたくない日の、帰り道のリハーサル
①帰り道、「今日は走らない。家のまわりで気楽にやろう」と自分に言い聞かせる。
②家に到着したら、すぐにランニングシューズとウエアを身につけ、自分に「今日は走らない。ただ家のまわりで心地よく過ごすだけ」と言う。
③スナックでエネルギーを補給し、飲み物を飲む（コーヒーなどのカフェインは有効）。
④何か気に入った音楽を聴きながら、この章や最終章を読む。
⑤天気や外の様子を見るためにドアから頭を出し、外に出てみる。
⑥近所の人は何をしているか様子を見るために、少し歩いてみる。
⑦通りを横切り、いつもの自分の道へと進んでいく。

### ■翌朝ベッドから抜け出るための、寝る前のリハーサル
早朝ランのために、ベッドからスムーズに抜け出るための手順です。走るのではなく、以下のステップをリハーサルします。

①アラームを聞いてすぐに起きるメンタルリハーサルをする。寝る前に時計を確認し、翌朝何時に起きるかを自分に言い聞かせ、そばにランニングウエアを置く。
②朝、アラームがなり、自然にすぅーっと起きる。
③立ち上がり、キッチンに向かう。
④コーヒー、紅茶、ジュースといった飲み物を準備する。
⑤ゆっくり飲んで、自動的にウエアを身につける。
⑥ドアに向かって歩く。走ることなど考えずに、天気を確認するつもりで。
⑦近所の様子を見るために通りまで歩いてみる。
⑧通りを渡って、いつもの自分の道へと進んでいく。

## マジックワード（魔法の言葉）

　短い特定の言葉を使うことで、ハードな練習中に生じるモチベーションの低下を食い止めることができます。マジックワードによって、悪い状況を抜け出し、体調や天候など調子が乱れそうになったときにも、精神的にポジティブな状況に立ち直ることができます。

　マジックワードはパフォーマンスをコントロールする手段にもなります。過去に成し遂げた経験と右脳とを接続するキーワードを用いることで活性化します。マジックワードを唱えることで、成し遂げたいと願い、勝利した過去の経験とをしっかりと結びつけ、ポジティブに闘い続けられるように、力強く前にプッシュしてくれます。

### ■ 3つのマジックワード

　私は3つのマジックワード、「リラックス」「パワー」「グライド（滑らかに）」を用います。厳しい練習やレースで直面した困難を乗り切るために、この3つのキーワードを用いてきました。この言葉を用いることでよりパワフルに成功へと踏み出すことができます。

**リラックス**：ハードなランニングの終盤では、疲労とともに体全体が硬くなります。そうしたストレスから左脳からのネガティブなメッセージが増えると、私はそのメッセージに従い、スピードを落としていました。やがて、私は左脳が実際より悪く見せているだけであるということに気づきました。こ

わばる感覚を感じたとき、「リラックス」と唱えることで、ストレスを遠ざけ集中するようになりました。このマジックワードを使うことで、数多くの成功経験を積み重ねることができました。リラックスを手に入れることで、より力強いランニングができると確信しています。

パワー（力強く）：ペースダウンし始めたとき、左脳は私に「ゴールできないかもしれない」「悪くなる前に止まろう」といった新しいメッセージを語りかけます。しかし、「パワー」という言葉を言うことによって、すべてのことは問題ないという気持ちの強さを取り戻すことができるように感じています。

グライド（滑らかに）：長くてハードなランニングの後半になると、フォームが乱れてきます。この傾向から脱却するために、私は「グライド」という言葉を唱えると、フォームを立て直して滑らかに走れるようになります。この言葉で数多く助けられ、最後まで効率のよいフォームで走れました。「グライド」という言葉を唱えるだけで、自分のペースがゆったりと、とてもいい感じになるでしょう。

>>> **マジックワードも使い方を間違えると失敗する**

例えば、レースの中盤に誰でも「パワー」という言葉を唱えることで、100mくらいはペースアップできますが、その反動でレース終盤に著しいペースダウンを引き起こします。中盤のスパートで終盤に必要なエネルギー源を使い果たしてしまうからです。

# だましのテクニック

的確なペース判断につながる優れたメンタルリハーサルは、どんなにハードな状況でも役立てることができます。マジックワードを唱えるだけで数km、時にはフィニッシュラインまであなたを力強くプッシュしてくれます。しかし、実際の場面、特にレース終盤ではマジックなんて忘れてしまって、脚が動かなくなってしまうものです。

そんなときこそ、「だましのテクニック」を使うことで、苦しさを楽しさに導き、ストレスや苦痛から抜け出すことができます。疲れてくると、知的な

ランナーでも、だましのトリックを受けやすくなります。心理的な限界よりも、内なる生理的な限界はずっと高く、マジックワードによるだましのトリックは、ベストパフォーマンスに向かって力強くプッシュしてくれます。

### ■「目に見えないゴムバンドをイメージ」

レースの後半で誰かに抜かれるとき、私は巨大で目に見えないゴムバンドでその人を捕まえるシーンをイメージします。しばらくの間、その人は私を前方へ引っ張っていきますが、ゴムの張力でその人の首を絞めあげ、脳への血流が止まってしまうことを連想します（抜かれるときに、上手に丈夫なゴム輪を投げて、その人の首に巻きつけるというトリックです）。この方法で、私は800mくらいは十分闘えます。

論理的には意味のないことですが、レース中に理屈に反することをイメージして心の中で笑っています。笑いによって、右脳を活性化させ、想像力を掻き立て、潜在的な力強さが掘り起こされるでしょう。

### ■「重力に抗する液体をイメージ」

足が重くなった、と言ってみましょう。すると、あなたはスローダウンしていることに気づくでしょう。これは、短めのウォークブレイクを入れて、腕や額に蓄えられている重力に抗する液体をシューズの中に押し込めるトリックです。想像力が乏しいとシューズが汗ばんだように感じるかもしれませんが、このマジックがすばやく働き始めると、ストライドを少し短めにし、足を地面からいくぶん低めに運び、すばやく、軽やかに地面をキャッチできるようになります。このトリックで、重くどしどしと走るイメージから軽快なランニングフォームのイメージを生み出します。

### ■「"スーパー冷却水"をイメージ」

暑い日は、とても悲惨で、ゴールがとても遠くに感じられます。そんなときは、次の給水所で、役員が熱を取り除くスペシャルドリンク、「スーパー冷却水」を用意してくれているとイメージします。ウォークブレイクを入れながら2つのコップを取って、1つは飲み、もう1つは頭からかけて冷やします。そのとき、スーパー冷却水の分子が体の熱を吸収し熱を除去してくれるとイメージします。また、3つ目のコップを取ってシャツにかけるのもよいでしょう。

まだ暑いと感じるかもしれませんが、問題解決のために重要な2つのステッ

プを踏んだことになります。1つ目は、ウォークブレイクで熱の産生を防ぎ、2つ目は、頭からかけた冷却水で体熱の70％近くを放熱することができます。魔法のスーパー冷却水を「信じること」で、オーバーヒートを防ぎ、深刻なトラブル回避への心理的なパワーを生み出します。

# 5. 女性のランニング
## ―バーバラ・ギャロウェイによる―

　私の妻、バーバラは競技ランナーとして長い間走っていました。彼女は大学院で体育学修士を取得し、私たちのランニングクリニック指導に加わりました。そこでは、女性のトレーニングや妊娠中のランニング相談などにかかわりながら、さらに研鑽を深め多くの知見を得ています。本書は男女の区別なく著述していますが、この節だけは彼女が学んだ女性の体について、また「おなかの赤ん坊と一緒に走る"妊婦ランナー"」の経験をもとにバーバラが著述しています。結婚する前のシリアスな走り方を含め彼女の貴重な経験は、競技ランナーの妊娠や女性ランナーについて多くのヒントを与えてくれるでしょう。

（ジェフ・ギャロウェイ）

　今日アメリカでは、走り始めたランナーの50％以上が女性です。その多くは母親であったり、フルタイムの仕事をしている女性であったりで、走ることでストレスを吹き飛ばし元気に快適な時間を楽しんでいます。まれかもしれませんが、女性自身にとって、毎日のランニングはとても神聖な時間でもあるようです。

　1980年代に、私は初めて「女性のランニング」について講義をする機会がありましたが、正直少々やっかいに感じていました。私は大学時代、トレーニングや運動生理学を学びましたが、その頃は女性は男性と同じ方法でトレーニングすればよいと教えられ、30分間かけてお話しするほど女性特有の情報を十分にはもっていませんでした。その後、2回の妊娠、出産（男の子2人）を経験し、実に多くのことを学びました。筋肉細胞や呼吸循環系の奥深い部分での男女差はほとんどありませんが、女性特有の生殖機能がもたらす側面は、男性が悩む必要のない問題に直面することになります。

■**女性の体型の違い**

　生理学者は、同じような運動歴やトレーニングで違いのない男女は、その酸素運搬能力や血液循環系、筋細胞の発達も同じであることを確認しています。それでは、なぜ男性のほうが速く走れるのでしょうか。

　1つには、女性には胎児を保護、発育させるための幅広な骨盤ややわらかな腰が備わっていますが、男性には必要ないことが挙げられます。男性の骨盤や腰はスピードや力に対して有利であり、同じ努力で女性より速く走ることができます。また、女性も筋肥大や筋力発達はなされますが、男性のほうがこの種の発達はより大きくつくられています。

　しかし、長距離レースではやや女性有利になります。例えば、80kmレースではスピードや筋肉量はもはや優位ではなく負担にさえなります。マラソンやウルトラマラソンの成績は体内の脂肪燃焼能力によって大きく左右され、女性は脂肪を多く含有し、男性より容易に脂肪代謝がなされます。かといって、私は女性にウルトラマラソンをすすめようとは思いません。ウルトラマラソンの女性先駆者たちはよい成績を収めましたが、その多くがオーバーユース（使い過ぎ）症候群に陥り、障害やバーンアウト（焼き切れ）を引きずっているからです。

■**体重の減量**

　ランニングは体脂肪を減らす最善の方法の1つであり、また脂肪がつきにくい体にしてくれます。ランニングはダイエット（食事）より優れた方法であり、健康度の高いライフスタイルに導いてくれるでしょう。

　女性は子ども時代にはあまり脂肪を蓄積しませんが、10代になると女性ホルモン、エストロゲンが脂肪の蓄積をはじめ、さまざまな変化をもたらします。男性は早い時期から筋肉の外側に脂肪をつけますが、女性は脂肪を筋肉の内部に蓄積します。最初は目立ちませんが、筋肉内の脂肪貯蔵量が満たされると、脂肪は腰、胸、そして体全体の皮下脂肪として蓄積されていきます。

　持久的運動は筋肉内の脂肪燃焼を昼夜にわたって促進させます。体重が減少しなくても、あるいは多少増加することもあるかもしれませんが、それは脂肪減少より筋重量が増えているからであり健全といえます。また、体重には運動による血液の増加分も含まれます。こうして不健康な脂肪が減少し体が細くなってドレスサイズが小さくてすむようになります。脂肪燃焼を最大

にするためには、食事による摂取カロリーと運動による消費カロリーについてよく理解しておく必要があります（p.218、第6章「2. ランニングで脂肪を落とす」参照）。

例えば、数ヶ月間運動量を増加させても体重が増加し、ドレスサイズが小さくならないようであったら、自分のカロリー摂取量をチェックする必要があります。一番避けるべきは食物中の脂肪であり、2番目が砂糖です。

自分のスケールで判断してはいけません。ダイエットや絶食による体重減少は、そのほとんどが水分によるものです。これは脱水を招くし、病気にかかりやすくなるかもしれません。いずれにしても、身体運動は体重をコントロールする最良の方法であり、生涯にわたって健康度を高めてくれます。

## ランニングがもたらす女性機能への影響

子どもがほしいかどうかにかかわらず、ランニングが女性機能にどのように影響を及ぼすか心配するのは当然です。また、子どもをもちたい人は、赤ちゃんを守ることや子どもの自然で健全な発達を願っています。

エドウィン・デール博士は女性生殖生理学の権威で、運動と月経周期や妊娠への影響に関する専門家です。1970年代後半のランニングブームの中、多くの女性が主治医にランニングに関していろいろたずねましたが、彼らは十分に答えられませんでした。医者たちはデール博士に相談しましたが、博士もその分野の研究が不十分であることに気づきました。

そこで、博士は数百人のデータと他の研究報告とを比較しながら研究を進めた結果、女性の身体運動に関して次のような重要な側面を挙げています。

### ■月経不順

長距離走は月経周期を不規則にしたり、停止させたりします。最近の研究によれば、体脂肪量やストレスを調節する脳の視床下部が、強いストレスを感知しエストロゲンの分泌を停止するがことが指摘されています。女性の体脂肪量が低下し、エストロゲンの分泌を停止し、生殖能力が低下することは祖先が身につけた飢饉を乗り越える防衛メカニズムでもあります。

よい知らせとしては、この生殖能力の低下はずっと続くという証拠は少ないということです。いずれにしても、月経異常や無月経は生殖能力がなく

なったとか、妊娠したのではと多くのランナーが驚くことと直接関係するものではありません。

　正常な月経を維持するために、デール博士は次のような提示をしています。

- バランスよく栄養を摂ること（たんぱく質、穀物、脂肪、新鮮野菜、フルーツ、ビタミン、ミネラル）。ランナーは高炭水化物、低脂肪、低たんぱく食が適しているが、エストロゲン生成には一定量のコレステロールが必要。
- 走行距離を半分、もしくはそれ以上減らすこと（ホルモンの分泌を促す）。走行距離は１週間程度ではなく、数ヶ月は減らす。練習メニューに水泳を取り入れる（水泳選手はシーズン中でも月経異常が少ない。これは体重を支えるストレスが生じないからだと考えられている）。
- これらの方法で効果が認められない場合は、医師に相談する。医師はホルモンの皮下注射を処方するが、ホルモン注射よりも練習量（走行距離）を減らすほうが望ましい。

■胸部のサポート

　ランニングによる振動が乳房にダメージを与えないかと心配する女性ランナーもいます。デール博士はランニングで乳房が垂れるとかダメージが及ぶという証拠はないと報告しています。ただ、多くの女性がトレーニングやレースで、特に長い距離を走る際により快適に走れる胸のサポートを求めています。ブラジャーの多くは軽量で伸縮性に富み日常生活では問題はなくても、ランニングには必ずしも適していません。ランナーにはむしろ伸縮性が少なく、肩からずり落ちないものが適しています。ひもがくい込むブラジャーも避けるべきです。

　スポーツ用ブラジャーのメーカーは多くの女性に適したブラジャーを種々開発しています。動きやすくしっかりサポートしてくれるブラジャーなど、いろいろ試して自分に合うものを見つけてください。

■子宮の機能低下

　ランニングによって子宮の機能低下が生じると警告している記事がありますが、デール博士によれば、そのような医学的根拠はないと言っています。また、激しいランニングやレース中に失禁する女性が時々見られますが、これはランニングを行う前に骨盤を取り巻く筋力を改善する必要があります。

後述の「骨盤体操」（p.178）などを参照し、腰部をしっかりサポートするようにします。

## 妊娠中、そして出産後のランニング

　ランニングに関する書物で妊娠した女性に関する記述はほとんど見あたりません。そこで、ここでは私の経験をふまえ、専門的な知見を学んだことについて述べてみます。まず初めに重要な3つのポイントを挙げておきます。

- 運動が妊娠中の生体に及ぼす影響についての知見が少ないこと。今後の研究が大いに期待される。
- 妊娠中に新たにランニングを始めるのは、背中、腰、膝などにストレスがかかり過ぎるため望ましくない。もし何か運動を始めるとすれば、妊婦対象のエアロビクスや水泳がよい。すでにランニングをやっている人は、その継続は大丈夫である。主治医と相談しながら無理のないように進めること。
- 妊娠中の女性がランニングを続けるのであれば、骨盤やそれらを取り巻く筋肉群が良好であること。できるだけ医師のチェックを受ける。

### ■妊娠―膝のトラブルに感謝―

　不思議なことですが、膝の障害のおかげで私たちは2人の男児を得ることができました。健康状態が良好であれば、妊娠はいつでもすぐに簡単にできると思っていました。17回のマラソンや数百のレース経験を含む10年間の私のランニング歴が妊娠を難しくしているかもしれないとわかったとき、私たちは多少のショックを受けました。

　妊娠を決意する1年前は、生殖機能が正常に機能していないサインである月経異常がありました。走行距離を1週間に40kmから64kmに伸ばすと月経周期が乱れ、週に80kmを超えるとその傾向は顕著になりました。初めの1年間は走行距離を減らすことが不十分であったので、月経不順は改善しませんでした。もう子どもをもつことができないのではと心配になりましたが、さらに、週間走行距離を減らして、月経が訪れるのを待ちました。不規則ではありましたが、徐々に月経が戻って、周期は40～50日、まったくないときもありました。私はデール博士の研究に加わり、週に50km以上走ると生

殖ホルモンの分泌を減少させることを知りました。そんなとき、天の恵みが膝の障害という形で訪れました。

　6ヶ月で5回のフルマラソン、しかも最後の1kmを私のベストタイムの3分以内で走ったことが原因でした。最初は散発的な膝の痛みだけだったので何とか走ることはできましたが、数ヶ月後、両膝に損傷があることがわかり、週に16kmしか走れなくなりました。現在の私の主治医はこのときの6週間のトレーニング量の減少がホルモンの分泌を正常に戻すのに貢献したと言っています。ケガという「走る休暇」を得たことで、ついに、子どもを授かる日が近づきました。

### ■妊婦ランナー―おなかの赤ちゃんとともに走る―

　私が初めて妊娠したとき、ランニングはあきらめなければならないかと心配をしました。妊婦だからと気分を切り替え、週に16kmだけのランニングにしましたが、膝は相変わらずでした。ついにランニングは完全にやめ、カロリー消費のため多少の運動をしようとエアロビックダンスのクラスに入りました。すると突然、膝の痛みがなくなりました。確かに、走行距離が減って回復に向かっていたのでしょうが、整形外科医は膝の痛みの減少について、妊娠ホルモンによってもたらされたと説明しました（このホルモンは出産時の痛みを減少させる役割もある）。私は勇気づけられ、再び通常のランニングを取り戻そうと決心しました。

　ただ、とても慎重に進めることにしました。通常の距離に戻したくはありましたが、体は妊娠のため体重増加が目立つようになり、走るときの重心が微妙に変化していきました。日に日に生じる内的変化も私をはらはらさせました。そこで、今は長い距離や速く走る時期でないことを自分に納得させ、妊娠する前より低いレベルで走ることにしました。それまでは週に80〜100km走っていましたが、妊娠6ヶ月から8ヶ月までは週に50km以上にならないようにし、さらに8ヶ月から出産までは週25〜30kmに減らし、最後の1ヶ月はランニング中にウォークブレイクをたくさん取り入れました。

### ■妊婦ランナーへのアドバイス

　すでにランニングを行っている人はやめる必要はありません。また、主治医が有酸素運動に理解があれば、助言を求めるのもよいでしょう。ランニングや運動をやめるように言われて納得できなければ、他の妊婦ランナーに相

談して、もっと運動に精通している医師を見つけてください。セカンドオピニオン（2回目）、あるいはサードオピニオン（3回目）と好意的な判断が得られるまで。多くの女性がランニングや運動を中止する理由が特にないにもかかわらずすぐにあきらめて、とても大切な解放感や酸素摂取能力、スタミナを向上させる素晴らしい行為を失ってしまうからです。もちろん、最終的には、走るべきでないという医師の判断が納得できる理由であるなら、それに従うべきです。

**涼しさを保つ**：妊娠中のランニングは、胎児への影響を考慮して体温をあまり上昇させないように努めなければなりません。もし暑いと感じる場合はウォーキングを入れて涼しさを保ちます。水分補給をこまめに行い、体温調節をベストにし、極度の暑さや寒さは避けるべきです。ランニングがより快適にできるように敏感に調節するようにします。また、妊娠中は熱めの入浴やサウナなどは避けるべきです。特に妊娠初期には胎児への影響が大きくなります。

**ウォーキングを入れる、走り通す必要はない**：持久的運動を30分間、週3日、適度に心拍数を上昇させることで身体的に、また心理的にも有益な効果が期待されます。妊婦の場合、心拍数を上げるために必ずしも走る必要はありません。しっかり歩くだけで十分です。ランニングを入れる場合でも、短めにウォーキングを挟みながら走るようにします。

　有酸素運動が胎児に悪影響を及ぼすことはないという研究はいくつもみられますが、無酸素運動が胎児の血流や酸素供給に及ぼす影響については十分な研究がなされていません。したがって、妊娠中のランニングは会話できるくらいの有酸素的レベルで走るべきです。呼吸が乱れたり、話すことができなくなったりするようなら、ゆっくりペースを落とすようにします。

**歩くだけで体型は維持できる**：妊娠中、30分間のウォーキングを週3日できれば、体型を維持し体調も良好に保つことができます。決して頑張り過ぎてはいけません。走る場合は、ゆっくり楽に走るようにします。歩くだけで十分で、ほどよいストレスも楽しめます。人はそれぞれ個人差があり、他の人と競いあってはいけません。あくまで自分のやり方で進めてください。

**早めの対処**：妊娠しているかもしれないと考えられる場合は、特に注意が必要です。妊娠初期は胎児にとってとても重要な時期であるからです。特に過

度な体温上昇や無酸素運動を避けるなど、早めに対処するようにします。ただ、妊娠が判明する前まで適度な強度でトレーニングしていたのであれば、それほど心配する必要はありません。

**体の変化に注意を払う**：体重が増加すると重心が変化します。大きなおなかで体重移動しなければなりませんので、背中や足腰の筋肉を痛めるかもしれません。体の変化に注意を払い、日々の運動プログラムを上手に調整してください。

### ■妊娠中の走行感覚の変化

私は妊娠中のランニングで いくつか不快な感覚を経験しました。1つは走り始めの重い感じです。最初の2〜3kmは誰でも体がやや重く感じるものですが、妊娠してからは5kmくらいまで重い感じが続きました。そして5kmを過ぎると不快な感じがとれて、10kmくらいはとても楽に走れました。こうした走り始めの不快な感じから、自然とスローペースになりますが、走った後はとても元気づけられ、その日の体調も良好に感じました。

2つ目はランニング時の腰や骨盤への圧迫感の増加です。胎児の発育とともに、子宮と腹腔をサポートしている腸骨稜から腹部への靱帯が硬く圧迫される感じです。ランニング中にこの部分がとても硬くなり突っ張る感じになりました。このような圧迫感から、多くの妊婦がこの時期（妊娠4ヶ月頃）にランニングをやめることは知っていました。

ただ、出産時には腹部の筋肉や靱帯が緩むとイメージしていたので、私はランニングを継続しました。普通、妊娠4、5ヶ月を目安にランニングをやめてウォーキングや水泳に切り替えますが、私は圧迫感をもちながらも走り続け、特に問題はなく、その後20年間何の悪影響もありません。

### ■出産までの3ヶ月間のランニング

ブラキストン・ヒックと呼ばれる痛みのない子宮の間欠的な収縮は正常な妊娠の最終段階に生じます。私は妊娠6〜7ヶ月のランニング時に軽く、そして散発的に体験しました。9〜10ヶ月頃には手に触れて感じられるくらいになり、赤ちゃんが産道に入りかけていると確信しました。自然分娩に役立つ呼吸法を練習しながら、収縮のあるときは歩いたり、立ち止まって休んだりしました。

［注］多くの医師は収縮が生じているときは走るべきではないとしています

が、散発的な収縮が生じていても走ることで何か悪化するようなことがなければ大丈夫です。気になるときはペースを落としたり、止まったり、あるいは違う運動に切り替えます。気になるときは、医師とよく相談してください。
**息切れしないように**：妊娠7〜8ヶ月頃には、通常より約10%くらい酸素需要量が増加します。したがって、ランニングで無酸素状態を招く可能性がありますので、ペースを落としたり、歩いたりして息切れしないように気をつけます。

もちろん、私のこうしたランニングへの愛着は誰にもあてはまるものではありません。主治医とよく相談し、また自分の体にもよく聞いて無理のないように適切に判断してください。

# 出産後の体調の回復

長男ブレナンを出産後の体力の回復は予想以上に大変でした。体は休養を必要としていましたが、すべてを私に頼る赤ちゃんの世話から一瞬でも解放してくれるランニングを欲していました。こうした欲求不満の中で、約4ヶ月間、心と体のバランスを乱していました。

■**休養が必要**

出産による睡眠不足や体力の消耗はものすごいものです。弱った体はすぐには回復しません。出産までのプロセスで肉体的、精神的に大きなストレス、ダメージを受けており、その回復には長い休養期間が最も重要であり、加えて適度な運動とよりよい栄養が必要になります。

■**走り始める前に歩く**

主治医は出産後できるだけ早く、5〜10分間くらい（調子がよければ1日に2〜3回）歩くことをすすめるでしょう。再び走り出すには初心者のプログラムから始めます。多くは出産後4〜6週間で走り始めることが可能です。最初は平地でゆっくりと、疲れを感じたらすぐに歩くようにします。調子がよいと感じても無理をしないようにし、分娩後の回復には慎重であるべきです。30分間のウォーキングを週3日行い、ストレスを減らし体力を維持回復させるようにします。出産後2、3日たっても歩けない人はほとんどいません。

### ■授乳と走るスケジュール

　出産後は生活がとても忙しくなりますので、運動の時間を含む生活時間のスケジュールがとても大切になります。授乳や母親としての赤ん坊の世話を上手に果たしながら、私は走るためのベストな時間を見つけることができました。初めての若いお母さんは運動を計画的に取り入れることが難しいかもしれません。しかし、自分が走ったり歩いたりする時間を前向きにスケジュールしていく意識（健康的な感覚）は、自分自身だけでなく自分の家族にとってもとても重要なことです。

### ■補強運動

　腹筋は妊娠期間中、伸ばされた状態になっています。出産後、直ちに膝を曲げて体を丸める運動を始めることは、腹筋の回復とともに背中のトラブルを防ぐためにとても重要です。床にあお向けになり、頭、そして肩を25〜30cmくらい上げます。それから背中の下部から下ろします。

　骨盤体操もおすすめです。特に、ランニング時に無意識に失禁した経験のある、子どもをもつ30歳以上の女性は多いようです。ランニング時に衛生的なパットを使用するのも1つの方法ですが、この機能を調節している下腹部の筋肉を強化することです。膀胱と膣に挟まれた筋肉を締めたり緩めたりすることで、膀胱の括約筋を強化することができます。放尿中に1秒間ストップさせて、再び放尿する運動を10回繰り返します。この運動を放尿のたびに行います。

### ■水分補給

　脱水には十分注意しましょう。水、ジュース、ミルクを十分に飲んでください。一度にたくさん飲むよりこまめに少量（100〜200ml）ずつ飲むようにします。尿の色は淡い黄色が目安になります。私の場合、あまりに長い距離を走り過ぎると授乳が困難になりました。授乳期間は走る距離は控えめにしたほうが無難です。

### ■手助けを頼む

　もし、産後1〜2週間、夫があなたと赤ちゃんと3人で一緒にいる時間をもつことができれば、家族の強い絆を深めるためにもとてもよいことです。夫に手助けを求めることにひるんではいけません。多くの母親が早い時期から父親の育児参加を遠ざけています。父親がもっと育児の一部を体験し分業

[表 4-1] 出産後の運動プログラム

| | |
|---|---|
| 最初の 2 〜 4 週間 | 骨盤のまわりや腹筋の運動。調子がよければ毎日少しずつ歩く。何か気になることがあれば主治医に相談する。 |
| 次の 4 〜 8 週間 | 1 日おきに走る。初心者のように短い距離のジョギングから始め、調子がよければ少しずつ距離を伸ばす。 |
| さらに 4 週間 | 徐々に自分のランニングに入っていく。初心者プログラムを参考にする。 |
| 回復期全般 | もし調子がよくないときはやめる。休養日にしたり、前日や前の週より少なくなったりしても気にしない。1 歩進んで、様子を見てまた戻るといった感じ。ゆっくりと歩幅は短めに、体からの声や調子をよく聞きながら無理のないように走る。 |

注：帝王切開で出産した人はより長い回復期間が必要になります。

することで、母親の負担が軽減され、またあなたの走りたい気持ちも理解してくれるようになるでしょう。

走りたいと願う母親の 2 つの大きな課題は、時間を工夫することとベビーシッターを見つけることです。これらは出産前から準備するようにします。夫があまり手伝えないようなら、親類や友人、子どもの世話サービスなどを見つけます。走るために必要な 30 〜 60 分間を確保するために、出産前から早めに対策を練ります。母親がランニングなど運動を取り入れたライフスタイルを築くことができれば、生活のすべてがとてもうまくいきます。

■ 授乳期は

赤ちゃんの栄養が母乳だけの時期は以下のような注意が必要です。

- 母乳の量が少ないようなら、正常に戻るまで 3 日くらい走ることは控え、水分を多く摂るようにする。1 時間に 100 〜 150ml くらい水分を摂る。
- 走る前に授乳するようにする。
- 授乳する母親は、妊娠中よりも 400 〜 500kcal は多く摂取し、またランニングや運動のためのカロリーをプラスする。
- ブラジャーは大きめを使用し、乳漏れを吸収するパットをあてる。
- 赤ちゃんが昼寝をしているときは、一緒に添い寝をしてできるだけ睡眠時間を多めにとるようにする。

■ 体力の回復と脂肪の減少

昔のご婦人たちの「妊娠中に太った脂肪は、二度と元には戻せない」という話はよくご存じだと思います。現代では、あなたの決意次第で、焦らず継

続することで、確実に体重を減少させることができます。決して焦ってはいけません。

### ■最終的な注意点

第3章「5. ハイレベルを目指す競技ランナー」の中で、「いいこともやり過ぎると」（p.125参照）という記述がありました。競技者魂や強過ぎる熱意がランナーをプッシュして、体力の限界や楽しさを忘れてトレーニングやレースに駆り立たせてしまうと述べられています。同じようなことが、ややスケールは違うものの女性競技者が妊娠した場合にも生じます。つい、ランニングの利点に魅せられて、おなかの赤ちゃんが二の次になってしまうのです。まずは、妊娠していること、あるいは赤ちゃんの発育を第一に日々のスケジュールを決めることを忘れてはいけません。

# 第5章

# 障害予防

# 1. ランナーの障害

　ランニングは病みつきになってしまうものです。有酸素的な運動が習慣となって、循環系と毛細血管の改善を手に入れたら、あなたはもはや走ることをやめられないほど気持ちよく感じることでしょう。しかし障害が現れ、あなたが「傷ついたランナー」になったとき、次のような問題に直面します。つまり、「それをいやすのに、どのくらい休まなければならないのか」という問題です。遅かれ早かれ、すべてのランナーはケガ（障害）をします。非常にまれなケースでは治るまで3〜4週間以上かかりますが、適切なケアと早めに処置をすれば、多くの障害はコンディションを損なうことなく、2〜3日で回復します。

　私は医者ではないので、医学的なアドバイスをする資格はありません。しかし、25年以上の間継続的に走り続け、ほとんどの障害を経験しました。アキレス腱の痛み、筋断裂、シンスプリントなど。これまでの経験を通して、私は多くのことを学びました。この章では専門的な医学的見地ではなく、あくまで1人のランナーからのアドバイスとして述べていきます。

## ケガ（障害）への対処

### ■いつ「障害」になるのか

　ランナーは、ほとんど毎日何らかの痛みを経験していますが、ほとんどは一過性、一時的なものです。ほとんどの痛みは、より弱い組織の崩壊とより強い組織が徐々につくりあげるプロセスを意味しています。経験を通して、この「一過性の痛み」と「障害」の違いを区別することを学ぶことができます。両者を区別する以下のガイドラインが該当するのであれば、それは「障害」と呼べます。

- 機能的なトラブル —— 自然に普通に走れない。
- 継続的なトラブル —— 症状が1週間以上続く。
- 漸進的なトラブル —— だんだん悪くなる。
- 腫れが出てきたら —— どちらか片方が腫れている。
- 痛みがひどくなる —— 痛みは体からの叫び声である。足の専門医リチャード・シュスターは「痛みではなく、やっかいな感じ」で走ることはOKだが、「痛みによる叫び声」を無視してはいけないと述べている。

いずれにしても、疑わしいときはランニングドクター、すなわち足の専門医か、整形外科医を受診してみることです。

■とりあえず1日、ちょっと休んでみる

障害のある状態で走ることは、トラブルをより悪化させ、治癒が長引きます。疑わしいときは、控えめが望ましく、まず1日か2日休むことです。何も問題がなくても、2、3日休んでみます。さもないと後で数週間、あるいは数ヶ月の集中的な安静が必要になるかもしれません。

■障害の処置

適切な医療的手助けが障害処置の第一歩です。ランナーを扱い慣れた地元の医師がおすすめです。自分のランニング歴をよく聞いてくれる医師、あるいは数多くのランニング障害を処置し、再び走れるようにしてくれる経験豊かな医師を身近に見つけてください。

■医師に受診する前に

医師に診せる前に自分でできるガイドラインを以下に示します。膝、アキレス腱、踵、すねの痛みには要注意です。長期間の障害につながる場合があります。

**2〜3日走るのを止める**：多くの場合、2〜3日の休養で回復する。
**ランニング障害について学習する**：ランニング仲間にも相談する。また、ランニング障害に関する書物を読む。
**その部位を冷やす**：炎症を抑え、血液の循環を刺激する。市販のアイスバッグや冷蔵庫の氷をビニール袋に入れて、その部位をまず10分間冷やし、20分間休んで、再度冷やす。
**圧迫する**：腫れがある部位をしっかり包帯で巻いて抑える。ただし、血液の流れを止めないよう、きつくし過ぎない。2、3分間足を高く上げて、心臓か

ら遠い部位から圧迫する。痛めた当日は、腫れの程度にあわせて圧迫を緩める必要がある。
**高く上げる（上昇）**：障害の部位を頭より高く、あるいはできるだけ床から離してもち上げ、障害部位から血液が流れやすくする。
**ビタミンCの補給**：1日に3回250〜500mgを適度に摂取する。またカルシウムも傷を治す手助けになる。食事でビタミンCやカルシウムを含む食品を多めに摂る。
**ストレッチをしない（伸ばさない）**：医師の指示なしに傷害の部位をむやみに伸ばさない。多くは腱、筋の組織を痛めており、ストレッチは悪化させる。
**消炎鎮痛剤**：アスピリンなど消炎鎮痛剤は炎症と痛みを抑えるので、1日に数回、食後に摂る。ただし、こうした鎮痛剤は注意も必要になる。私の友人は頑丈なランナーだったが、ケガをしたときに1日に数回鎮痛剤を服用（空腹状態で）して胃潰瘍による出血がひどくなった例もある。

> **ICE と RICE**
>
> Ice（冷却）、Compression（圧迫）、Elevation（上昇）の頭文字をとった「ICE」、あるいはこれに基本的要素 Rest（安静）のRを加えた「RICE」という2つのキーワードを覚えておくとよいでしょう。

# 走れないときのエクササイズ
## ―体力・体調の保ち方―

　ランナーが走れなくなると深刻です。毎日走ることで酸素を取り込み強靭な体力を獲得してきました。ランナーは走れなくなると、ストレスがたまり不機嫌になります。多くの場合、障害の初期に走ることを控えれば、その後は軽いランニングはできるものです。ポイントはケガによるストレスをため過ぎないことです。
　ランニングは力学的な衝撃が大きいので、走り続けることはマイナスになります。幸い、代わりのエクササイズを行うことができます。重力からの衝撃を最小限にして、体力・体型を維持しながら傷をいやします。

[表5-1] 走れないときのエクササイズ

| | 運動効果<br>(ランニングで得られる効果に対して) |
|---|---|
| 水中ランニング | 60 〜 100% |
| クロストレーナー | 60 〜 80% |
| 固定自転車によるサイクリング | 30 〜 50% |
| 競歩 | 50 〜 80% |
| ローイングマシーン | 40 〜 70% |
| 水泳 | 30 〜 40% |

注：普通のランニング強度と持続時間をもとにした、だいたいの目安です。

　私たちランナーはおおむね不器用です。ランニングは単純で誰もが楽しめる便利なエクササイズですが、ケガをした場合にはスポーツジムやプールに通わなくてはなりません。ランニングより難しいかもしれませんが、それはランニングに熱中し過ぎた代償と思って、しばらくの間続けてください。

■エクササイズを始める前に

　あまり経験のないエクササイズでしょうから、その運動量はきわめて徐々に始めるべきです。3〜5分間を2セットくらいから始めます。そして、1日の間をおいて3分間ずつ伸ばしていくようにします。セット間の休息は10分程度とし、運動を組み合わせる方法（10分間の水中ランニング、5分間のウエイトトレーニング、7分間のクロストレーナー、再度10分間の水中ランニング、最後に5分間のローイングマシーンなど）もよいでしょう。

　やがて、新しいエクササイズに慣れると、ランニングと同じような達成感と爽快なストレスを感じるようになります。ランニングと同じように、代わりのエクササイズは1週間に90分間くらい、週3日に分割して行うと効果的です。

■水中ランニング

　水中ランニングはランニングに最も近く、代わりのエクササイズとして適しています。3〜4週間走れなかった選手がプールから出て、自己ベスト記録を出した例もあります。この方法は競走馬のリハビリにも活用されています。水の抵抗を受けて走ると、膝をまっすぐ前に運ぶことが必要になります。バランスを崩すと、水の抵抗で脚の動きをオーバーにしなくてはなりません。

水中ランニングはケガをしていない選手にとっても有効な練習手段になります。

- 膝と臀部のほぼ中間くらい、すなわちほぼ大腿部の深さの水位で走る。障害部に負担がかかるときは足がプールの底につく範囲でより深い水位で走る。
- 救命胴衣を使って深い水位での水中ランニングの方法もよい。胴衣なしですばやいランニング動作と腕のかきだけで行うより、胴衣を使ったよりランニング動作に近い方法を推奨する。
- 水中ランニングではよりランニング動作に近づけるために、膝をもち上げるのではなく、脚部を前方に運ぶように走る。

走っていた時間と同じくらい水の中にいるようにし、またスピード練習の日を決め、インターバル走と同じようにより速く、より強い脚部の動作を同程度の時間で行います。できるだけランニングに近づけるようにします。また、1〜2分間の緩急の変化をつけた水中ランニングを取り入れるのも効果的です。

### ■クロストレーナー、ローイングマシーン

水中ランニングに次いで効果的なエクササイズです。降雪地域にいる場合は、実際のクロスカントリースキーができますが、そうでなければスポーツジムにあるランニング動作に類似しクロストレーナーを利用し、負荷レベルを調整して脚筋を強化します。ローイングマシーンでは脚部と同時に背筋や腕、肩の筋肉を強化します。ロードでのランニングと同程度の時間取り組むことで、優れた代用エクササイズになります。

### ■競歩

競歩は障害を悪化させる心配がない運動です。腰を回転させて、一方の足をいつも地面につけておきながら、すばやく脚を移し替えるのがポイントです。こうしてランニングで生じる着地衝撃を減らして、かつ同様かより多くの筋肉を使うことができます。ランニングと同じような取り組みを心がけますが、同じ効果を得るために、ランニングと同じ距離をカバーしなければならないことから、より多くの時間が必要になります。

### ■ウォーキング

歩くスピードを気にしないレクリエーション的なウォーキングでも脚部を

よりよく維持できます。ただ、最大の効果を得るためにはランニングと同様により長い距離を歩く必要があります。

■**固定自転車によるサイクリング**

この方法を取り入れたクロストレーニングは大腿四頭筋を強化し、膝にかかるストレスを減らすことができます。ペダリング動作はランニングほど下腿背面を使いませんが、つま先を固定する足かけを使えばランニング動作に近づきます。サイクリングはランニングのように着地衝撃を生じないため、障害を悪化させることがありません。

固定自転車は以下の理由から実際の自転車よりも優れています。まずは、より安全であり、負荷を一定にすることができて信号や下り坂などに影響されません。また自宅で行うことが可能で、運動中に本を読んだりテレビを見たりすることもできます。体熱産生を逃がすために、扇風機があるとよいでしょう。水中ランニングと同様、自転車でも長距離とスピード練習を取り入れ、同様の効果を得るためにはペダリングの時間はランニングより20〜40%長くすることが必要です。

■**水泳**

水泳は呼吸循環系を鍛える優れた運動ですが、ランニング向きの脚力を維持することはできません。ランニングと同等の呼吸循環系の効果を得るためには、泳ぎの強度に応じて約30〜60%長い時間泳ぐ必要があるでしょう。

## トレーニングができない場合

5日間完全休養しても体力はほとんど落ちることはありません。ただ、その後は1週間につき約25%落ち、1ヶ月何もできなければ初心者同様に再び始める必要があります。

代わりのトレーニングが何もできなければ、ケガをする前の体力レベルに戻るには少なくとも休んだ期間の2倍の時間が必要です。

## 再び走れるようになるために

障害が治り始めると、医師は痛みが完全に取れなくても走り始めてよいと

[表 5-2] 体力低下の目安

| 完全休養 | 体力低下の目安 |
| --- | --- |
| 1〜5日間 | 0〜1% |
| 7日間 | 10% |
| 14日間 | 35% |
| 21日間 | 60% |
| 28日間 | 85% |
| 35日間以上 | 100% |

注：この表は障害で100日間以上休んだ私自身の経験に基づく目安です。

言うかもしれませんが、十分な注意が必要です。悪化しそうな兆しが見えたらすぐにやめます。また初めから全部やり直すより、もう数日我慢すればいいことですから。

復帰には忍耐と十分な休息が必要です。1歩前進したかと思うと2歩戻るように思えるかもしれませんが、実際には1歩前進して2歩その場で足踏みしているだけですから、後退するよりましです。長い中断があっても、以前に獲得したすべてを失うことはありません。走れないことで筋肉の強度やその能力は少し低下しているかもしれませんが、呼吸循環系を元に戻すのはそう難しいことではありません。ややじれったい感じはありますが、辛抱強く代わりのエクササイズに取り組んで、走れない欲求不満を吹き飛ばしてください。

## トレーニングへの復帰

ランニング中断期間中にランニングと同様の頻度と強度で代わりのエクササイズができていれば、ほぼ2〜3週間の軽いトレーニング期間を経て、ケガをする前のレベルに復帰できます。またエクササイズが週3日以下しかできなかった人は、もう少し長く復帰のためのトレーニングが必要になります。

■週に4日以上故障中のエクササイズができた人
- 1週目：1日おきに軽いジョギング（ウォーキングを入れながら）をし、翌日は歩く。

- 2～3週目：1日おきに走り始めてよいが、ペースはゆっくりにし、必要に応じてウォーキングを入れる。翌日はウォーキングのみ。週ごとに800～1600mくらい距離を伸ばす。
- 1ヶ月後：走行量を徐々に増やしながら本来のスケジュールに戻っていく。
- 故障部位に注意し、再発しそうになったらすぐにやめる。

■週に3日以下しか故障中のエクササイズができなかった人
- 週に3日、30～40分間のウォーキング（100～300m程度の無理のないジョギングを入れるが、あくまでウォーキング中心）。
- 数週間：週に3～4日、ウォーキングからゆっくりとしたジョギングを中心に行う。
- 1ヶ月後：走る日を徐々に増やしながら本来のスケジュールに戻っていく。
- 故障部位に注意し、再発しそうになったらすぐにやめる。

# 障害から学ぶもの

　障害を経験することで得ることも多いものです。何がよくなかったのかを分析することで、同じ障害を避けることができるだけでなく、他の障害も避けられるようになります。　一般的な原因として、走行距離の急増（走り過ぎ）、休養日の不足、スピードトレーニングのためのウォームアップ不足、頑張り過ぎてアドレナリンの出過ぎ、などが挙げられます。　私自身は脱水状態が障害の原因、背景にあったという考えに至りました。細胞内における水分の欠乏がさまざまなトラブルの原因となり、また回復を遅らせていたのです。日中は少なくとも1時間に100～150mlの水を飲むことで、さまざまなトラブルを回避できることを学習しました。

　また、故障によって、数週間（または1ヶ月以上も）走るトレーニングから遠ざかることで、障害予防のプログラムの重要性を学ぶこともできます。そういう意味でも、障害を引き起こす原因をつくった失敗は、ランニングの経験上、最上の学習経験にもなるでしょう。

# 2. ランニング障害とその処置

　走らない人たちから、ランニングは関節を酷使し痛めてしまうという否定的な意見を聞くことがありますが、近年の研究では、ランナーは40〜50年後には走らない人よりも良好な関節を維持していることが報告されています。しかしながら、ランナーはエンドルフィン効果やランニングに熱中するあまり、障害の予兆や発症を見逃してしまうのも事実です。残念ながら、ランニング障害はランニングを続けながら自然に治癒することはありません。障害のストレスをより早く取り除き、より早く治療へと踏み出すべきです。

　負傷したときは、専門医に任せるしかありません。初期によい診療を受ければ合併症を逃れることができ、治療も順調に進みます。医師がランナーであるべきかどうかは別にしても、ランニング障害の治療経験豊かな医師が大いに力になってくれるでしょう。ランニング障害（主に脚部または足部の障害）は、足の専門医（podiatrist：日本ではスポーツドクターや整形外科医にあたる）か、整形外科医が適しています。

　足の専門医は足に関して内科、外科的訓練を受けており、脚や膝の障害も同様に診断、治療にあたります。例えば、膝のトラブルはしばしば足部に原因があり、足の専門医の処方による矯正具で治ることがあります。足の専門医は、まさに下肢全体の構造やそのメカニズムについての専門家です。整形外科医は外科医としての訓練を受け、特に体の筋骨格系を専門とする医学博士です。一義的には外科医であり、スポーツバイオメカニクスについてはそれほど関心があるかはわかりませんが、ランナーの治療経験が豊かで、ランニング障害に関心のある整形外科医を身近に見つけることができれば安心です。

　手術については要注意です。整形外科医は外科手術の訓練をされているので、手術による治療をすすめることがよくあります。メスが入るとその部分

が以前ほど働かなくなる可能性は大いにあります。優れた外科医による手術は必要になるかもしれませんが、手術は最後の手段とし、多くの意見を聞いて他のすべてを試みることです。同様の手術を数多く経験している外科医を選ぶことも賢明な方法です。

　もし手術が不可避な場合、関節内視鏡による診断が有効です。内視鏡は殺菌した合金の小さな管と、光ファイバーの光源を使って体の内部を切り開かずに診る方法です。一般的には診断で使われますが、内視鏡による手術も可能です。的確な内視鏡手術は、最低限の切開で速やかに復帰できるのでアスリートにとってありがたいものといえます。

■**障害の原因の明確化**

　何が障害を引き起こしたか、その原因を明確にすることが大切です。

　ストレッチやスピード練習、あるいは走行距離や走る回数などが過大、過剰になったこと、また、履き古したシューズが原因となることもあります。ランニングシューズの内側と外側を常にチェックするようにします。道路の傾斜が原因になることもあります。道が路肩に向かって傾斜しているため、左側を走り続けると、左足は常に右足よりも低い位置になり、左膝により大きな負担を与えます。こうした原因を早めに見つけて回避することが、医学的な治療を受けずにすむことにつながります。

　前節では、障害についての一般的な対策や回復のためのプログラムを中心に示しましたが、ここでは、ランナーに最も多くみられる障害の4部位、膝、アキレス腱、足部、下腿の前面（すね）について医学的な専門家ではなく、1人のランナーからのアドバイスとして取りあげます。

# 膝のトラブル

　膝はランニングに最も多くみられる障害部位です。股関節のように全方向的な球関節構造とは異なり、膝は一方向的な蝶番関節であり、4つの骨が膝に集まり、左右の靱帯と前方にある結合組織によって1つに支えられています。大腿骨の先端部は丸く間に溝をもった形状となり、膝蓋骨はこの溝を上下に滑ります。下腿からは全体重を支える脛骨が接して、膝で大腿骨とつな

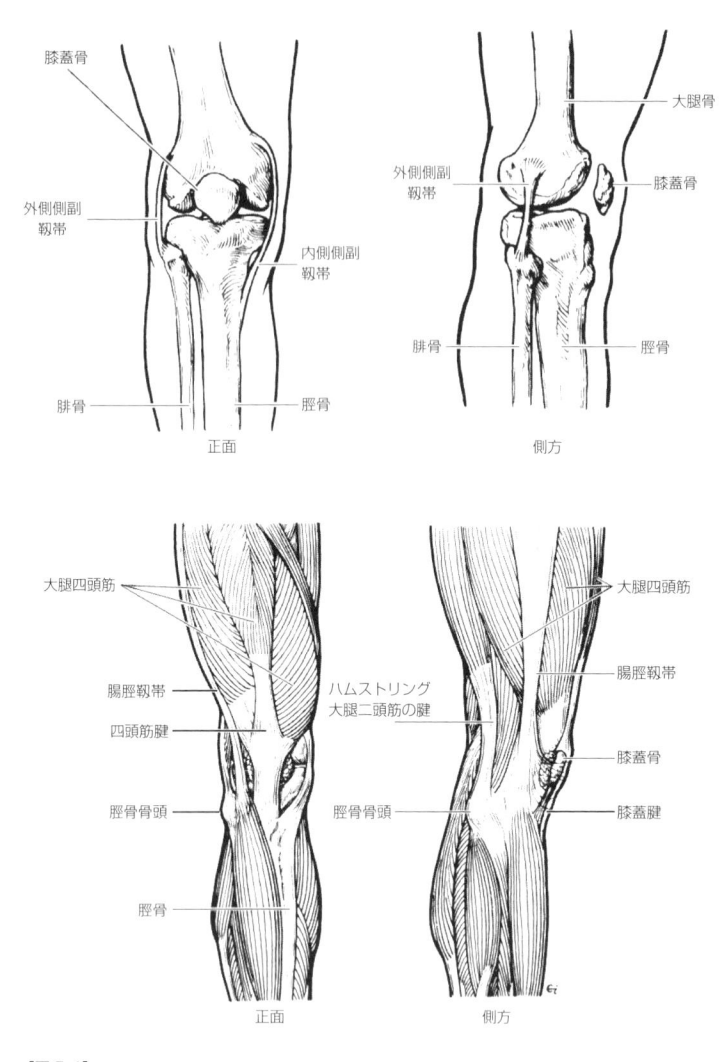

[図 5-1]

がっています。膝の外側には強靭な腸脛靭帯があり、側副靭帯と大腿二頭筋とが組み合わさって膝の外側を支えています。腱や内側の靭帯が弱まると膝へのねじれや衝撃が強くなって、膝の障害を生み出します。膝の前面には膝蓋骨があり、上部は大腿四頭筋と結合します。四頭筋がしっかりしている限

第5章　障害予防　193

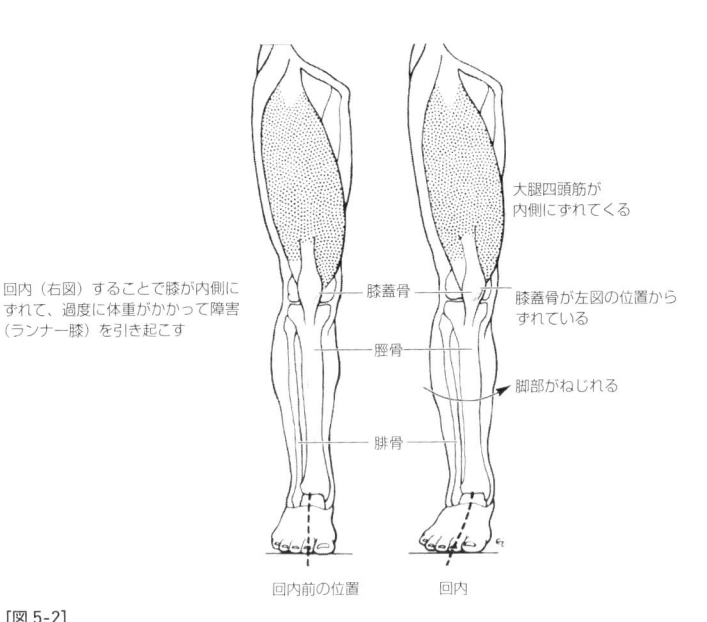

[図5-2]

回内（右図）することで膝が内側にずれて、過度に体重がかかって障害（ランナー膝）を引き起こす

大腿四頭筋が内側にずれてくる

膝蓋骨

脛骨

腓骨

膝蓋骨が左図の位置からずれている

脚部がねじれる

回内前の位置　　回内

り膝蓋骨は溝の中に保持され、膝蓋骨の下部は膝蓋腱によって脛骨とつながります。

　足部が中心の位置にある限り、膝は足部と腰部の間で調和を保って一列に並びます。また、体重や強靭な大腿四頭筋によって、膝蓋骨を締めて膝を正常な位置に保ちます。回内（プロネーション）は脚部が外側から内側へ回る動作であり、ランニングによる着地衝撃を吸収する大切な動作となりますが、偏平足などで過度な回内（オーバープロネーション）があると、足部や脚部のトラブルを引き起こします。また、膝部はしばしば脚の中央からずれて、体重が不適切な位置にある膝に集中してしまい、トラブルを引き起こします。

■膝のトラブルの原因

　足首の硬いランナーは、足を前後方向に強く着地する傾向になり、膝の外側にトラブルを起こすことがよくあります。腸脛靱帯は強靭であり、めったに痛めることはありませんが、脚部の継続的なひねりが過度になると、炎症（腸脛靱帯炎）を引き起こします。膝の外側（腸脛靱帯）の痛みは以下の要因が関連します。

- 履き古した靴（特に靴底の外側が摩耗している）
- 過大な走行量
- 走行量の急激な増加
- 不十分なシューズのクッション性
- 過剰なスピード練習やレース出場
- ウォーキングを中心とした休養日の不足

足首の硬いランナーは、着地による衝撃吸収が劣る傾向にあり、足底にマメやタコができたり、やがて膝のトラブルに及んだりします。一方、足首の緩いランナーは左右にぶれる着地となり、シューズは踵の外側だけでなく前方の内側も摩耗しやすい傾向にあります。また、回内が大きくなり、膝の内側や膝全体、さらには腸脛靱帯の障害を引き起こします。

### ■膝のトラブルの種類

#### ●腸脛靱帯症候群

腸脛靱帯は大腿の外側にある強靱な靱帯であり、めったに障害は生じませんが、疲労が大きくなる（長い距離走、スピード練習など）と脚動作が乱れ、大腿の外側や膝の外側に痛みが出てきます。痛みは腸脛靱帯に沿ってどの部位でも生じます。

#### ●ランナー膝

初期症状は長時間座った後に感じるような重く固まった感じです。一般的には膝のまわりや内部に痛みを感じます。足首が緩く膝が内側に入り（回内）、膝の内側や中央に力がかかり過ぎて発症します。脚が回転し膝蓋骨が頻繁に外側にずれて動くことで軟骨が摩耗（軟骨軟化症）し、医学的な処置が必要になります。関節保持剤（グルコサミンやコンドロイチンなど）を注射したり、休息を十分にとったりすることで症状を軽くします。

#### ●腱鞘炎

膝の内側や外側に痛みがあります。腱は筋肉を骨に結びつけており、その部位の炎症は直接的な外傷や慢性的な走り過ぎ（オーバーユース）によって発症します。足首の緩いランナーは内側部に、足首の硬いランナーは外側に腱鞘炎を起こす傾向があります。

#### ●膝蓋腱炎

膝の皿の下、脛骨と結合する部分のやわらかい組織に炎症や痛みが生じる

障害です。

### ●膝滑膜症候群

回内によるトラブルですが、そう多くはありません。膝関節の滑膜組織のトラブルであり、症状は軟骨軟化症に似ていますが、その部位は必ずしも膝蓋骨の下というわけではなく、関節内部の衝撃吸収のメカニズムに損傷がある場合もあります。

### ■膝のトラブルの処置

- アイシング（アイスマッサージ）。プラスチックカップで製氷し、1日2回、10分間冷やして20分間離し、再び10分間冷やす。
- 障害の回復まで少なくとも2〜3日は走らない。程度によってもう少し長く休む。
- 障害が回復しても、初めはゆっくり、1日おきにウォーキングを多く入れて走る。
- スピード練習やアップダウンの練習は少なくとも2週間は行わない。
- 膝を完全に使わないわけにはいかないことから、膝の障害は長引く傾向にある。
- 完全に治ったと思ってもアイシングは続けるようにする。
- 膝関節の内部に障害がある場合は、関節保持剤（グルコサミンやコンドロイチンなど）を注射する方法がある。

### ■膝のトラブル対策

**シューズ**：足首の硬いランナーは古いシューズから柔軟でクッションのいいシューズに買い替えます。一方、足首のぶれるランナーはやわらかなソール（靴底）より安定性のある固めのソールが過回内防止コントロールに優れているので、ショップに相談するとよいでしょう。

**インソールサポート**：過度な回内（オーバープロネーション）から足を守るために土踏まず（アーチ部分）をしっかりサポートすることが大切です。アーチサポートや踵の部分がしっかりと安定したシューズを選びます。シューズにインソール（中敷き）やヒールカップを入れて足部をしっかり支えたり、親指のつけ根（母指球）の部分にインソールを入れて補強したりするのもよいでしょう。

**賢明な対策**：トラブルへの対策は何よりも冷静にその原因を見極めることが

重要です。そして、間違っているようなら直ちに是正し、シューズにインソールを入れるなど賢明な処置を施してください。

■膝のトラブルの予防策（大腿四頭筋の強化）

　膝を痛めた経験のある人は、再発防止に大いに関心があるはずです。自分が走れないとき、仲間たちが軽快に走っていくのを見るのはとてもつらいことですが、必ずや回復し、体重をしっかり支える筋力を強化して、痛めている膝への負担を取り除くことができます。

　ランニングは脚部の背面（ふくらはぎとハムストリング）を強化します。長く走るほどこれらの筋肉はより強く、パワフルになります。また、大腿前面の大腿四頭筋の強化は膝蓋骨を正常な位置に保ち、膝をしっかり支え、脚部の背面の筋力を十分に発揮するためにきわめて重要です。ランニングだけでは大腿四頭筋の強化には十分ではありません。したがって、膝のトラブル予防には大腿四頭筋の補強運動（脚の引き上げ運動や、サイクリング、固定自転車運動など）が重要になります。

## アキレス腱のトラブル

　アキレスはギリシャ神話に登場する偉大な戦士です。幼いとき、母親は彼を不死身にしたいと願ってシテ川に浸しました。ただ、彼女は彼の踵の部分を持っていたことから、踵の部分（アキレス部）が唯一の急所となり、最終的には毒矢が踵にあたって最期を遂げました。

　もちろん、私たちはシテ川に浸されてはいませんが、アキレス部は弱点になっています。ランニング障害でのアキレス腱のトラブルは、膝に次いで2番目に多くみられます。アキレス腱は踵に付着し、足首の後ろで細くなり上に向かって広がってふくらはぎの筋肉につながる最も強靱な腱ではありますが、トラブルは足首の緩いランナー、硬いランナーに限らず多く発症しています。

■ランニング動作に直結

　ふくらはぎの筋肉が収縮するとアキレス腱は踵骨を上に強く引き上げ、力強いキック（地面を押す）力を生み出します。もちろん、ランニングではハムストリングのような他の筋群も動員されますが、ふくらはぎとアキレス腱

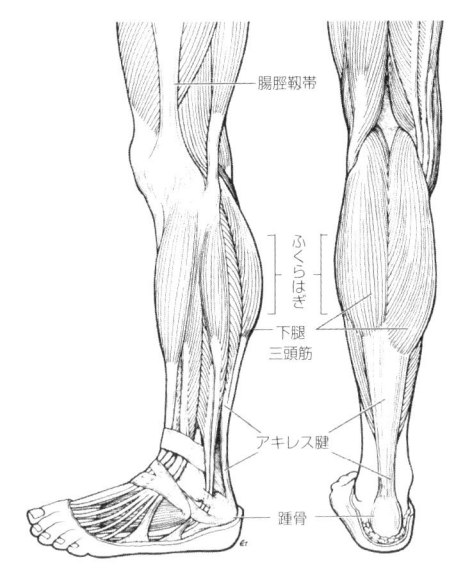

[図 5-3]

が大活躍します。

　足首の硬いランナー（また、土踏まずのアーチが高いランナー）は、より強くキックすることから、アキレス腱により大きなストレスがかかります。そして、足首の緩いランナーは回内が大きく、そのねじれからアキレス腱内部にストレスをもたらします。さらに、坂道やスピード練習、踵がすり減ったシューズなどもアキレス腱への負担が大きくなります。

　アキレス腱は腱鞘で覆われ、ふくらはぎと踵骨をしっかりとつないでいますが、その付着部にトラブルを生じます。痛みが生じやすい部位は踵骨からほぼ2〜3cm上のアキレス腱が最も細くなる部分です。この部分でアキレス腱を包む腱鞘が足首の骨に付着しています。アキレス腱の障害は炎症か裂傷（断裂）の2種類の形態で生じます。

### ■アキレス腱のトラブルの症状と処置
#### ●アキレス腱炎

　普段のランニングでもアキレス腱の組織はいつもわずかな損傷を受けていますが、通常その回復はすばやく自然に治ります。ただそのストレスが大き

く、休息が少ないと回復せずに、累積的な炎症を引き起こします。

〈症状〉炎症は普通、腱の最も細い部分に生じ、腱と腱鞘の間が腫れて液体がたまってきます。腱が動くときにズルッという音とともに違和感が生じます。そのとき、まれに痛みが伴うことがあります。

〈処置〉
- 10分間のアイシングを1日に2回程度行う。
- フェルトやコルクなど（あまりやわらかくないもの）でランニングシューズや普段のシューズの踵の部分をいくぶん高くして、アキレス腱の緊張を減らす。
- 胃腸が丈夫であれば、医師の処方による鎮痛消炎剤を（食事か牛乳と一緒に）1週間程度、腫れが引くまで服用する。
- 休養期間は専門医と相談する。
- 損傷部位の回復を遅らせるので、ストレッチはしない。

●アキレス腱の裂傷（断裂）

多くはアキレス腱がかなり弱っている状況で、スピード練習や坂道トレーニング、あるいは凹凸につまずくなどの急激なストレスによって、部分的に断裂することで生じます。アキレス腱の完全断裂は、より深刻で激しい痛みを伴い、外科的な手術が必要になりますが、幸い完全断裂はアキレス腱の障害の中ではわずか2％に留まっています。

〈症状〉つま先立ちができないようなら、裂傷を引き起こしているかもしれません。また、ふくらはぎ下部が腫れ、腱が切れた部位を触ると皮膚を通して段差を感じることがあります。いずれにしても、裂傷（断裂）の疑いがある場合は、専門医の診断を受けるべきです。

〈処置〉
- アキレス腱の炎症と同様に、踵を上げてアイシングを行う。
- 腫れが引いて治療段階に入るまで、少なくとも4〜6週間（または医師の指示した期間）は走らない。初期段階で走るのを我慢すれば、ほんの数週間で治るが、無理をすると何ヶ月も走れないことになる。専門医とよく相談し、かなり回復しても、さらに4〜6週間は無理をせず、1日おきに走る。
- アキレス腱炎と同様に、ストレッチは避ける。

[注] コルチゾンやステロイド系などの注射は、腱を硬くして傷めることがあるので、複数の意見をよく聞く。悪くすると、数ヶ月、数年も回復できないことになる。

## 足部（踵と足底筋膜）のトラブル

　踵の痛みは長引く傾向があります。他のトラブルと同様、早期に対応し長期間の練習中断とならないよう気をつけます。

　足底筋膜（結合組織）は、つま先から親指のつけ根（母指球）、土踏まず（アーチの部分）を経て踵骨の外側、中央、内側の3ヶ所に結合しています。通常、足底筋膜は足部を前方へスムーズに転がすバネ（フットスプリング）を生み出し、アーチ部分をしっかり支え、足部のブレが生じないようにしています。足部が過度に回内すると、足底筋膜はそれを安定させようとして、内側や中央の接合部に過剰にストレスがかかって痛める原因になります。朝目覚めたときの踵の痛みが初期症状となり、歩きまわると痛みは消えますが、翌朝また痛みが出るといった感じです。これを無視していると、結果として

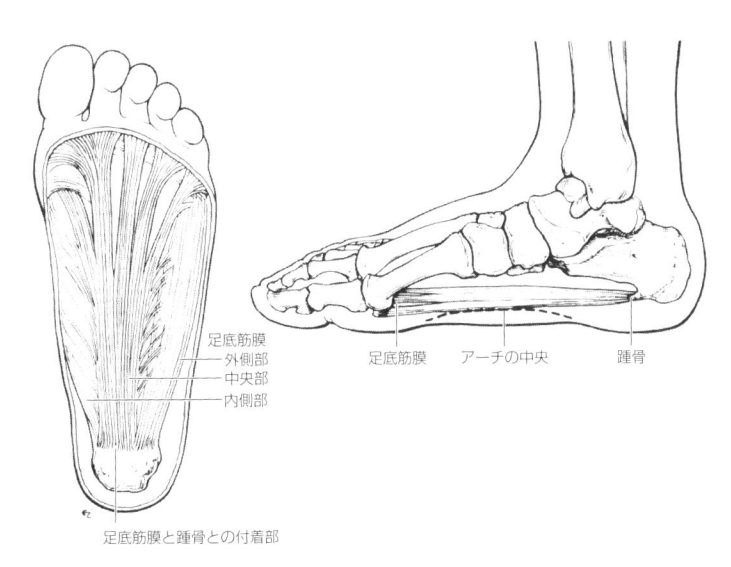

[図 5-4]

痛みが増大し、炎症を引き起こします。

　炎症が長引くと踵骨が少し盛り上がることがあります。足底筋膜は踵骨に細かな線維で付着しており、これが炎症によって血液の白血球による腫れを生じ、やがて白血球中の骨芽細胞によってカルシウムを堆積（石灰化）して踵骨が隆起します。つまり、体はストレスのある方向に骨をつくることでストレスを減らそうとしますが、残念ながらこの異物は痛みを生じさせ、まわりのやわらかい組織をさらに炎症させます。

　長期の慢性的な踵の痛みは、引き伸ばされた筋肉やアーチの中央に通じる神経的なもの、あるいは踵骨隆起による神経的なものによる場合もあります。この痛みを和らげるために手術で切除する方法もありますが、手術は複数の専門医とよく相談し慎重にすべきです。

■足部のトラブル克服のための朗報

　ケガの原因を突き止め、治り始めれば、ケガを治しながら走ることも可能です。何よりも正しい診断と適切な治療が回復を早めます。

　［注］以下のアドバイスは医学的な専門の立場ではなく、あくまで1人のランナーからのアドバイスと受け取ってください。最良の方法はやはり医師に診てもらうことです。医師は治るまでさまざまな治療を施してくれますし、しばらくランニングを中止（疲労骨折など）することも必要になります。できるだけ経験豊かな医師を見つけてください。ある医師からすぐに走るのをやめなさいと言われたら、違う医師に診てもらうことです。優秀な医師でも、時には間違った診断をすることがあります。少なくとも2〜3ヶ所の専門医に診てもらうことをおすすめします。

**どのように痛むか**：普通、朝起きたときや長時間いすに座って急に立ち上がったときに、踵の中央部や内側に痛みを感じますが、多くの場合、少し動き始めると痛みが消えて、腰かけた後また痛みがぶり返します。

**痛みのもとは何か**：足底の腱は踵骨の内側や中央部に付着しており、引っ張られたり裂かれたりという過剰なストレスやその疲労から炎症を引き起こし痛みが生じます。

**障害中に走ってよいか**：回復し始めたら少しずつ走ることができますが、走れない期間が長かった人ほど、回復もより長い期間が必要になります。いら

立ちはわかりますが、焦ってはいけません。6kmほど走ってみて翌朝悪化するようなら、3～4kmを1日おきに走るようにします。また、3分間走って1分間歩くことができないようなら、1～2分間走って2～3分間歩くことを試してみます。障害中の走り過ぎはケガを長引かせるだけで、結果的に多くの時間を無駄にすることになります。くれぐれも焦らないことです。

**障害を防ぐために**：障害初期の痛みは軽く、そこで3～4日休めばほとんど治ります。ただ、たいしたことはないと判断して走り続ければ、いっそう悪化させ、炎症を広げて骨隆起を引き起こす場合もあります。足首の緩いランナーはオーバープロネーション（過回内）から足部が内側にねじれ過ぎて足底筋膜を痛めますし、逆に足首の硬いランナーは着地衝撃が強く、クッションが不十分なシューズを履いていると同様に足底筋膜を痛めることになります。

■**足部への過剰な負担を避けるためのポイント**
- 過剰なストレッチはアキレス腱を痛めることがあるので、行わない。
- オーバーペースに注意する。自分のペースより速い友人と走るときや、前半楽に感じた場合にオーバーペースになりやすい。
- 高温多湿、アップダウンの激しいコース、疲労気味、何かケガの予兆を感じるときなどは最初からペースを落として走るようにする。
- 長い距離の練習では、必要に応じてウォークブレイクを入れる。
- 高温多湿のときや疲労気味のときも、同様にウォークブレイクを入れる。
- 2～3週間の短期間に、長い距離の練習やレース、スピード練習などをやり過ぎない。
- その他：古いシューズ、ハードなスポーツのやり過ぎ、休養日不足、砂浜や芝生などやわらか過ぎるコースや傾いた路面の走り過ぎに注意する。

■**足部の障害対策**
- 治り始めるまで十分時間をとる（普通3～4日、必要ならそれ以上）。ストレッチはしない。
- 毎晩、ゴルフボール（野球ボール、ソフトボールでもよい）を素足の踵の下に置いて、痛めた部分にあたるようにゆっくり転がすようにする。徐々に圧力を加えながら、5分間程度続ける。
- つま先エクササイズを行う。1日に20～30回、足の筋肉がけいれんを

起こすくらい、つま先部分を収縮させる。つま先部分の強化とマッサージにも役立つ。また、ビタミンC 500mgを1日に3～5回摂取するのもケガの回復に有効である。こうしたサプリメント摂取はスポーツ栄養の専門家に相談する。

- 足部の運動を制限し、足部を守るサポーターを使用する。
- アイシングをする。紙コップで製氷し、毎晩患部の感覚がなくなるくらい（15分間程度）直接冷やす。冷凍タオル、冷凍ゲルも利用できる。走った直後に患部を1日1回は冷やすようにする。
- 障害時は平坦な走路を走る。傾斜があると足部の筋肉や腱の疲労が大きくなるため、土や芝生のコースより平坦な舗装道路のほうが適している。
- 適正なシューズを履く。完璧と思っているシューズでも、また靴底が摩耗していなくても、サポート機能が不十分なシューズがある。シューズの専門家にサポートやクッション性能が自分の足に合っているか相談するとよい。
- 足首が緩く回内が大きいランナーは、クッションは少し悪くても回内防止機能があり、安定性のある固めのシューズを選ぶようにする。
- 足首が硬めのランナーは、クッション性に優れたやわらかめのシューズを選ぶ。
- 軽擦法（訳者注：スポーツマッサージの3方法のひとつ。軽擦法〈擦る〉は末梢から心臓に向かって、軽く擦り上げる方法。他に、筋肉を優しくもみ上げる揉捏法〈揉む〉、こぶしや手のひらで軽くたたく叩打法〈たたく〉がある）による足部マッサージが効果的である。

## ■足部のトラブルの症状と処置
### ●踵骨隆起
〈症状〉踵の中央から前の部分、その内部に痛みがあり、長引くことが多くなります。痛む部分を押さえると小さなしこりがあり、着地衝撃が続くと炎症を引き起こします。
〈処置〉
- アイシングとアーチサポートを使用する。また、痛む部分に丸く切り抜いたフェルトをパットとして使用し、痛みを和らげる。
- ゴルフボール、野球、ソフトボールを用いたボールマッサージを行う。

最初の1〜2分間はゆっくり踵の下を転がし、徐々に強く踏みつける。
- 1日に5分間から10分間くらい手の親指で踵をマッサージする。初めはゆっくり、少しずつ強めにプッシュする。こぶしや指圧棒などで強めにマッサージする方法もある。

● 足底筋膜の裂傷

〈症状〉走れないほどの突然の痛みがあり、なかなかよくなりません。足の裏に炎症を起こし内出血を生じることもあります。

〈処置〉
- アイシングとアーチサポートを使用する。
- 医師の診断、指示のもと4〜5週間休む。

● 踵の疲労骨折

〈症状〉踵が終日痛み、歩いても走っても痛みが増します。踵のトラブルでは一番深刻であり、横にひねっても痛み、腫れることもあります。

〈処置〉
- アイシングとアーチサポートを使用する。
- 歩けるようになったら、徐々に歩き、痛みがなくなったら軽く走る。

● 神経過敏痛（まれに起こる）

〈症状〉慢性的な痛みが1年以上続くことがあります。これは踵骨隆起やアーチの真ん中を通る神経によって痛みが生じるとされています。痛みが鋭く感電したように痛みます。

〈処置〉
- アイシングとアーチサポートを使用し、マッサージやつま先エクササイズを行う。
- 医師による速効的なステロイド、ビタミン$B_{12}$の注射、さらには神経ブロック手術などがあるが、複数の医師によるセカンドオピニオンを大切にする。
- ステロイド注射は、やり方を間違えれば腱や血管などを損傷する。
- 神経ブロック手術は痛みを和らげるが、セカンドオピニオンを取り入れ、熟練した医師を見つける。

# すねのトラブル

　すねのトラブルは大きく2つに分けられます。その1つは前脛骨筋のトラブルです。下肢の前面を触ると向こうずねとして知られる平らな骨（脛骨）を感じます。この部分の外側に前脛骨筋があり、この筋肉はランニング全体を通して使われるため、衝撃を多く受け、その付着部に歯痛に似た痛みを生じることがあります。走り過ぎや不適切なシューズ、路面の状態、スピード練習（ファルトレク、インターバル走など）などの過密なスケジュールによってトラブルを起こします。ベテランランナーでも、下り坂走の後でよくすねの痛みを生じます。

　もう1つは、シンスプリントと呼ばれる後脛骨筋のトラブルです。この筋肉は脛骨の内側の深い部分にあり、着地局面（体重支持局面）で安定したキックを生み出すために使われます。この筋肉はふくらはぎやアキレス腱と幅広く結合し、力強く引き伸ばされ収縮することでよくトラブルを起こします。シンスプリントの障害は十分注意を払い、走行距離を減らすことがまず大切です。

　足首の緩いオーバープロネーション（過回内）ランナーは、前脛骨筋、後脛骨筋ともストレスがかかり両方のトラブルを、また足首の硬いランナーは後脛骨筋のトラブル（シンスプリント）が多い傾向があります。

■すねのトラブルの症状と処置

　脛骨は骨膜と呼ばれる膜組織で覆われ、神経や毛細血管のやわらかい組織を含む緻密な帯をもっています。すねの筋群はこの膜組織で膝の下と、足首の部分で腱によって付着しており、すねのトラブルを生じやすい部分として、筋肉組織、腱、骨膜、骨、筋区画の5ヶ所があります。すねの痛みが生じ

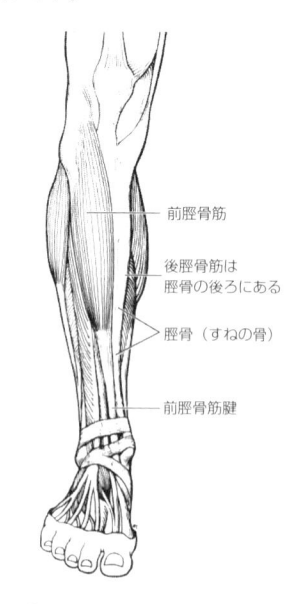

[図 5-5]

たら、まず疲労骨折かコンパートメント（筋区画）症候群かどうか疑い、経験豊かな専門医の診断を受けるのがベストです。

● 疲労骨折（骨のトラブル）
〈症状〉衝撃の繰り返しやねじれによるストレスから、脛骨自体やその表面にひびが入ったり折れたりする疲労骨折は深刻な障害です。ゆっくりと症状が進み、突発的な痛みではなく鈍い痛みがあります。炎症を起こしている場合もあります。疲労骨折の最適な診断法は、指で押したりひねったりして痛みがあるかどうかです。疲労骨折は走るとより痛みがひどくなります。また、走った後に痛みや足先の疼痛、麻痺がある場合は、かなり深刻な疲労骨折が疑われます。
〈処置〉疲労骨折は発症して4〜6週間くらいでレントゲンに写り、（走ったり他のストレスをかけたりしなければ）治るまで6週間くらいかかります。整形外科で、その部位に過度のストレスを与えないように処置します。疲労骨折の原因についてよく吟味し、クッションのよいシューズ（エアーソールなど）を選ぶなど適切な処置が必要です。

● コンパートメント症候群
〈症状〉下肢の4つの筋と骨の区分（コンパートメント）で最も問題が起こりやすいのは前方（前面の）部分です。筋のまわりには鞘と呼ばれる硬い帯の筋膜組織があります。普通、鞘は筋が伸びると伸びますが、筋が骨や他の2つ以上の筋に挟まれる場合は、鞘は十分に膨れられず、結果的に出口のないストレスが神経や血管、筋内の動脈を痛めることになります。筋の痛みは時にはすねを下って足部に達することもあります。痛みは全体的で、痛みがあるときに走るといっそうひどくなります。急な走り過ぎ（オーバーユース）、坂道走やスピード練習、つま先の使い過ぎなどが原因になります。
〈処置〉このトラブルはとても深刻であり、無視すればランニング生活の断念にもつながります。足先に麻痺や痛みを感じたら、走らないことです。また、痛み止め（アスピリンなど）に頼らないことです。2日過ぎても痛みが引かなければ、医師の診断を仰ぎます。

●筋炎
〈症状〉筋肉痛と炎症を伴います。多くの場合、痛みはふくらはぎの上部の筋の内側からくるように感じられます。走って温まると少しは和らぎます。
〈処置〉
- 治り始めるまで、3〜5日間走らないこと。それから徐々に歩き始め、痛みがなければ軽く1日おきに走ってみる。
- 腫れがあるようなら、1日1回アイシングで10分間冷やす。
- 医師の処方のもと、胃に影響しないようなら鎮痛消炎錠を服用する。
- アキレス腱とふくらはぎを丁寧に（やさしく）ストレッチする。
- すねの筋肉群の補強運動を行う。
- 専門店で安定性のあるシューズやインソールのアドバイスを受ける。

●腱炎
〈症状〉骨と筋肉との付着部位にある腱のトラブルです。脚の上部、あるいは下部どちらの付着部でも発症し、腫れを伴います。後脛骨筋下部の腱炎は屈曲時、脚の中ほどの内側、脛骨の脇、足首の骨の真上あたりに痛みや腫れを感じます。つま先の屈曲でも痛みを感じます。座って、足部を内側にひねって痛むようなら後脛骨筋下部の腱炎であり、足部をまっすぐにしてつま先を丸めるようにしたときに痛むようならつま先の屈腱炎が疑われます。
〈処置〉前述の筋炎と同様。

●骨膜炎
〈症状〉骨膜は骨を覆う薄い膜組織（やわらかい組織）で、腱は骨というよりはむしろこの骨膜に付着しています。ストレスがかかり過ぎると、通常上部と下部の付着点で骨膜の炎症が生じます。痛みは全体的で疲労骨折と似ていますが、特定の部位が痛むわけではありません。走るといっそう痛みます。治るまで3〜4ヶ月はかかります。
〈処置〉
- 治り始めるまで2〜4週間は完全に休む。いつから走り始めるかは医師とよく相談する。
- 他は前述の筋炎と同様。

## ▶▶▶ クロストレーニングで障害予防

1つのスポーツばかりに取り組んで他の運動を取り入れないと、筋肉の発達にアンバランスを引き起こして、そのスポーツ特有のトラブルを生じます。近年、コーチや選手たちは、よりバランスのとれた筋肉発達のために、複数のスポーツを積極的に取り入れています。

ランニングは主にふくらはぎとハムストリングを使い、自転車は大腿四頭筋を発達させます。また、水泳は上半身を鍛え、クロスカントリースキーはランニング性の障害なしに全身的なトレーニング効果を生み出します。

以下に、他のスポーツ運動を加えたクロストレーニングの利点を挙げておきます。

**呼吸循環系のトレーニング**：他のスポーツ運動を加えることで全身的な持久力（呼吸循環系）のトレーニングを増やすことができます。その時間をすべてランニングだけのトレーニングにすると障害の原因となります。

**多様性**：夏場の暑さの中では、水泳は代わりのトレーニングとして魅力的ですし、サイクリングも快い微風の中で楽しむことができます。スポーツジムの固定自転車やローイングマシーン、室内プールは、真冬でも快適に多様なスポーツ運動が楽しめます。こうして多様なスポーツ運動をランニングの計画に取り込むことは気分転換や適度な刺激にもなって、モチベーションの維持にも役立ちます。

**脂肪燃焼**：体重を減らすために走っている人は、脂肪を燃焼させようと走行距離を伸ばすことに熱中しますが、そこで、不幸にも障害を引き起こしてしまいます。多様なスポーツ運動を取り入れることで、脂肪を燃焼させ体重コントロールにも役立ちます。

**トライアスロン**：ハワイで行われるアイアンマントライアスロンは、1日に6時間もトレーニングするようなスーパーアスリートたちの大会ですが、それより規模の小さなトライアスロン大会も、1980年代以降、人気になっています。ランナーは、少なくともトライアスロンの3分の1のトレーニングを経験しているわけですから、入りやすいかもしれません。ここに、トライアスロンに挑戦するためのトレーニングメニューを紹介しておきます。

月──長距離サイクリング
火──スピードランニング
水──長時間スイミング
木──スピードサイクリング／軽いランニング
金──スピードスイミング／軽いサイクリング
土──休息
日──長距離ランニング
※長距離（時間）の日、スピードをつける日、楽しむ日など、意識してメリハリをつける。

# 第6章 食事法

# 1. 記録を伸ばすための食事法

　大きな目標に向かって成果を上げた奇跡的な食事法を紹介します。こうした実践例は数多くあります。例えば、1978年、ディック・グレゴリーはボストンマラソンを目指しているビィニー・フレミング選手のために特別な食事メニューを準備しました。フレミング選手は、数週間、用意された食事メニューを摂り、32km地点でのスペシャルドリンクも用意してレースに臨みました。その結果、レースタイム（2時間18分46秒：6位）も自己ベストを出し、32kmでのスペシャルドリンクで大いに力がみなぎったと話していました。

　ただ、私が知っている限り、これは奇跡的な食事法といえる唯一の成功事例です。私はミラクルメニューの話なんて好きではありません。記録を伸ばすためには、食事よりもトレーニングが何よりも重要です。フレミング選手の事例も、スペシャルドリンクよりも彼の調整練習がうまくいったと考えるべきで、食べ物で飛躍的に記録を伸ばそうとするより、食事はランナーの健康を支える長期的な事柄として位置づけるべきです。

　自分の体重や体脂肪については、その原理（p.220「セットポイント」参照）をふまえ賢い食事法を維持すべきです。毎月どの程度というより、自分のライフスタイルにあわせて自分が欲するような食事法がむしろバランスがとれています。その日の消費カロリーに見あう食事が最適であり、摂取カロ

>>> **効果的な食事法とは**
・必要なあらゆる栄養素を含んでいること。
・毎日の生活や運動に必要なカロリーを摂取すること。
・快適に感じる体重・体脂肪レベルを保つこと。

リーの変動幅はできるだけ少なくするのがポイントです。ファット・バーニング（脂肪燃焼）については次節に詳しく記述していますので参考にしてください。

また食事法のポイントは、日々の身体活動に対して意欲が低下しない血糖値レベルを保ち、栄養素をバランスよく摂取することです。自分の消費エネルギーに応じて、何をどのくらいの量、何回食べるかを決めればよいのです。

## 1日中、少しずつ食べること

1～2時間おきに少しずつ食べることは、エネルギーレベルや体脂肪コントロールのためにとてもよいとされています。人間の消化器官は、1日中適度な量を食べ続ける草食動物用にデザインされ、少しずつ何回も食べることで必要な栄養素やエネルギー量が確保できます。回数の多いスナック程度の食事法にすることで、よりエネルギッシュで意欲的なランナーを目指すことができます。

腹ペコ状態は代謝を抑制し、体脂肪の蓄えを促進します。つまり、草を食べ続けない体は、本能的に飢餓を避けるため、脂肪蓄積のメカニズムが働くわけです。仮に3時間食べないでいると、脂肪蓄積酵素が増加して次の食事からより多くの脂肪をつくり出します。食事を摂らない時間が長くなるほど、エネルギー代謝が抑制方向にシャットダウンされ、貯蔵エネルギーを燃焼させないで節約するように働きます。食べないことがより長くなるほど、動きたくなくなり座ったままでいることをより欲するようになります。つまり、食事の後5時間も経て午後の練習を始めようとすると、代謝コントローラーが働き、あなたをグラウンドやトレイルよりもソファーに向かわせるでしょう。

走る60～90分前の少なめで適度なスナック（食事）が代謝を著しく高め、効率よく走れるようにしてくれます。量が多く、こってりした重い食事は逆効果で、胃腸に負担をかけ、特に消化器での血流量が増して、身体運動は不適となります。重い食事の後の30分間は運動への意欲は低下し、眠たくなります。

## 違いを生み出す食事法のポイント

　新鮮で、複合的な炭水化物（野菜や果物、穀類、豆類など、総カロリーの50～60%）、たんぱく質（総カロリーの20～25%）、そして少なめの脂肪（総カロリーの10～20%）をバランスよく摂取すれば、食事の後の満足感も得られます。たくさん食べ過ぎたり、砂糖やでんぷんを摂り過ぎたり、あるいは脂肪を摂り過ぎると、体脂肪の蓄積を引き起こします。

### ■炭水化物

　炭水化物は体に必要なエネルギーを生み出し、複合的な炭水化物は食物繊維や各種の栄養素も含んでいます。長時間の運動を快適に続けるためにとても重要な役割を果たします。また、単糖類（砂糖やでんぷんなど）は多量なエネルギーをすばやく消費する際に役立ちます。また糖エネルギーとして使われなかったカロリーは、脂肪組織に変換されて蓄積されます。

### ■脂肪

　脂肪は、多くは体脂肪として蓄えられています。また食事や軽いスナックに含まれる脂肪は空腹感を満たしますが、余分な脂肪（総カロリーの25%を超える脂肪）は体脂肪として蓄えられることになります。脂肪の消化は時間がかかり、眠気を誘うことになり、食後すぐに走るととても不快に感じます。

　また、運動後の脂肪摂取もグリコーゲンの回復を遅らせます。ランニング後30分間から2時間以内の高炭水化物食（総カロリーの20%のたんぱく質を含む）は、運動初期15分から30分の間に必要な活性エネルギーの蓄えを促進します。つまり、脂肪を多く消費することは快適なランニングを生み出すグリコーゲンの蓄えにブレーキをかけることになります。

### ■糖質とでんぷん

　糖やでんぷんは単純な炭水化物であり、空腹を感じるとすばやく燃焼されます。飢餓感に襲われると、糖やでんぷんを多量にとって必要以上のカロリーを摂る傾向があります。そして余ったカロリーは体脂肪に変換し蓄えられます。したがって単純な炭水化物、糖類は少しずつ摂ること、また食物の中に含んだ形で摂るようにします。ピザ1枚を一度に食べるのではなく、1切れだけ食べる習慣を身につけましょう。

## ■たんぱく質

　たんぱく質は筋肉組織を生み出し、筋肉やさまざまな組織における日々の損耗と修復に必要な栄養素になります。食事に含まれるたんぱく質を一定量摂取することで空腹を感じることなく快適に過ごすことができます。たんぱく質をより多く摂取することはできますが、1日の消費カロリーを超える量を摂取すると、炭水化物と同様、過剰なカロリーは脂肪に変わってしまいます。また、たんぱく質の摂り過ぎは健康にもよくありません。多くの栄養学者が指摘しているように、たんぱく質が総カロリーの30％を超えるような摂取は腎臓にダメージを与えたり、心臓動脈に悪影響を及ぼしたりする懸念があります。

## ■繊維質

　繊維質も一時の空腹を満たす役割を果たします。オートブランに含まれるような繊維質の多くは、胃粘膜をやわらかくコーティングし、血流への糖放出を緩やかにします。私は、繊維を含むある商品（エネルギーバー）が、繊維の少ない他のエネルギーバーに比べると約2倍長く腹もちすることを発見しました。実際、繊維を含む食べ物はおいしいし、ベイクドポテトは同量のカロリーをもつリンゴ1個よりずっと（3倍くらい）満足させてくれます。また、干しブドウやナッツなどの繊維を多く含むシリアル食品は、同量のカロリーをもつ1皿のフレークと比べるとさらに（5倍くらい）満足させます。

## ■ビタミン、ミネラル

　ビタミンなどの摂取は自然のままでよいという食事法は賛成できません。確かに、新鮮な果物や野菜、あるいは赤身の肉類などバラエティに富んだ食品はより多くの栄養素を含んでいるでしょう。しかしながら、今では特に不足しがちな栄養素を摂取できるサプリメント（栄養補助食品）に関する多くのエビデンス（証拠）が指摘されています。不十分なものがあれば、1日に必要な量のビタミンを補充することです。さらに、最近の研究では毎日ビタミンC（500mg）、ビタミンE（400IU）を摂ることでがんの予防に、またビタミンBは心臓病予防に、ビタミンCは疲労回復促進に有効であることがわかっています。また、女性スポーツ選手は鉄やカルシウム不足に陥りやすいことも指摘されています。

■**アルコール**

　アルコールは中枢神経の機能を低下させ、少なくとも12時間はパフォーマンス（競技力）も低下します。多量に飲めば飲むほど、そのマイナスの影響は長くなります。さらに、アルコールは脱水を引き起こしますので、次の日にハードな練習やスピード練習、あるいはレースを控えている場合にはアルコールは控えるべきです。

■**カフェイン**

　カフェインは中枢神経を刺激して、パフォーマンスやエクササイズの楽しみを高める効果がありますが、不整脈をもっている人はコーヒーを控えるべきです。心配な人は医師やスポーツ栄養の専門家に相談してください。

　私は走る前のコーヒーを楽しんでいます。それは集中力やモチベーションを高めるだけでなく、直観力や創造力といった右脳の働きを活発にしてくれるからです。また、カフェインは脂肪燃焼を高め、遊離脂肪酸やトリグリセライドをエネルギー源としての利用を促します。運動1時間前に飲む1杯のコーヒーは、持久力を高めると報告されています。ただ、1カップのコーヒーやダイエットコーラを飲むと、その吸収のために半カップの水分が失われるため、レース前に1杯程度のコーヒーはおすすめですが、3杯以上は推奨できません。

## 規則正しい食事

　規則的に必要なカロリーを摂っている限り、体のメカニズムは正しく調整されますが、あまりに空腹を我慢すると飢餓反射でメカニズムが乱れ、消費カロリーを上まわる多量の食事を摂って体重増を引き起こします。したがって、数時間おきの少なめの食事や規則的な運動、そして炭水化物食（総カロリーの20％のたんぱく質を含む）を摂ることで消費に見あうカロリーを維持することができ、余剰な体脂肪の減少にも役立ちます。ただ、単糖類やでんぷんの摂り過ぎは、体脂肪に置き換えられるので要注意です。カロリーを摂り過ぎた場合は、ウォーキングやジョギングを大いに楽しんで体重や脂肪のコントロールに努めます。

　ランニング後30分以内にエネルギーを補うのがベストとされています。そ

して、その後2時間たったら再びエネルギーを補充するようにします。また、水分やその他の飲み物（カフェインやアルコールは除く）と良質の炭水化物食をきちんと摂ることが、次のランニングをよりよく、より元気に迎えるためのポイントになります。

■**水分補給**

水分補給はきわめて重要であり、規則的に十分に水分を補給しないと危険な状態になることさえあります。体はほとんどが水分であり、細胞の隅々までしみ込んでいます。グリコーゲンは水なしには蓄えられませんし、暑くなれば、皮膚からの発汗や毛細血管の拡張によって涼しさを維持します。

1日を通して徐々に失われていく水分を補給するために、涼しい季節でも日中では1時間あたりほぼ100～150mlの水分を摂ることが必要です。もちろん、オレンジジュースやグレープフルーツジュース、トマトジュース、スポーツ飲料などでもよく、水分を確実に補給します。いったん走り出すと、水分の吸収率が大きく低下し、相当量飲んでもわずかしか吸収されません。したがって、水分補給にあたっては以下の点を考慮すべきです。

- 適正な水分補給は、走行中ではなく、それ以外の時間帯を基本とすべきである。
- より長く走るほど脱水状態が進んでいくことから、走行中でも飲み続けることが必要になる。ただし、過剰に飲み過ぎないこと。

**レース前日の午後や夜**：水やスポーツ飲料（電解質）を1時間あたりほぼ100～150ml程度飲み続け、塩分の濃い食物は避ける。前日の夕食に塩辛い食べ物を摂ると、次の朝走る前から脱水傾向となり、ランニングの終盤ではより深刻な脱水状態を導きます。

**レース直前**：より薄めの飲料が適しています。私はスタート2時間前からは水だけに決めて、胃に負担をかけないようにしています。スタートが近づくと、ラクダのようには十分な水分摂取ができないかもしれませんが、一度にたくさん飲まないようにし、とにかく少しずつ飲み続けることです。

**レース中**：距離の長いフルマラソンでは脱水がきわめて重要な課題となります。特に、暑い日のマラソンでは発汗によって多量に水分を失うと同時に、神経調節や代謝機能に重要な電解質ミネラル（マグネシウムやカリウム、ナ

トリウム、カルシウムなど）も失います。マラソンや長距離トレーニング中にさまざまなスポーツドリンクを試して自分に合ったドリンクを見つけましょう。私はレース中のドリンクは水とスポーツドリンクを用いています。1人ひとり個性があるように、ドリンクや栄養素への身体反応も微妙な個性があり、普段のトレーニングやレースでいろいろ試しながら自分に合った適正な濃度の飲料を見つけることです。ただ、唯一水だけが胃に負担をかけないドリンクといえます。

■レース前の食事法

　私の場合、レース前日の食事は2～3時間ごとに少しずつ食べるようにしています。消化のよい炭水化物、少なめのたんぱく質を摂り、食べ過ぎない

> **レース前の食事法のポイント**
>
> 〈原則〉
> ①目新しいものは食べない。
> ②普段から食べ慣れたものを普段どおりに食べる。
> ③胃がゴロゴロ鳴って水分を摂りすぎている場合は、30分間は水分を控える。
>
> **レース24時間前まで**：普段どおりのバランスのとれた食事を摂り、電解質スポーツ飲料などの水分はいつでも多めに飲む。フルマラソンの場合は炭水化物を多めに摂る。
>
> **レース18時間前**：2～3時間ごとに少しずつ食べ、水分補給に努め、赤身の肉やフライ、ナッツ類、繊維の多いものは避ける。
>
> **レース12時間前**：食べ過ぎないこと。軽めで消化のよいもの、エネルギーバーやパン、小さめのサンドイッチなど普段から食べ慣れているものを摂る。水やスポーツ飲料を摂り続け、塩分の多いものは避ける。
>
> **レース前4時間以内**：主に水分補給が中心となる。冷たい水は吸収を早めるので、1時間に150mlくらい、暑い日は1時間に200ml程度摂るようにする。ビタミンCを摂る場合は、レースの2時間以上前までに摂っておく。
>
> **レース中**：エイドステーションごとに1杯の水を摂ること。胃の中がゴロゴロと鳴っていない限り、早めに水を摂るように努める。

ようにします。そして水やスポーツ飲料もしっかり摂ります。前日の午後や夜に空腹を感じるようなら、パンやエネルギーバーなどの消化のよいものを食べ、油の多いフライやピーナツバターなど消化に手間どるものは避けるようにします。繊維の多いサラダや粗挽き粉類を使った食品なども避けたほうがよいでしょう。

　前日の夕食はカーボローディング（高炭水化物食）ディナーを楽しんでください。ただ、食べ過ぎないこと、また翌日に気温の高いレースが予想される場合は、塩分を摂り過ぎないことです。

　レースの3～4時間前には起床し、2～3時間かけて1時間に150mlの水やスポーツドリンクを飲み、スタート60～90分前にエネルギーバーと1杯のコーヒーで自分を元気づけます。そして、水を持ってスタート地点に向かい、少しだけ飲んだり、暖かい天候でのレースの場合は頭にその水をかけたりするようにしています。おかしなやり方と思うかもしれませんが、こうした自分なりのスタートを迎える方法を普段の練習で試しておくようにします。

# 2. ランニングで脂肪を落とす

　現在では、(少なくとも長期的でなければ)ダイエットは効果がないと考えられているようです。長い期間をかけて食事の規制を試み、その後また元の体重(あるいはそれ以上)に戻ってしまったという事例はたくさんあります。

　ダイエットを効果的に行うには運動を適切に加える必要があるということは、徐々に認識されつつあります。体重を減らしたり維持したりするために最も効果的な運動はランニングなのです。ランニングは食欲を呼び覚まし、バランスのとれた食事へと導きます。私は13歳で走り始めたときの体脂肪率は15％でしたが、4年後にはほぼ9〜10％になりました。オリンピックを目指して厳しいトレーニングをしていた1970年には5〜7％となり、ほぼこの範囲を維持していました。

　ランニングは自分の体と心を自然によい状態にしてくれます。私はランニングを経験していく中で、食べ過ぎや不適切な食べ物を避ける感覚(習慣)が自然に身についてきたような気がします。私の食欲は運動量の増減にすばやく対応します。走り始めの8〜10年くらいは、ランニング量が減少しても(障害による)、食習慣は変わらず体重が増えていましたが、規則的なランニングが40年を越えた今では、私の体はとてもよい感覚、つまり「ランニングが少ない日は、少なく食べる」という習慣が身につきました。

## 体重ではなく、脂肪を落とす

　持久的な運動は、脂肪を落とすのに最適な方法です。ランニングは脂肪を燃やすだけでなく、ランニング時に脂肪は筋に取り込まれ、エネルギー源として大量に利用されます。筋量が多いほどたくさんの脂肪が消費されます。

　落としたいものは何かと問われれば、私たちはおそらく体重と答えるで

しょう。通常の食事より量を少なめにしたり、水分摂取量を減らしたりすることで体重を落とすことはできますが、同時に健康をも失うことになります。そして、このような場合には脂肪は依然として残っていることが多いようです。また、アルコール摂取など、運動によらずに体重を減らすことができますが、このような場合は筋肉が落ちていると考えてよいでしょう。

　本当に落とすべきものは脂肪です。過剰な脂肪はあなたを苦しめます。脂肪は、①熱を遮断し、常に暑苦しさを与え、②血液および酸素を作業筋ではなく脂肪組織にまわし、③出っ張ったおなかにします。

　脂肪は知らないうちにたまってしまいます。カバート・ベイリーは、水中体重法により約1000人の脂肪率を測定したところ、そのほとんどが肥満傾向にあるにもかかわらず、そのことを自覚していないと報告しています。肥満を自覚できないのは、脂肪が筋細胞の中に霜降り状態で潜んでいるためです。つまり、エネルギーとして利用可能な脂肪を貯蔵するスペース（筋細胞内にある）がいっぱいになり、その後表面に脂肪が形成されてから気づくのです。改めて強調しますが、過剰な脂肪を取り除き、過剰な脂肪がつかないようにする効果的で最良の方法は持久的運動なのです。

　体重のみで判断して焦る必要はありません。筋は脂肪よりも重いものですから、運動を開始してから体重が増えた場合は、健康的であることのしるしだと思ってください。このような場合、脂肪が減ると同時に筋肉がついたと考えて結構だと思います。

　体重はまめに測るようにしてください。脱水状態がモニターできます。毎朝体重を測定し、体内の液体のバランスをモニターするのです。例えば、突然1kg以上の減少があった場合は水分の枯渇状態であり、すぐに水を補給するようにします。450gの脂肪を減らすのに必要なランニング距離はおよそ56kmとされていますので、突然体重が減少するような場合には脂肪が減ったとは考えにくいといえます。

■トレーニング中のダイエットは禁物
　スピード練習やマラソントレーニングでは、疲労回復やケガの予防のため長距離練習の合間に走行量を落とす必要があります。走行量が減少すると体脂肪を燃やすことは難しくなります。したがって、マラソンやスピード練習中にダイエットを気にすると、代謝を乱し、集中力を低下させます。そうし

たトレーニング中の食事の変更は、血糖レベルの減少や栄養素の欠乏、さらに疲労骨折の原因となったりします。急激なダイエットでやる気を失ったりドロップアウトしたりするランナーを数多く見てきました。まずは、マラソンの自己ベストを出してからゆっくり5年計画くらいで栄養的な変更を目指すべきです。

　脂肪を悪者扱いするのではなく、脂肪を正しく理解したうえで、貯蔵されたパワフルなエネルギー源として上手に利用し、長いスパン、ライフスタイルを通して脂肪燃焼をよりよく捉えていくことが大切です。

## ■セットポイント

　人類は元来無精者のようです。サバイバルに生き抜くために、過剰な脂肪を蓄えられるようにできています。何百万年もの間、祖先から受け継いできたのが、飢餓や病気から逃れて生き抜いていくための脂肪貯蔵メカニズム「セットポイント」と呼ばれる原理です。このメカニズムが脂肪を体内にどのくらい蓄えるべきかをコントロールしています。

　カロリー摂取が抑えられたり、病気や心理的なストレス、脂肪の枯渇が続いたりすると、その後数週間、数ヶ月、食欲が旺盛になるというパワフルなメカニズムです。ただ、残念ながらこのメカニズムのおかげで、より上向きに脂肪が貯蔵されて、以前より太ってしまうのです。したがって、飢餓に対する境界域で働くセットポイントをいかに機能させるか、あるいはいかに自分のライフスタイルの中で下方に巧みにコントロールしていくかがとても重要になります。

## ■脂肪とは何か

　バターを食べると、ちょうど大腿部や胃の中に脂肪分が直接注入されるように感じます。食べ物に含まれる脂肪は直接体に蓄えられます。たんぱく質や炭水化物はその日の消費カロリーが大きく上まわったときにだけ、脂肪に変換されます。食品中の脂肪分を減らすためには、複合炭水化物（ポテト、ライス、小麦、野菜）、あるいは赤身のたんぱく質（豆類、鳥胸肉、ノンファット食品など）が手助けになります。

　ランニング時には食べ物に含まれる脂肪ではなく、体脂肪だけが燃やされます。脂肪は運動による血流量の増大に役立てやすく、少ない量で多くのエネルギーを生み出す優れたエネルギー源となります。エネルギー源として蓄

えられるブドウ糖には限界がありますが、脂肪として蓄えられるエネルギー量は膨大になります。体重70kgでかなり低い2%の脂肪率の人でも、何百kmも走れるエネルギーを蓄えていることになります。

### ■脂肪蓄積の男女差

男性は体の表面や腹部のまわりに脂肪を蓄えます。女性はほとんど体の内部に蓄え、筋細胞の間のポケットを脂肪で満たします。男性と同じ食事や運動でも、若い女性は30歳くらいで突然、体の外側への脂肪蓄積が際立ってきます。女性の体の内部への蓄えを満たし、そしてこのドラマチックな体の外側、脚部や腹部への脂肪蓄積が1年以内になされます。

ヒトは20歳の半ばで、カロリー消費と脂肪燃焼のレベルが決定され、そのセットポイントによって自分の脂肪レベルが決まりますが、自分の基礎代謝率（日常の活動レベルに必要なカロリー）は年々少しずつ低下していくにもかかわらず、食欲がそれに応じて低下しないことから、脂肪量が増加していきます。したがって、自ら体内の新しいセットポイントを見つけ出し、カロリー消費に見あった体脂肪レベルを維持する必要があります。

### ■食事の工夫

食事を控えると、一時的に体脂肪が減少し、エネルギー代謝やトレーニングへのモチベーションが低下します。しかし、ダイエットが終わると、飢餓反射が解かれてダイエット前より多食するようになり、脂肪をより多く、すばやく蓄えるようになります。したがって、食事を控えるダイエットより、むしろ2～3時間ごとに軽いスナックを食べることで脂肪燃焼に役立つ代謝を高めることができます。この場合の軽いスナックには消化に時間のかかる食べ物を選ぶことや、カロリーが少なめで満足度の高い食べ物（複合炭水化物、たんぱく質、少なめの脂肪）を組み合わせることがポイントです。

### ■飢餓反射

何百万年にわたって、われわれの祖先はいつも飢餓にさらされていたため、食べ物が少ない状況にすばやく反射的に対応できる体に適応してきました。今日、逆に食べ物が十分にある状況においては、このシステム（飢餓反射）が働いて脂肪を蓄える必要がなくなりました。しかし、食事までずっと長い時間待たされると、やはりこの飢餓反射がスタートし、待ち時間が長くなるほど脂肪貯蔵酵素をより多く放出するようになり、食べ物から脂肪をより多

く変換することになります。待ち時間が長くなるほど食欲が増して、食べ過ぎを導きますが、1日に3回から5回に分けて運動量に見あうだけの少なめの食事法にすることで過剰な脂肪蓄積を避けることができます。

■心理的な我慢はほどほどに

　食べることを我慢し過ぎると心理的に過度な反応をしてしまいます。自分自身に、もう決して「ドーナツを、ハンバーガーを、フレンチフライをもっと食べたい」なんて言わないと言い聞かせたとします。ある程度、我慢できるでしょう。しかし、やがて食べ物がまわりにあると飢餓反射が反応し、つい食べ過ぎて我慢した以上に脂の多い食べ物を口にすることになります。「やせ我慢はほどほどに」がポイントです。

■規則的な運動は抵抗力を高める

　セットポイントを下げる最もよい方法は、持久的な運動を規則的に続けることです。持久的な運動は脂肪燃焼を促進するとともに健康度（病気への抵抗力、呼吸循環系の強化など）を高めます。ほとんど病気知らずで、平均的な30歳代よりも健康度が高い70歳のランナーさえいます。

　規則的なランニングやウォーキングは過剰なカロリーを燃焼させ脂肪を追い出します。初心者ランナーでも、食事法をドラマチックに変えなくても脂肪燃焼は確実に体験できます。特に、その日のカロリー消費を増やすには、夕食後にウォーキングやジョギングを行うのも効果的です。その日の炭水化物摂取による過剰なカロリーを確実に消費してくれます。

# 持久的な運動と脂肪燃焼

■睡眠中でも脂肪燃焼

　45分以上の規則的なランニング（ウォークブレイクを含む）を持続すると、筋肉の細胞内では昼夜にわたって脂肪燃焼が続きます。規則的なランニングを数ヶ月にわたって続けていく中で、燃料として脂肪を役立てる細胞が筋肉内で活性化して、日中座っているときでも夜間の睡眠中でも働くようになります。また、90分以上のランニングを2〜3週間に一度取り入れることでも、脂肪燃焼細胞がより活性化します。

## ■糖燃焼は副産物（乳酸）が出る―オーバーペースを避ける―

　脂肪は主要な燃料ではありますが、体は筋肉内に蓄えられているグリコーゲンというすばやく燃焼する糖燃料を利用します。糖燃料は走り始めから30分間程度利用されますが、不幸なことに糖が燃えると乳酸という不快な副産物をつくり出し、走り始めのペースが速いほどこの不快物質が多くなります。この不快感をなくすためには、ウォーキングによるウォームアップ、ゆっくりとしたスタート、そしてウォークブレイクを頻繁に取り入れることが必要です。グリコーゲンは脳の働きにはとても重要です。また、脂肪燃焼にシフトした後もグリコーゲンは少しずつ燃やされますが、オーバーペースにならないようにゆっくり走ることが大切です。また、少なくとも週3日は走り、徐々にトレーニングでの走行距離を伸ばすことやウォークブレイクを最初から入れることで、不快な乳酸プロセスを遠ざけることができます。

## ■15～45分で脂肪燃焼がスタート

　体は少なくともランニングを15分以上持続しないことには、何が起こったか信用しないようです。このあたりから燃料として脂肪が動員され始め、蓄えられた体脂肪が遊離脂肪酸やトリグリセライドに分解されて、より長く走り続けるにつれて燃やされます。こうしてほぼ15分以上、より長く自分のペースを持続することで脂肪燃焼シフトがスタートし、45分も経過すれば大部分が脂肪燃焼ゾーンに入り、おなかや太もものまわりの余剰な体脂肪をそぎ落とすでしょう。

## ■誰でもできる脂肪燃焼の段階的な進め方

　持久的な運動に慣れていない人は、脂肪燃焼のトレーニングを段階的に進めるべきです。1時間あるいはそれ以上の持続を目標に、初期段階ではウォークブレイクの代わりに1～2分間の座位休息を5～8分おきに入れながら脂肪燃焼ゾーンを持続させます。この段階を数週間経験すれば、45～60分間を一定ペースで歩けるようになります。その後、歩く距離を伸ばし3～5分間歩いたら、1分間のジョギングを入れてみます。

　これまでほとんど運動していなかった人の脂肪燃焼プログラムはやや困難を要しますが、ぜひ頑張ってください。ウォーキングの部分をより多くし、また杖に頼って歩いてもかまいません。それでも、その脂肪燃焼プロセスは世界的なアスリートのそれと何ら変わりはありません。自身の体内、筋肉細

胞内の脂肪燃焼プロセスに耳を傾け、「脂肪燃焼ボイラーになってやる」と自分に言い聞かせながら持続しましょう。

■脂肪燃焼ボイラーの釜だきになる

　ペース調整をしながら、より長く、45分の壁を超えることで、糖代謝から脂肪燃焼ボイラーに火をつけ、本気で持久力と向きあうことができます。最低でも週に1日は45分より長く、そして2週間に1回は90分を超えるくらいまで走る距離を伸ばします。ハーフマラソンのトレーニングプログラムくらいまで距離を伸ばしていけば、さらに効率のよい脂肪代謝が細胞レベルで行われます。

　この脂肪燃焼ボイラーの能力を維持するために、残りの週2日は少なくとも30分程度は走るようにしましょう。そして、週に3日45分を超えて走れるようになれば、走り始めからより楽に感じるようになり、さらに長く走り続けられるという自信がわいてきます。

■体熱は脂肪組織を減らす

　ランニングやウォーキングは深部体温を上昇させます。多くの専門家たちは、この健康的な熱は風邪や病気を追い出すとしています。脂肪組織が体を覆っていることで、より多くの熱を生み出し、過剰な発汗による脱水が生じますが、規則的に走ることで、体はこの熱ストレスを何とか減らそうと体温調節機能が働きます。何ヶ月も規則的に長い距離を走っていく中で、厚い脂肪組織は減少し、カロリー摂取を顕著に増やさなければセットポイントは低くなります。走らない日は、クロストレーナーやローイングマシーンでのエクササイズを交互に入れることでもセットポイントを下げることができます。

　トレーニングによる筋肉細胞内の脂肪代謝が、1日中より多くの脂肪燃焼を引き起こします。長い距離を規則的に走ることで、座ったままの事務仕事の最中や夜にソファーで過ごしていても脂肪を燃焼させます。睡眠中でも、トレーニングされた脂肪燃焼細胞はエネルギー源として脂肪をより多く選ぶようになります。まさに「ぼってりおなかとの格闘」は、細胞内で昼夜を通して脂肪を追い出す闘いを続けてくれるのです。

■我慢を楽しむ

　われわれは、しばしば急激な変化を求めようとします。運動をちょっぴりやってわずかな脂肪燃焼しか得られないと、つい走行距離を2倍にして2倍

の効果を上げようとしますがうまくいきません。距離を性急に増やすと、疲れや障害で逆に走れなくなり、精神的なバーンアウトまで引き起こします。ゆっくり走ったり、1週間の走行距離を10%を超えない程度の増加にとどめたりすれば、障害やバーンアウトの心配がなくなるでしょう。

最大の失敗はより速くハードに走り過ぎることです。走り始めはとても楽に感じてハードに走っているつもりはなくても、6～10分後にはもう終わりたいと感じるほどつらくなってしまいます。じっと我慢して、思っているよりずっとゆっくり走り始めることで、脂肪燃焼ゾーンにスムーズに入っていける価値あるスピードを見つけ、ランニングをより多く楽しめようになります。

### ■1ヶ月で500g減量する方法

以下のポイントのどれか1つを実行することで、1ヶ月に約500gの減量ができます。

- 走る前後に1.6kmのウォーキングを加える。これだけで週4日走るランナーは1ヶ月に500gの脂肪を燃やすことができる。
- 1日に8～10回の食事法。軽い食べ物を頻繁に食べることで代謝を高め、1ヶ月で500gの脂肪を燃やすことができる。
- 1日に2回走る。昼食前か朝食前、あるいは夕食後に3kmの軽いウォーキングかジョギングを入れる。

### ■1年で500g減量する方法

少しずつ燃やす方法です。

- エレベーターやエスカレーターに頼らず、階段を歩く。
- 毎日の仕事で車を仕事場から400m離れた場所に駐車する。
- 朝食時や夕食後に800m歩く。
- 1日5分間、固定自転車あるいはローイングマシーンで運動する。
- 1日に10回、いすやソファーから離れる。

# 食事法との組み合わせ

### ■コーヒー

運動前にコーヒーを飲むと、脂肪の消費が促進されるという報告がありま

す。例えば、カフェインを持久的運動の1時間前に投与したラットは、投与していないラットに比べて運動終了後の脂肪の量が少なかったことが明らかにされています。したがって、1杯のコーヒーを運動の1時間前に摂取することをおすすめします。

■**ダイエットは運動と組み合わせる**

ダイエットによる体重減少の大部分は水の減少によるところが大きいと考えてください。実際、運動を行わずに食事によるダイエットを実施すると、長期的には体重はむしろ増加してしまうという報告もあるのです。

■**食事の工夫でやせる**

極端に食事の量を減らす必要はありません。ほとんどのランナーは、運動量に見あった食事量を把握しています。それは、決して間違っていないし、過食になることはまずないでしょう。多くの人に好まれる脂肪の含有量が多い食品を減らすためには、同様の味覚で脂肪含有量の少ない食品を摂取するとよいでしょう。

表6-1に、その一例を示しました。

穀物や野菜など糖質を含む食品は、満腹感を得やすく、低カロリーの食品といえます。科学者たちも、糖質は消費されやすいとしています。私たちは、貯蔵エネルギー源である脂肪酸を減少させるくらいの糖質を摂取する必要があります。しかしながら、調理方法には留意すべきで、例えばサラダは低カ

[表6-1]

| 高脂肪食品例 | 代替食品例および調理方法 |
| --- | --- |
| 揚げ物 | ハーブ油を使ってマリネにする。煮物にする |
| 卵 | 卵白を食べる |
| 肉の赤身 | 魚や鳥肉を食べる |
| ピーナツバター | パンやクラッカーの味つけ程度にする |
| チーズ | ローファットカッテージチーズに代える |
| 牛乳 | ローファット牛乳に代える |
| ドレッシング | オイルの量を減らし、リンゴジュースや酢を加える |
| ポテトチップスなど | 野菜スティックを食べる（にんじん、セロリなど） |
| マヨネーズ | 低脂肪マヨネーズに代える |

ロリーですが、ドレッシングにスプーン1杯分のオイルが含まれていれば、カロリーは高くなってしまいます。また、じゃがいもは低カロリー食品ですが、サワークリームをつけたりすればカロリーは高くなります。

　一度に大量の食料を摂取することは、過食の危険性を増大させますが、このことを避けるためには1日中少量の軽食を食べることをおすすめします。少量ずつ摂取すれば、1日の中でつくられるエネルギー量は安定します。ただし、摂取する軽食は、砂糖や脂肪の少ないものにします。

　摂取カロリーを徐々に減少させ、それをライフスタイルに定着させていくことで、運動によるカロリー消費量の増大が期待できます。持久的な運動と健康的な食事によるライフスタイルで、よりスリムになることができます。

# 第7章 シューズ

# 1. シューズの秘密

　キリストが最後の晩餐のときに用いた聖杯を探すかのごとく、ランナーたちは自分にフィットする完璧なシューズを探そうとします。私たちは、足にかかわる問題を解消してくれるよき相棒を見つけることで、速く走れるようになり、無理のないゴールができると思っています。また私たちは、広告や雑誌の宣伝文句に影響を受けたり、友人が履いているシューズに魅了されたりします。

　とはいっても、実際にはあまり大きな希望をシューズに求めてはいけません。ランニングシューズが登場してから長い年月がたちますが、いまだに完璧な相棒を捜しあてたランナーに会ったことはありません。40年ほど前に一般的だったシューズは、あるバスケットボールの会社が出した運動靴でした。これは、室内ランニング、卓球、バレーボールなどのために製作されたのが「売り」でした。この黒地の綿でできたシューズは汗や塩分の吸収には長けていましたが、足の皮膚との摩擦を起こしやすいため、靴ずれやマメがよくできました。ソールも硬いもので、決して走りやすいシューズではありませんでした。安定性、衝撃の吸収性、足首の回内のコントロールなど、私たちが現在求める機能性についてはほど遠いものでした。

■ランニングシューズの小史

　私が高校生の頃（1960年代）に、私のコーチは西ドイツのメーカーであるアディダスというエキゾチックなブランドのシューズを見つけてきました。黒と白のデザインが施されたパンフレットを見て、私は友人とともにアディダスに大きな興味をもちました。パンフレットには、トレーニング用のシューズが4〜5足紹介されていました。当時4ドルで買えるランニングシューズに8ドルも費やすことに、私の両親は大きな懸念を抱いていましたが、何とか説得に成功しました。この新しいシューズがもたらした心地よさ

は、驚くべきものでした。私は、現在でもそのシューズを手放していないことを誇りに思っています。それを履き、学校や教会などまでランニングしていきました。私の母やクラスメイトからは、よくからかわれたものです。

　ランニングシューズが急速に発達し変革を遂げ始めたのは、ランナーたちがビジネスとかかわりをもつことが多くなってからのことです。1960年代の前半にフィル・ナイトは、彼のコーチであるビル・バウワーマンにランニングシューズの商社を設立し、日本のタイガーブランド（オニツカタイガー、現アシックス）を越えるよう要求しました。バウワーマンは、市場に出回っている多くのシューズを見ていく中で、海外ブランドの躍進は彼の開拓者スピリットと発明者としての創意工夫に大きな刺激となりました。彼はそれらのシューズをずたずたに分解し、即興でシューズをつくり、指導していたランナーたち（ケニー・ムーア、ジェフ・ホリスター）にテストしました。

### ■朝食から得たヒント

　バウワーマンの妻であるバーバラは、彼女が教会に行っている間に夫がワッフルの焼き型を使っているとは思ってもいませんでした。彼はこれまでにシューズの製作に全般的にかかわっていましたが、この頃からソールとして用いるのに完璧な材料を探すことに専念し始めていました。彼が求めていたものは、収縮性、クッション性、履きやすさという3つの条件を満たすソールでした。アイデアを求めてキッチンを探し歩いていたところ、ワッフルの焼き型に着眼し、ランニングシューズのソールをワッフルのようにすることを思いつきました。そのため、それ以降バウワーマン家でワッフルを味わえることはなくなりました。

　焼き型からつくられたラバー製のワッフルをソールとして採用したシューズが変化に富む悪路で抜群の収縮性を発揮するということが、オレゴン大学のランナーたちにより検討され明らかとなりました。また、このシューズは路地の固い路面に対しても、抜群の収縮性とクッション性を発揮することがわかりました。ソールの収縮性は、足の接地面に重量がかかればかかるほどその威力を発揮しますが、これはソールのあらゆるところにちりばめられたワッフルチップによるものでした。さらにバウワーマンはソールの開発を押し進め、障害を防止できるようなシューズを開発するために、整形外科医のスタン・ジェイムスに協力を要請しました。こうして開発されたのがナイキ

のシューズであり、オレゴン大学の有名なランナーたちが採用したことで急速に普及していきました。

# シューズ選びの留意点

　今日ではシューズの種類も豊富になり、ランナーの足にフィットするシューズを探すことが簡単になりました。また、その優れた機能性によりランニングに伴うさまざまな問題を解消し、あるいは最小限に抑えることが可能となってきました。ただ、多様なシューズの中から、自分の足やランニングスタイルに適したシューズを選ぶことがとても重要になりました。シューズの選択を誤ると、足に余計な負担がかかり、結果的に障害が引き起こされ、それを治療するために無駄な出費が増えることが考えられます。

　本章では、シューズ選びの際の重要な留意点を紹介します。自分のランニングスタイルや体重、技術、目的などを考えあわせれば、最高のシューズを選ぶことができるでしょう。

### ■厚型ソールと薄型ソール

　シューズのソールの部分を構成する素材の中で最も重要な2つを紹介します。厚型ソール（硬型ソール）は、足底（アウトソール）とミッドソールの間に繊維板を挟んだものです。この素材を使ったシューズでは、足のサポートという点では長けていますが、柔軟性には欠けます。一方、薄型ソールのシューズは、ソールとミッドソールがシューズの布の部分と直接接合されているもので、両者の間にはインソールは入っていません。このような構造でつくられたシューズは、安定性には欠けますが、柔軟性は優れています。

### ■足部の動き（回内・回外）との関係

　シューズを選ぶ際は足部の動きについて理解を深める必要があります。足首の回内は、通常はショックを吸収する役割を果たしています。ほとんどのランナーは、踵から着地し、続いて足部を前方内側へ回転させ、体重を足の前半分へと移動させ、着地衝撃をうまく吸収（クッション）しています。

　ただ、過度の回内は着地時に足首が内方向へ過度に回って、膝とすねの内側にストレスがかかります。そしてソールの踵部の内側が摩耗しますが、足の前半分の摩耗が顕著となる場合が多いようです。一方、過度の回外では、

着地時の足の回転が外方向に起こり、靱帯、腱、および骨に損傷をきたし、痛みが生じます。この場合には、ソールの外側が過度に摩耗し、他はほとんど摩耗していないことが多いようです。

### ■足首の硬さ、やわらかさ

人間の足は、頑丈なてこ（硬さ）の役割と柔軟な着地（やわらかさ）の両方の素晴らしい役割を果たしています。このおかげで、私たちは前方へ進むと同時にどのような路面状態にも適応できるのです。足首の硬さとやわらかさのバランスがとても重要になりますが、自分の足がどのような傾向にあるかをよく見極める必要があります。

### ●足首が硬いランナー

〈特徴〉足首が硬いと、蹴り出し（キック）が強力となり、前後の動きが中心になります。馬のひづめなどは、スピードを出すためのてこの役割を十分に果たしています。走行時、踵から着地した後は、着地が進むに従って足は前方へ回転し、前足による力強いキックを生み出します。足首が硬いと、足が過度に外方向に回転し、過度の回外が生じやすくなります。
〈シューズの摩耗〉ソールの外側部分に摩耗が見られ、特にソールの前半分の真ん中あたりによく起きます。
〈適したシューズのタイプ〉柔軟性に富み、ソールの前方と踵部のクッションが優れたシューズが適しています。

### ●足首がやわらかいランナー

〈特徴〉左右に足が動きやすい場合は、足首がやわらかいランナーといえます。着地時には、踵の外側に着地し、その後足首は内側前方へ回転（回内）しますが、足首がやわらかいランナーは、このとき過度の回内に陥りやすく、膝やすねの障害を引き起こす傾向が強くなります。
〈シューズの摩耗〉過度の回内の傾向がある場合には、踵の内側、前半分の内側の摩耗が顕著となります。これは、内側への足の回転が過度であるためです。この場合、足、膝、およびお尻が直線上からずれて、膝およびすねの周辺に過度のストレスがかかる危険性が高まります。
〈適したシューズのタイプ〉サポート性を重視すべきです。踵と特につま先部分の安定性が高い厚型ソールのシューズが適しています。足の過度の回内動作を矯正するためのサポートがしっかりした厚めのシューズが必要となりま

足首が硬いランナー　シューズの摩耗　　　足首がやわらかいランナー　シューズの摩耗

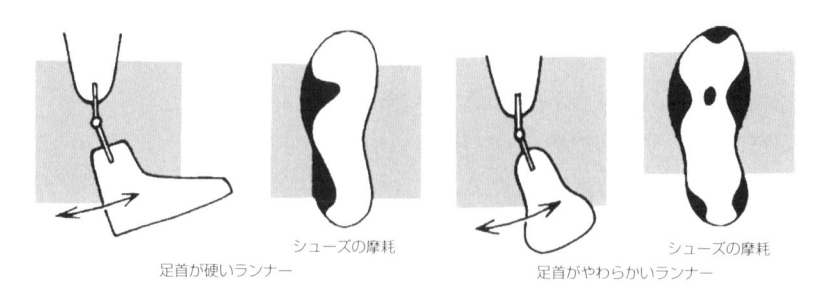

[図 7-1]

す。クッション性が高過ぎると、サポート性能（安定性）が落ちることになり、安定性を生かすためにはクッション性がある程度犠牲になってもやむを得ないといえます。つまりこの2つの特性は、相反する関係にあるのです。

■サイズ選びのポイント

**午後に選ぶ**：足は走っているうちに膨張しますが、夏場では特にその傾向が強くなります。1日の中で足が膨張傾向にあるとき、すなわち午後にシューズ選びをするとよいでしょう。シューズの内部で足が滑る傾向にあってもよくないし、締めつけられ過ぎてもよくありません。

**つま先の余裕**：ランニング時は、足は振り子のように動きます。このとき、血液は足に集中し、特につま先部分が最も顕著となるため、つま先部分が膨張します。つま先部に余裕がないと、マメができたり足指の爪が死んだりします。つま先部に1cm程度の十分な余裕が必要になります。たいていの場合、左右どちらか一方の足が大きいため、大きいほうの足のサイズにあわせてシューズを選ぶようにします。また、つま先部分の広がった横幅の広めのシューズを探すようにするとよいでしょう。

**踵はしっかり**：踵の部分はきゅうくつ過ぎてはいけませんが、踵部はしっかりとしていて幅が狭いほうがよく、余裕をもたせる必要はありません。また、シューズ内で踵が横に動くようなものも避けるべきです。

**ソックスにあわせる**：ランニング時と同様の厚さの靴下を履いて、シューズを選ぶようにします。

**試し履き**：可能な限りでいいので、シューズを履いて歩きまわってみます。このことにより、足が動いたときにシューズがどのように応答するかを確か

めることができます。試し履きができないところもありますが、本当に必要ならば試すべきです。シューズの装着性と機能性を確認する唯一の方法ですので、試し履きをさせてくれるショップを探しておくとよいでしょう。

■**靴ひもの結び方（シューレイシング）**

**踵の滑りを減らす**：足の甲を強く抑えることで、踵の部分の装着性は改善されます。足全体の締めつけを防ぐためには、図7-2ⓐのようにひもを交差させてレイシングするとよいでしょう。この方法では、4ヶ所以上に力を与えることができます。

**締め過ぎを防ぐ**：甲の部分の締め過ぎを防ぐには、アーサー・リディアードによって一般的に広められた方法、すなわちひもを交差させずに結んでいく方法がすすめられます。レイシング方法を覚えるのに多少時間がかかりますが、安定性が高く、心地よい方法だといえます（図7-2ⓑ）。

**一部の締めつけを緩くする**：部分的に締めつけのきつい部分がある場合には、きつい部分のひも穴を飛ばしてひもを締めるようにするとよいでしょう。この方法はきつい部分を緩くし、同時に他の部分を締めることができます（図7-2ⓒ）。

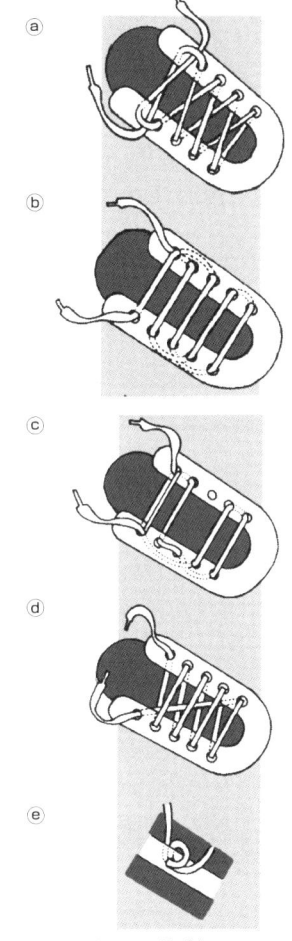

[図7-2] 靴ひもの結び方

**つま先部に余裕をもたせる**：これはつま先部に広がりをもたせる方法です。つま先に余裕ができ、つま先への締めつけがなくなります（図7-2ⓓ）。

**締めつけを分離する**：全体的には締めつけを残したまま、ある一部分の締めつけを解放したい場合には、その部分のレイシングを輪状に結ぶ方法があります（図7-2ⓔ）。

# 2. シューズを求めて

　多くのシューズメーカーはよりよいシューズを開発するための研究を重ねていますが、私たちは過大な広告に惑わされるのも事実です。シューズを購入しようとするとき、次々に登場する新しいデザインに惑わされたり、格好の派手さに不満を感じたりして、シューズショップに並ぶ数多くのシューズからどのようにして選べばいいのかが大きな問題となります。

　ショップにランニングのトレーニングを積んでいる店員がいれば、購入の際に大きな助けとなってくれるでしょう。そのような理想的な店員がいれば、あなたの意見を聞き入れ、あなたが必要とし、あなたが抱えている問題を解消してくれるようなシューズを選んでくれるでしょう。ただし、どんなによい店員であっても、履き心地までは把握できないでしょうから、最終的な決定を下すのはあなた自身だということを忘れてはなりません。また、不幸なことに、ほとんどの店ではそのような理想的な店員を抱えておらず、あなたに合ったシューズであるかはどうでもよいことで、何とかしてシューズを売ろうとする傾向にあります。

## シューズを購入するときのチェックポイント

　シューズを選ぶためのキーポイントを以下に挙げておきました。このページをコピーし、シューズショップに持っていきましょう。

### ■週あたりのランニング距離

□ 30km以下の場合──専門的なシューズメーカーのものであれば問題はない。必要な工夫がなされ、耐久性もある。足に特別な問題がない限り、必要以上にお金をかける必要はない。

□ 30〜80km程度の場合──多くのシューズは、このタイプのランナーを

対象に作られている。走行距離が増えていく場合は、より質の高いシューズを選ぶ。
□80km以上の場合──丈夫で耐久性があり、同時に自分の走り方や足型タイプに合ったシューズを選ぶ。

### ■ランニング時の路面状況
□芝生や土など未舗装路の場合──クッション性よりも収縮性や安定性、さらには小石などからの防御に富んだシューズを選ぶ。
□舗装路の場合──適度なクッション性が必要となるが、クッション性と安定性は表裏一体であるので、過度の回内に陥りやすいランナーはバランス性に優れ、左右の安定性に富んだシューズを選ぶ。

### ■足首の状況
□やわらかい場合──平面的な安定性が高く、クッション性よりも足の回内をコントロール（抑制）できるシューズが必要。厚めのソールが適している。
□硬い場合──柔軟性、クッション性の優れたもの、いくぶん薄型ソールのシューズを選ぶ。

## シューズ選びと障害

シューズ選びに影響するような障害がある場合は、整形外科医やシューズ専門店のアドバイスを求めるようにします。ただ、シューズは次々に新しいものが開発され、その検証は十分になされてはいません。そのため、シューズ選びに関して、ある程度の基本的原則について理解しておくことが必要です。

私は、長年の経験からシューズのタイプによってさまざまな足のトラブルを解消したり予防したりできることを、シューズ専門店の協力を得ながら数多くのシューズで試してきました。以下は、医学的な見地からではなく、ランナーとしての私のアドバイスを示しました。

### ■アキレス腱に問題がある場合
踵を上げたとき、シューズに柔軟性があれば腱の過度の伸展は起こりません。したがって、アキレス腱にトラブルがあるときは、より柔軟性に優れたもの、また踵部の安定性に優れたシューズを選ぶようにします。

■足底筋膜炎(踵の痛み)がある場合

　厚型のソールのほうが安定性は高く、特に踵部分のミッドソールで安定性が高く、踵によくフィットしたシューズを選び、シューズの内部での足の無駄な動きを抑えるようにします。

■脛部を守りたい場合

　厚型ソールで、適度なクッション性を保ち、安定性の高いシューズを選びます。

## その他のアドバイス

■シューズを足にフィットさせる方法

　多くのランナーが、シューズを購入したその日から15〜20kmも走ってマメをつくってしまうのには驚きます。購入して1〜2日は、軽く歩くだけにします。また日常生活の中でも履くようにして足にフィットさせます。その後、2〜3kmのランニングから始め、徐々に距離を増やすようにします。1週間もすれば、シューズがよく足にフィットするようになります。

■シューズが摩耗したら

　シューズの部分的な摩耗は、同時に進行します。着地衝撃でアウトソールの摩耗とともに、ミッドソールも気泡が徐々に壊れ平らになって、ソール部が圧縮され、クッション性とサポート性が低下していきます。このような機能低下は徐々に起きるため、なかなか気づかないものです。また、シューズの上部は、ストレスのかかる部分が弱くなり、特にシューズの側面のサポート性が低下していきます。このため、足の回内がひどい人には大きな問題となり、足がよりねじれやすくなりトラブルを生じます。したがって、シューズのクッション性とサポート性は定期的に新しいシューズと比較するようにしましょう。

■シューズの交換

　ランニングの合間にシューズを休ませ、よく乾燥させておけばその寿命は長くなります。そのためシューズを2足用意しておくとよいでしょう。1足目のシューズの「寿命」が半分程度過ぎた頃に新しいシューズを購入し、履き替えるようにします。ただ、新品のシューズと摩耗したシューズを交互に

履くとトラブルが起きやすくなるので要注意です。

　ナイキの運動生理学研究所長フリードリッヒ氏は、自分に合ったシューズを見つけたら、それを2足購入することを推奨しています。こうすることで、たとえニューモデルに変わってしまっても、気に入った同じモデルのシューズをより長く履くことができます。また、1足目はあまり履かずに2、3週間程度利用するだけにしておくと、シューズの摩耗度をチェックすることが容易になります。時々チェックすることで、そのシューズのクッション性とサポート性の低下度を知ることができます。

## 第8章

# スタートから
# フィニッシュまで

### 子どもから高年齢ランナーまで

# 1. 子どものランニング

■走ることによるメリット

　子ども時代から積極的に走り始めることは、呼吸循環機能のよりよい発達に大いに役立ちます。それは子どもにとって、これから先の長い健康生活やスポーツの第一歩となります。発達段階に応じた、心臓や肺機能、循環系の機能が強化されます。ただ、一番重要なことは、楽しさと達成感（うまくいった喜び）です。子どもがランニングによいイメージをもったならば、おそらくいつまでも走り続けることでしょう。

■走ることによる危険性

　ランニングが成長過程にある子どもの関節や骨などに何らかの障害を与える可能性について、私が解説するのは適任ではありません。私は子どもたちが走ることによって、何らかの障害をもたらすことになったというはっきりとした証拠や事例に出会ったことがないのです。もちろん、疑わしいときには小児科医や専門医に相談すべきです。

　若いランナーにとっての一番の危険性は、走ることが嫌いになってしまうことです。少年時代のスターランナーや優秀な高校生競技者の多くが、ハードに走り過ぎて本来の可能性を十分に引き出されないまま姿を消しています。よかれと思ってのことでしょうが、あまりに熱心に親やコーチたちが子どもたちにランニングに没頭させ、過度なトレーニングや頻繁な試合出場を強いらせてしまいます。成熟したペース感覚や抑制心が育たないまま、子どもたちはやがて走ることに飽き飽きして幻滅を感じ、やる気までなくしてしまうのです。

■正しい目標

　私は13歳でランニングに夢中になりました。それは、おそらく走ることによる解放感やとてもよい感覚を得ることが何よりもよかったからだと思いま

す。まず、子どもたちがこのようなランニングそのものの中にある「よき楽しみ」を理解できれば、生涯にわたってフィットネスを理解し元気に走り続けることでしょう。ちょっとした競走の中にも、何ともいえない気持ちのよさ、ランニングによる友情などといったたくさんの楽しみがあります。走ることの一番の目的は、精神的、健康的な喜びであり、勝利やタイム、賞品などが最終的な目的ではありません。

　もしあなたが走ることを抑えれば、子どもたちは走ることを望むようになります。わずかな抑制が走りたいという欲求心を生み出します。正しく注意深く子どもたちの活動を見守り、また必要に応じて抑制するようにして、無防備な子どもたちに熱狂的なランニングを強いることがないようにしてください。

■レース

　子どもにとっても気楽な非公式な競走はとても有益です。ただ、あまりに激しいスピード練習やきっちり管理された競走を目指すようなチームづくりは正しくありません。時々ロードレースに出場したり、楽しく気楽にファンランの大会や学校の運動会で走ったりすることはとても有益です。長い距離の練習やレースもまた、過度となってバーンアウト（焼き切れ）症候を引き起こします。距離の長いマラソンは、生涯を通して出会えればよく、この時期にあわてて取り組む必要はありません。

# 推薦プログラム

**1～5歳**：ランニングを含む元気いっぱいの活動は何でもおすすめです。また、子どもたちを時々レースを観せに連れていってあげてください。そこで、「いつか、あなたも大きくなったら、きっとお兄ちゃん、お姉ちゃんのようにレースで走りたくなるよ」というようなことを言ってあげます。そして、元気いっぱいの素晴らしさについていろいろ話してあげましょう。

**5～11歳**：もしランニングに興味を示すようでしたら、走ることをすすめてみてください。そして、子どもと一緒に走りながらいろいろ話してあげてください。くれぐれも長い距離や激しく走ることがないようにし、また走ってみたいという気持ちを壊さないようにすることが大切です。日頃のランニ

ングのご褒美に、ロードレースやファンランに参加してみてもよいでしょう。

**11～12歳**：ジュニアのランニングクラブに参加してみたいと子どもが望むのであれば、そのプログラムを検討してみます。週に2～3回の練習で、1シーズンに3～4回レースに参加するようなプログラムが適当かと思います。激しいインターバル走やかなりの長距離を走るようなプログラムは避けるようにします。地元のローカルな大会に参加するのであれば、週3回の練習で十分可能です。

**13～18歳**：ランニングとともに、その他のさまざまな活動、勉強、音楽、デート、学校新聞作成などをすすめてあげます。この時期になれば、かなり激しいトレーニングを始めることができます。しかし、週に60～80kmを超えるような長距離練習、ハードなスピード練習、毎週のようなレース出場は避けるべきです。15歳となり、身体的に十分発達し、才能もある選手であれば全国規模の大会に挑戦できます（私は、15歳未満の子どもたちが全国規模の大会へ出場する意味はないと考えます。どうして子どもたちが同年齢のグループの中で競いあう必要があるのか不可解なことです。子どもたちの生活圏にあるローカルレースで十分です）。

**18歳以上**：この年齢になれば、あなたはもはやアドバイザーです。いかに厳しいトレーニングを行うか、全国規模の大会へエントリーするかどうかなど、すべて自分自身で決定することができます。本書で述べてきたビギナーからランナーに至るそれぞれの目的に合ったトレーニング、適度な休養、計画の立て方などを積極的に試すことができます。

---

### ▶▶▶ 米国における一般的な推薦制度

大学入学にかかわる推薦ポイントでは高校のクロスカントリーチームに所属する生徒が高く評価されています。有名大学の志願票には高校のクロスカントリーチームに所属するランナーについて次の3つの重要なポイントが挙げられています。①輝かしい成績は必要ないこと、②よく訓練されていること、③厳しい練習を恐れないことです。このような素養は社会人としてもとても役立ちます。実際、クロスカントリーランナーは多くの高校でよき競技者となり、またリーダーとしても活躍しています

# 2. 40歳を過ぎてからのランニング

　私たちは、過ぎゆく時間をコントロールすることはできません。宇宙空間をさっと流れていく星のように、不思議なブラックホールのような人生の終わりに向かって確実に進んでいるのです。いつ、どこでその中に入っていくのか誰にもわかりません。走ることはより楽しくより刺激的にその時を過ごしていく、とても魅力的な気晴らしであると思います。

　私たちはどれくらい生きられるのか予測することはできませんが、年をとっていくプロセスでさまざまな足跡は残すことができます。健康的な生活習慣で過ごすことは、より長く生きるチャンスを増やすだけでなく、その間の生活の質も著しく向上します。

　ランナーは、朝の走り始めがいくぶんゆっくりになったり、あちこちの痛みやこりがやや目立ったり、あるいは、ケガの回復が遅れ気味といったときに年齢を感じます。私は39歳で、40歳の「壁」にさしかかったときに、何人もの人たちが何の不安もなく40歳の壁を超えたと、私を勇気づけてくれました。こうした人たちは、40歳を超えても豊かな生活があること、またちゃんと気をつかっていれば、いつまでもランニングの恩恵を受けることができると、私に示してくれました。

### ■回復が遅くなる

　年を重ねるごとに、疲労の回復が少しずつ遅くなります。多くのランナーが年齢とともに毎週の休養日を少し増やすことで、走行距離もある程度維持しながら脚部の疲労を減らしランニングを上手に楽しんでいます。また、走らない日に何か運動したい場合にはウォーキングやクロストレーニングを入れるのも効果的です。

### ■軽い練習日はさらにゆっくりと

　私は40歳のときに、「年齢の壁」にぶちあたり、ペースダウンし週間走行

[表 8-1] 年齢に応じた週間ランニング日数（目安）

| 年齢 | 1 週間に走る日数 |
| --- | --- |
| 40〜50 歳 | 4 日 |
| 51〜60 歳 | 隔日（1 日おき）ランニング |
| 61〜70 歳 | 3 日 |
| 71 歳以上 | 2〜3 日（クロストレーニングを含む） |

距離を 100km から 50km に減らしました。すると、その 2 年後にはほぼ完全に回復しただけでなく、運動量もより多く求めるようになりました。最初の 1〜2km をそれまでよりも 3〜4 分間遅く、特にゆっくり走り始め、その後も少しだけペースを上げる程度にします。こうしてゆっくり走ることを学んだことでリラックスしたとてもよい気分を楽しめるようになり、週間走行距離も 100km を超えるまでに回復し、ケガからも解放されました。

■ウォークブレイクで回復を早めよう

中高年ランナーの健脚を維持するトレーニング革命は「ウォークブレイク」にあるともいえるでしょう。「ウォークブレイク」の項（p.79）を参照してください。70 歳代のランナーがウォークブレイクを取り入れたことで、疲労や障害もなく 30 歳代と同等の走り込みを成し遂げています。私もほとんど毎回ウォークブレイクを取り入れています。

# 40歳を超えたランナーの事例

■中年からの U ターン

キャセー・トロイさんは不安と期待をいっぱいに私たちのランニングキャンプにやってきました。彼女はチャリティのフルマラソンを走りたいと願っていましたが、47 歳以降ほとんど運動することができないでいました。私は、彼女につらいときはいつでも自由に 1〜2 分間のウォークブレイクを入れることをすすめたところ、何かできそうだと気づいたようです。

6 ヶ月後、彼女から喜びいっぱいの電話がありました。なんと 2 分間走って 2 分間歩く方法で初マラソンを 6 時間でフィニッシュできたと。そしてす

[表 8-2] 年齢に応じたウォークブレイクの回数（目安）

| 年齢 | ウォークブレイクの回数 |
| --- | --- |
| 40～49歳 | 4～10分おきに1分間のウォーキング |
| 50～59歳 | 4～8分おきに1～2分間のウォーキング |
| 60～69歳 | 3～6分おきに1～2分間のウォーキング |
| 70～75歳 | 3～6分おきに2分間のウォーキング |
| 76歳以上 | 3～4分おきに2～3分間のウォーキング |

でに数ヶ月後の次のレースにエントリーをすませたと言うのです。数年後、私は彼女がランニングにとりつかれたと感じていました。案の定、年に6回、さらに年に12回とフルマラソンを、4分30秒間走って1分間歩く方法でのめり込んでいきました。

そして、なんと8年後にはマラソンを4時間13分でフィニッシュしたのです。それは2分間走って1分間歩く方法でした。それ以来、この「2：1」の方法で年に20回以上マラソンを走り、ケガもなく走り続けています。

■1日おきのランニング

ジョージ・シーハン博士は、60歳代後半に入って週6日のランニングから週3日に変えました。私たちは、素晴らしいあの博士がランニングに興味を失ってしまったのかと思いました。シーハン博士は62歳までフルマラソンの自己記録を更新しています。彼は今1日おきに16km走っていますが、それは毎日8～10km走っていたときより調子がよく、フルマラソンが近づくといくぶん長い距離を加えるそうです。

ジャック・フォスター（年齢別世界一）は、33歳から走り始め、41歳のマラソン走行で2時間11分、1982年50歳の誕生日には2時間20分ちょっとで走ってお祝いした偉大なランナーです。彼もとても信じられないことですが、1日おきの週3日のランニングに変えていました。

私たちはフォスター選手のように速くは走れませんが、週3日の原理は誰にも通用するマスターズのポイントになります。科学者たちも週3日で間に休養を挟むことは、より長い年月にわたって走り続けるのにとても有効であるとしています。また、この方法は中高年だけではなく、成人、あるいは子どもにも適した原理でもあります。

■60歳からのランニング

　メービス・リンドグレンさんは、カナダの田舎育ちでしたが病弱な子ども時代を送り、両親は彼女のためにブリティッシュコロンビア西部の病院の近くに引っ越しました。10代で結核にかかり、闘病の末何とか病に打ち勝ちましたが、成人になっても弱々しく不健康なものでした。50歳代には3年間、肺の感染症に悩まされましたが、そのとき（もう30年前のことですが）医者が彼女に「これで病気に苦しむのは最後でしょう」と告げましたが、なんとこれが本当だったのです。

　メービスさんは死んだつもりで、もう数年懸命に生きようと頑張りました。やがて、夫のカールさんとウォーキングプログラムができるようになったのです。医師は運動は避けるべきだと言っていましたが、やがて彼女はカールさんと一緒にジョギングを始めました。最初はたった2〜3mしかできませんでしたが、彼女は走り続け、驚くべきことに1年後には1600mのジョギングができるようになりました。

　メービスさんは今85歳になりましたが、これまでフルマラソンを何回も走るとともに、年齢別の新記録も樹立しています。彼女は生き生きとして、活力に満ち、50歳を超えるまでさまざまな感染症にかかりましたが、その後25年以上も風邪ひとつひくことなく元気に過ごしておられます。

■家族の偉大なヒーロー

　私はこれまで、何の才能もない少年が全米大学チャンピオンになったり、主婦が世界的なマラソンランナーになったり、あるいは古くからの友人であるフランク・ショーターがオリンピック金メダリストになったりするなどを身近に見てきました。しかしながら、私を最も感動させた人は、オリンピック選手でも、世界記録保持者でも、世界チャンピオンでもありません。その人は、私の少年時代のヒーロー、52歳で走り始めたエリオットなのです。

　52歳になり、エリオットは高校時代のフットボールチームの仲間が半分以上も病気などで亡くなっていることに気がつきました。体重は90kg、彼は脂っこいものが大好きで、運動することを好みませんでした。医者からも、生き残りたいのであれば運動しなければならないと言われました。かつての全米高校フットボール選手だった彼は何も運動しなかった30年間を取り戻すためには、近くの公園で見かけるジョガーのように、よたよたと走り回ら

なければならないと気づいたのです。しかしながら、実際にやってみると実に厳しいものでした。始めは、最初の電柱までがやっとでした。

　エリオットは、何とか次の電柱までと頑張り続け、4〜5ヶ月後、1kmくらいは走れるようになったのです。ランニングは減量を助け、体型が変わり、走ることも徐々に楽になり、苦痛も減ってきました。また、途中で歩くことは彼の自尊心には耐えかねるものでしたが、やがてランニングの中にウォーキングを取り入れることが、ストレスを和らげかつ持久力も増加させることに気づきました。選手時代には「楽しく走ること」なんて置き忘れなければならなかったことを、52歳を超えて初めて学んだのでした。

　エリオットは、電柱ジョギングを続け、やがて5km、そして10kmと走れるようになりました。フォームなんてこだわりませんでしたが、進歩につれて効果的な走り方を勉強するようになり、大学時代1500mを5分間で走っていた感覚で、今では1500mを8分（1km4分40秒ペース）で走れるようになりました。自分の体に聞きながら身につけたのです。

　1978年、ジョギングを始めたときより20kgも軽くなった彼はボストンマラソンに出場する資格を得ることもできました。そして、59回目の誕生日の直前、エリオットはギャロウェイ家のお膝元、ジョージアマラソンにおいて2時間59分で走り切ったのです！

　これが、私にとって、また私の父であるエリオット・ギャロウェイにとっても最も興奮するストーリーです。私を最も感激させたものは、他の誰でもない、日々の努力と40年前よりずっと父を若返らせた積極的なライフスタイルです。また、1996年のボストンマラソンを父と一緒に走れたことは私にとって、最も尊いランニング経験となりました。私はウォークブレイクを入れながらのつらいレースとなりましたが、父は通常どおり週に50〜60kmを走っての参加でした。私の少年時代のヒーローであった父は、私が大人になってからも再び、偉大なヒーローとなったのです。

　私たちは誰でも、自分の細い生命の糸を確実に制御することはできませんが、生涯にわたっての大きな流れの中で、怠慢によるマイナスを受け入れるか、健康や生活をプラスにコントロールしていくかのどちらかを選ぶことができます。私の父のような勇気あるストーリーは何千もあるでしょう。その1人ひとりがそれを闘いとった素晴らしい実践力をもっています。もちろん、

誰もが同じようにそうしなければならないことはありません。ただ年齢とともに、事態はなおいっそう悪くはなるでしょう。選択するのはあなたです。

# 40歳を超えたランナーへのアドバイス

### ■細かな注意点

年齢とともに回復力が低下しているので、障害へのリスク、過労、オーバートレーニングなどを避けるための細かなポイントを挙げていきます。

**小出しに走る**：中高年ランナーは一度に長く走れなくても、まったく走らないよりは短い距離を小出しででも走るほうが効果的です。

**オーバーペースを避ける**：中高年ランナーの脚筋は回復に時間がかかり、1kmにわずか5秒速くてもオーバーペースになります。

**オーバーストライドを避ける**：わずか2～3cmストライドが伸びるだけでもハードになり、その影響は大きく、筋肉痛も長引いてしまいます。

**オーバーストレッチを避ける**：中高年ランナーはストレッチで伸ばし過ぎると障害を引き起こし、回復に何ヶ月も要する場合があります。

**違和感を見過ごさない**：わずか1～2kmのランニングでも疲労を見過ごすことで何週間も走れなくなる場合があるので、違和感があったら、早めに走る

---

>>> **40歳以上のランナーにおすすめの補助練習**

**1日2回練習**：（長い距離の練習は除く）ランニングを2回に分割することで足腰への負担を減らす。

**ウインドスプリント**：スピード練習の負荷をかけずにスピードを維持する。
- ・4～8回のウインドスプリントを毎日のランニングに入れる。
- ・2～6回のウインドスプリントを毎日のランニングに入れる。
- ・2～6回のウインドスプリントを週2回。
- ・2～3回のウインドスプリントを週1～2回。

**ペース走**：レースペースよりも1kmを2分間くらい遅いペースで走る。

**クロストレーニング**：走る日を減らし、体力維持を心がける。特に、水中ランニングやクロストレーナーマシーンが適している。

のを中断しましょう。
### ■太っちょランナーは
　ランナーでも多くの人が10年単位で体重を増やし、過剰な体重が疲労回復を長引かせています。体重が多めのランナーは表8-3の体力年齢を目安に、ウォークブレイクを多めに入れたり、走る日を少なくしたりして脚部の負担を軽くします。やがて、10年前のしなやかな体型を取り戻すこともできるでしょう。

[表 8-3] 過剰体重と体力年齢の目安

| 年齢 | 体力レベル | 過剰体重 | 主観的な足腰年齢 |
| --- | --- | --- | --- |
| 20～29 歳 | 高い | 5～10kg | 30～39 歳 |
| 20～29 | 普通 | 5～10kg | 35～45 |
| 20～29 | 低い | 5～10kg | 40～50 |
| 20～29 | 高い | 10kg 以上 | 35～45 |
| 20～29 | 普通 | 10kg 以上 | 40～50 |
| 20～29 | 低い | 10kg 以上 | 45～55 |
| 30～39 | 高い | 5～10kg | 40～49 |
| 30～39 | 普通 | 5～10kg | 45～55 |
| 30～39 | 低い | 5～10kg | 50～60 |
| 30～39 | 高い | 10kg 以上 | 45～55 |
| 30～39 | 普通 | 10kg 以上 | 50～60 |
| 30～39 | 低い | 10kg 以上 | 55～65 |
| 40～49 | 高い | 5～10kg | 50～60 |
| 40～49 | 普通 | 5～10kg | 55～65 |
| 40～49 | 低い | 5～10kg | 60～70 |
| 40～49 | 高い | 10kg 以上 | 55～65 |
| 40～49 | 普通 | 10kg 以上 | 60～70 |
| 40～49 | 低い | 10kg 以上 | 65～75 |
| 50～59 | 高い | 5～10kg | 60～69 |
| 50～59 | 普通 | 5～10kg | 65～75 |
| 50～59 | 低い | 5～10kg | 70～80 |
| 50～59 | 高い | 10kg 以上 | 65～75 |
| 50～59 | 普通 | 10kg 以上 | 70～80 |
| 50～59 | 低い | 10kg 以上 | 75～85 |

# 付録

# レースタイム予測表

　この表は自分が経験したレースタイムから、これから目指すレースタイムを予測する一覧表です。ある距離のレースタイムから違った距離のレースタイムを予測するものですが、もちろん、実際のレースはそのレース展開、心理的条件、環境条件などさまざまな要素が影響しますので、正確にピタッと予測できるわけではありません。

　また、ランナーは得意とするレースの距離があります。例えば、自分は10kmレースが最も得意という場合に、そのタイムからマラソンのレースタイムを予測するとかなりよいタイムになります。したがって、自分の得意としない種目を予測する場合はやや低めに見積もる必要があります。また、得意とする種目から導き出した予測記録を得るには、その種目に必要なトレーニングをしなければなりません。

**短い距離から長い距離のレースを予測する場合**：短い距離のレースタイムからマラソンのレースタイムを予測するときは、スピードはあるが長い距離を走る持久力が十分でないことを配慮する必要があります。長い距離の練習やスピード練習の反復回数を増やすことで予測タイムに近づくことができます。マラソンの予測タイムは10〜20分間くらい多めに見るべきです。また、気温が13℃以上に上がるとレースタイムは遅くなります。例えば、気温が27℃の高温下では、5kmのタイムから10kmのレースタイムを予測したとしても、スタートから無理をせずにゆっくり走るべきです。

**長い距離から短い距離のレースを予測する場合**：マラソンやハーフマラソンのレースタイムから、10kmのタイムを予測するのも適切ではありません。それは、持久力はあってもスピードが不十分であるからです。

付録 255

| 5km | 8km | 10km | 15km | 20km | 25km | 30km | マラソン | 50km |
|---|---|---|---|---|---|---|---|---|
| 12:58 | 21:23 | 27:09 | 41:50 | 56:50 | 1:12:05 | 1:27:32 | 2:06:18 | 2:31:43 |
| 13:02 | 21:30 | 27:17 | 42:05 | 57:09 | 1:12:29 | 1:28:02 | 2:07:02 | 2:32:35 |
| 13:06 | 21:38 | 27:27 | 42:20 | 57:29 | 1:12:54 | 1:28:32 | 2:07:45 | 2:33:28 |
| 13:11 | 21:45 | 27:36 | 42:30 | 57:49 | 1:13:19 | 1:29:30 | 2:08:30 | 2:34:21 |
| 13:15 | 21:52 | 27:45 | 42:45 | 58:08 | 1:13:44 | 1:29:54 | 2:09:14 | 2:35:15 |
| 13:20 | 22:00 | 27:55 | 43:00 | 58:29 | 1:14:10 | 1:30:05 | 2:10:00 | 2:36:10 |
| 13:24 | 22:08 | 28:04 | 43:20 | 58:29 | 1:14:36 | 1:30:36 | 2:10:46 | 2:37:05 |
| 13:29 | 22:15 | 28:14 | 43:30 | 59:09 | 1:15:02 | 1:31:08 | 2:11:32 | 2:38:01 |
| 13:33 | 22:22 | 28:24 | 43:45 | 59:30 | 1:15:28 | 1:31:41 | 2:12:19 | 2:38:58 |
| 13:38 | 22:30 | 28:34 | 44:00 | 59:51 | 1:15:55 | 1:32:13 | 2:13:06 | 2:39:55 |
| 13:43 | 22:38 | 28:44 | 44:20 | 1:00:13 | 1:16:22 | 1:32:46 | 2:13:54 | 2:40:53 |
| 13:48 | 22:45 | 28:54 | 44:35 | 1:00:34 | 1:16:50 | 1:33:20 | 2:14:43 | 2:41:51 |
| 13:52 | 22:52 | 29:04 | 44:50 | 1:00:56 | 1:17:18 | 1:33:54 | 2:15:32 | 2:42:51 |
| 13:57 | 23:02 | 29:15 | 45:05 | 1:01:18 | 1:17:46 | 1:34:28 | 2:16:22 | 2:43:51 |
| 14:02 | 23:10 | 29:25 | 45:20 | 1:01:41 | 1:18:14 | 1:35:03 | 2:17:12 | 2:44:52 |
| 14:07 | 23:20 | 29:36 | 45:40 | 1:02:03 | 1:18:43 | 1:35:38 | 2:18:04 | 2:45:53 |
| 14:12 | 23:28 | 29:47 | 45:56 | 1:02:26 | 1:19:12 | 1:36:14 | 2:18:55 | 2:46:56 |
| 14:17 | 23:35 | 29:57 | 46:13 | 1:02:49 | 1:19:42 | 1:36:50 | 2:19:48 | 2:47:59 |
| 14:23 | 23:45 | 30:08 | 46:30 | 1:03:13 | 1:20:12 | 1:37:26 | 2:20:41 | 2:49:03 |
| 14:28 | 23:53 | 30:20 | 46:47 | 1:03:37 | 1:20:42 | 1:38:03 | 2:21:34 | 2:50:08 |
| 14:33 | 24:00 | 30:31 | 47:05 | 1:04:01 | 1:21:13 | 1:38:40 | 2:22:29 | 2:51:13 |
| 14:39 | 24:10 | 30:42 | 47:23 | 1:04:25 | 1:21:44 | 1:39:28 | 2:23:24 | 2:52:20 |
| 14:44 | 24:20 | 30:54 | 47:41 | 1:04:50 | 1:22:15 | 1:39:57 | 2:24:20 | 2:53:27 |
| 14:50 | 24:30 | 31:06 | 47:59 | 1:05:15 | 1:22:47 | 1:40:36 | 2:25:10 | 2:54:35 |
| 14:55 | 24:40 | 31:18 | 48:18 | 1:05:40 | 1:23:20 | 1:41:15 | 2:26:13 | 2:55:44 |
| 15:01 | 24:48 | 31:30 | 48:36 | 1:06:06 | 1:23:52 | 1:41:55 | 2:27:11 | 2:56:54 |
| 15:07 | 24:58 | 31:43 | 48:55 | 1:06:32 | 1:24:25 | 1:42:35 | 2:28:10 | 2:58:05 |
| 15:12 | 25:08 | 31:55 | 49:15 | 1:06:58 | 1:24:59 | 1:43:16 | 2:29:10 | 2:59:17 |
| 15:18 | 25:17 | 32:07 | 49:34 | 1:07:25 | 1:25:33 | 1:43:58 | 2:30:10 | 3:00:30 |
| 15:24 | 25:27 | 32:20 | 49:54 | 1:07:52 | 1:26:08 | 1:44:40 | 2:31:11 | 3:01:44 |
| 15:30 | 25:37 | 32:33 | 50:14 | 1:08:19 | 1:26:42 | 1:45:22 | 2:32:13 | 3:02:59 |
| 15:36 | 25:48 | 32:46 | 50:34 | 1:08:47 | 1:27:18 | 1:46:06 | 2:33:16 | 3:04:15 |
| 15:43 | 25:58 | 32:59 | 50:55 | 1:09:15 | 1:27:54 | 1:46:50 | 2:34:20 | 3:05:32 |
| 15:49 | 26:09 | 33:12 | 51:16 | 1:09:44 | 1:28:30 | 1:47:34 | 2:35:25 | 3:06:50 |
| 15:55 | 26:19 | 33:26 | 51:37 | 1:10:13 | 1:29:07 | 1:48:19 | 2:36:30 | 3:08:09 |
| 16:02 | 26:30 | 33:40 | 51:58 | 1:10:42 | 1:29:45 | 1:49:05 | 2:37:37 | 3:09:29 |
| 16:08 | 26:41 | 33:54 | 52:20 | 1:11:12 | 1:30:23 | 1:49:51 | 2:38:44 | 3:10:51 |
| 16:15 | 26:52 | 34:08 | 52:42 | 1:11:42 | 1:31:01 | 1:50:38 | 2:39:53 | 3:12:13 |
| 16:22 | 27:03 | 34:23 | 53:05 | 1:12:13 | 1:31:40 | 1:51:26 | 2:41:02 | 3:13:37 |
| 16:28 | 27:15 | 34:37 | 53:27 | 1:12:44 | 1:32:20 | 1:52:14 | 2:42:13 | 3:15:02 |
| 16:35 | 27:26 | 34:52 | 53:50 | 1:13:15 | 1:33:00 | 1:53:03 | 2:43:24 | 3:16:28 |
| 16:42 | 27:38 | 35:07 | 54:14 | 1:13:47 | 1:33:41 | 1:53:53 | 2:44:37 | 3:17:56 |
| 16:49 | 27:50 | 35:22 | 54:37 | 1:14:20 | 1:34:22 | 1:54:43 | 2:45:50 | 3:19:25 |

| 5km | 8km | 10km | 15km | 20km | 25km | 30km | マラソン | 50km |
|---|---|---|---|---|---|---|---|---|
| 16:57 | 28:02 | 35:37 | 55:01 | 1:14:53 | 1:35:04 | 1:55:35 | 2:47:05 | 3:20:55 |
| 17:04 | 28:14 | 35:53 | 55:26 | 1:15:26 | 1:35:47 | 1:56:27 | 2:48:21 | 3:22:27 |
| 17:11 | 28:27 | 36:01 | 55:51 | 1:16:00 | 1:36:30 | 1:57:19 | 2:49:38 | 3:24:00 |
| 17:19 | 28:39 | 36:25 | 56:16 | 1:16:35 | 1:37:14 | 1:58:13 | 2:50:56 | 3:25:34 |
| 17:27 | 28:52 | 36:41 | 56:41 | 1:17:10 | 1:37:59 | 1:59:08 | 2:52:15 | 3:27:10 |
| 17:34 | 29:05 | 36:58 | 57:07 | 1:17:45 | 1:38:44 | 2:00:03 | 2:53:36 | 3:28:48 |
| 17:42 | 29:18 | 37:14 | 57:33 | 1:18:21 | 1:39:30 | 2:00:59 | 2:54:58 | 3:30:27 |
| 17:50 | 29:32 | 37:31 | 58:00 | 1:18:58 | 1:40:17 | 2:01:56 | 2:56:21 | 3:32:01 |
| 17:58 | 29:45 | 37:49 | 58:27 | 1:19:35 | 1:41:04 | 2:02:54 | 2:57:45 | 3:33:49 |
| 18:07 | 29:59 | 38:06 | 58:55 | 1:20:13 | 1:41:52 | 2:03:53 | 2:59:11 | 3:35:33 |
| 18:15 | 30:13 | 38:24 | 59:21 | 1:20:51 | 1:42:41 | 2:04:53 | 3:00:39 | 3:37:19 |
| 18:23 | 30:27 | 38:43 | 59:51 | 1:21:30 | 1:43:31 | 2:05:53 | 3:02:07 | 3:39:06 |
| 18:32 | 30:42 | 39:01 | 1:00:20 | 1:22:10 | 1:44:22 | 2:06:55 | 3:03:37 | 3:40:55 |
| 18:41 | 30:56 | 39:20 | 1:00:49 | 1:22:50 | 1:45:13 | 2:07:58 | 3:05:09 | 3:42:46 |
| 18:50 | 31:11 | 39:39 | 1:01:19 | 1:23:31 | 1:46:05 | 2:09:02 | 3:06:42 | 3:44:38 |
| 18:59 | 31:26 | 39:58 | 1:01:50 | 1:24:12 | 1:46:58 | 2:10:07 | 3:08:17 | 3:46:33 |
| 19:08 | 31:42 | 40:18 | 1:02:20 | 1:24:55 | 1:47:52 | 2:11:13 | 3:09:53 | 3:48:30 |
| 19:17 | 31:57 | 40:38 | 1:02:52 | 1:25:38 | 1:48:47 | 2:12:20 | 3:11:32 | 3:50:28 |
| 19:27 | 32:13 | 40:58 | 1:03:24 | 1:26:21 | 1:49:43 | 2:13:28 | 3:13:11 | 3:52:29 |
| 19:36 | 32:30 | 41:19 | 1:03:56 | 1:27:06 | 1:50:40 | 2:14:38 | 3:14:53 | 3:54:32 |
| 19:46 | 32:46 | 41:40 | 1:04:29 | 1:27:51 | 1:51:38 | 2:15:48 | 3:16:36 | 3:56:37 |
| 19:56 | 33:03 | 42:02 | 1:05:03 | 1:28:37 | 1:52:37 | 2:17:00 | 3:18:21 | 3:58:44 |
| 20:06 | 33:20 | 42:23 | 1:05:37 | 1:29:24 | 1:53:37 | 2:18:14 | 3:20:08 | 4:00:53 |
| 20:17 | 33:37 | 42:46 | 1:06:11 | 1:30:12 | 1:54:38 | 2:19:28 | 3:21:57 | 4:03:05 |
| 20:27 | 33:55 | 43:08 | 1:06:47 | 1:31:00 | 1:55:40 | 2:20:44 | 3:23:48 | 4:05:19 |
| 20:38 | 34:13 | 43:31 | 1:07:23 | 1:31:50 | 1:56:43 | 2:22:01 | 3:25:41 | 4:07:36 |
| 20:49 | 34:31 | 43:55 | 1:07:59 | 1:32:40 | 1:57:47 | 2:23:20 | 3:27:36 | 4:09:56 |
| 21:00 | 34:50 | 44:18 | 1:08:37 | 1:33:31 | 1:58:53 | 2:24:40 | 3:29:34 | 4:12:18 |
| 21:11 | 35:08 | 44:43 | 1:09:15 | 1:34:24 | 2:00:00 | 2:26:02 | 3:31:33 | 4:14:42 |
| 21:22 | 35:28 | 45:07 | 1:09:53 | 1:35:17 | 2:01:08 | 2:27:25 | 3:33:35 | 4:17:10 |
| 21:34 | 35:47 | 45:32 | 1:10:33 | 1:36:11 | 2:02:17 | 2:28:50 | 3:35:39 | 4:19:40 |
| 21:46 | 36:07 | 45:58 | 1:11:13 | 1:37:06 | 2:03:28 | 2:30:16 | 3:37:46 | 4:22:14 |
| 21:58 | 36:28 | 46:24 | 1:11:54 | 1:38:02 | 2:04:40 | 2:31:44 | 3:39:55 | 4:24:50 |
| 22:10 | 36:48 | 46:51 | 1:12:36 | 1:39:00 | 2:05:53 | 2:33:14 | 3:42:06 | 4:27:30 |
| 22:23 | 37:10 | 47:18 | 1:13:18 | 1:39:58 | 2:07:08 | 2:34:46 | 3:44:21 | 4:30:12 |
| 22:36 | 37:31 | 47:46 | 1:14:02 | 1:40:58 | 2:08:25 | 2:36:20 | 3:46:38 | 4:32:59 |
| 22:49 | 37:53 | 48:14 | 1:14:46 | 1:41:59 | 2:09:43 | 2:37:55 | 3:48:58 | 4:35:48 |
| 23:02 | 38:16 | 48:42 | 1:15:31 | 1:43:01 | 2:11:02 | 2:39:32 | 3:51:21 | 4:38:41 |
| 23:15 | 38:38 | 49:12 | 1:16:17 | 1:44:05 | 2:12:23 | 2:41:12 | 3:53:46 | 4:41:38 |
| 23:29 | 39:02 | 49:42 | 1:17:04 | 1:45:09 | 2:13:46 | 2:42:53 | 3:56:15 | 4:44:39 |
| 23:43 | 39:26 | 50:12 | 1:17:52 | 1:46:15 | 2:15:11 | 2:44:37 | 3:58:47 | 4:47:43 |
| 23:58 | 39:50 | 50:43 | 1:18:41 | 1:47:23 | 2:16:37 | 2:46:23 | 4:01:23 | 4:50:51 |
| 24:12 | 40:15 | 51:15 | 1:19:31 | 1:48:32 | 2:18:06 | 2:48:11 | 4:04:02 | 4:54:04 |

| 5km | 8km | 10km | 15km | 20km | 25km | 30km | マラソン | 50km |
|---|---|---|---|---|---|---|---|---|
| 24:27 | 40:40 | 51:48 | 1:20:22 | 1:49:42 | 2:19:36 | 2:50:02 | 4:06:44 | 4:57:21 |
| 24:43 | 41:06 | 52:21 | 1:21:15 | 1:50:54 | 2:21:08 | 2:51:55 | 4:09:30 | 5:00:42 |
| 24:58 | 41:32 | 52:55 | 1:22:08 | 1:52:08 | 2:22:42 | 2:53:50 | 4:12:20 | 5:04.08 |
| 25:14 | 41:59 | 53:29 | 1:23:02 | 1:53:23 | 2:24:19 | 2:55:48 | 4:15:13 | 5:07:39 |
| 25:30 | 42:27 | 54:05 | 1:23:58 | 1:54:40 | 2:25:58 | 2:57:49 | 4:18:11 | 5:11:15 |
| 25:47 | 42:55 | 54:41 | 1:24:55 | 1:55:59 | 2:27:38 | 2:59:53 | 4:21:13 | 5:14:56 |
| 26:04 | 43:24 | 55:18 | 1:25:54 | 1:57:19 | 2:29:22 | 3:02:00 | 4:24:19 | 5:18:42 |
| 26:21 | 43:53 | 55:56 | 1:26:53 | 1:58:41 | 2:31:07 | 3:04:09 | 4:27:29 | 5:22:33 |
| 26:39 | 44:23 | 56:35 | 1:27:54 | 2:00:06 | 2:32:55 | 3:06:22 | 4:30:45 | 5:26:30 |
| 26:57 | 44:54 | 57:14 | 1:28:57 | 2:01:32 | 2:34:46 | 3:08:38 | 4:34:05 | 5:30:33 |
| 27:16 | 45:26 | 57:55 | 1:30:01 | 2:03:00 | 2:36:40 | 3:10:57 | 4:37:30 | 5:34:43 |
| 27:35 | 45:58 | 58:36 | 1:31:06 | 2:04:31 | 2:38:36 | 3:13:20 | 4:41:00 | 5:38:58 |
| 27:54 | 46:31 | 59:19 | 1:32:14 | 2:06:04 | 2:40:35 | 3:15:46 | 4:44:36 | 5:43:20 |
| 28:14 | 47:05 | 1:00:02 | 1:33:23 | 2:07:39 | 2:42:38 | 3:18:16 | 4:48:17 | 5:47:49 |

# レースペース表

レース中のペースチェックに役立てます。レース中、計算しながら走ることが難しくなるので、手や腕にチェックポイントタイムを書いておくとよいでしょう。また、レース後に自分のレースを振り返る場合にも利用できます（1マイル＝1.6km）。

| 1マイルのペース(分) | 2マイル | 3マイル | 5km | 4マイル | 5マイル | 6マイル | 10km | 7マイル | 8マイル | 9マイル |
|---|---|---|---|---|---|---|---|---|---|---|
| 4:50 | 9:40 | 14:30 | 15:01 | 19:20 | 24:10 | 29:00 | 30:02 | 33:50 | 38:40 | 43:30 |
| 5:00 | 10:00 | 15:00 | 15:32 | 20:00 | 25:00 | 30:00 | 31:04 | 35:00 | 40:00 | 45:00 |
| 5:10 | 10:20 | 15:30 | 16:03 | 20:40 | 25:50 | 31:00 | 32:06 | 36:10 | 41:20 | 46:30 |
| 5:20 | 10:40 | 16:00 | 16:34 | 21:20 | 26:40 | 32:00 | 33:08 | 37:20 | 42:40 | 48:00 |
| 5:30 | 11:00 | 16:30 | 17:05 | 22:00 | 27:30 | 33:00 | 34:10 | 38:30 | 44:00 | 49:30 |
| 5:40 | 11:20 | 17:00 | 17:36 | 22:40 | 28:20 | 34:00 | 35:12 | 39:40 | 45:20 | 51:00 |
| 5:50 | 11:40 | 17:30 | 18:07 | 23:20 | 29:10 | 35:00 | 36:14 | 40:50 | 46:40 | 52:30 |
| 6:00 | 12:00 | 18:00 | 18:39 | 24:00 | 30:00 | 36:00 | 37:17 | 42:00 | 48:00 | 54:00 |
| 6:10 | 12:20 | 18:30 | 19:10 | 24:40 | 30:50 | 37:00 | 38:19 | 43:10 | 49:20 | 55:30 |
| 6:20 | 12:40 | 19:00 | 19:41 | 25:20 | 31:40 | 38:00 | 39:22 | 44:20 | 50:40 | 57:00 |
| 6:30 | 13:00 | 19:30 | 20:12 | 26:00 | 32:30 | 39:00 | 40:24 | 45:30 | 52:00 | 58:30 |
| 6:40 | 13:20 | 20:00 | 20:43 | 26:40 | 33:20 | 40:00 | 41:26 | 46:40 | 53:20 | 1:00:00 |
| 6:50 | 13:40 | 20:30 | 21:14 | 27:20 | 34:10 | 41:00 | 42:28 | 47:50 | 54:40 | 1:01:30 |
| 7:00 | 14:00 | 21:00 | 21:45 | 28:00 | 35:00 | 42:00 | 43:30 | 49:00 | 56:00 | 1:03:00 |
| 7:10 | 14:20 | 21:30 | 22:16 | 28:40 | 35:50 | 43:00 | 44:32 | 50:10 | 57:20 | 1:04:30 |
| 7:20 | 14:40 | 22:00 | 22:47 | 29:20 | 36:40 | 44:00 | 45:34 | 51:20 | 58:40 | 1:06:00 |
| 7:30 | 15:00 | 22:30 | 23:18 | 30:00 | 37:30 | 45:00 | 46:36 | 52:30 | 1:00:00 | 1:07:30 |
| 7:40 | 15:20 | 23:00 | 23:49 | 30:40 | 38:20 | 46:00 | 47:38 | 53:40 | 1:01:20 | 1:09:00 |
| 7:50 | 15:40 | 23:30 | 24:20 | 31:20 | 39:10 | 47:00 | 48:40 | 54:50 | 1:02:40 | 1:10:30 |
| 8:00 | 16:00 | 24:00 | 24:51 | 32:00 | 40:00 | 48:00 | 49:42 | 56:00 | 1:04:00 | 1:12:00 |
| 8:10 | 16:20 | 24:30 | 25:22 | 32:40 | 40:50 | 49:00 | 50:44 | 57:10 | 1:05:20 | 1:13:30 |
| 8:20 | 16:40 | 25:00 | 25:53 | 33:20 | 41:40 | 50:00 | 51:46 | 58:20 | 1:06:40 | 1:15:00 |
| 8:30 | 17:00 | 25:30 | 26:24 | 34:00 | 42:30 | 51:00 | 52:48 | 59:30 | 1:08:00 | 1:16:30 |
| 8:40 | 17:20 | 26:00 | 26:55 | 34:40 | 43:20 | 52:00 | 53:50 | 1:00:40 | 1:09:20 | 1:18:00 |
| 8:50 | 17:40 | 26:30 | 27:26 | 35:20 | 44:10 | 53:00 | 54:52 | 1:01:50 | 1:10:40 | 1:19:30 |
| 9:00 | 18:00 | 27:00 | 27:57 | 36:00 | 45:00 | 54:00 | 55:54 | 1:03:00 | 1:12:00 | 1:21:00 |
| 9:10 | 18:20 | 27:30 | 28:28 | 36:40 | 45:50 | 55:00 | 56:56 | 1:04:10 | 1:13:20 | 1:22:30 |
| 9:20 | 18:40 | 28:00 | 28:59 | 37:20 | 46:40 | 56:00 | 57:58 | 1:05:20 | 1:14:40 | 1:24:00 |
| 9:30 | 19:00 | 28:30 | 29:30 | 38:00 | 47:30 | 57:00 | 59:00 | 1:06:30 | 1:16:00 | 1:25:30 |
| 9:40 | 19:20 | 29:00 | 30:01 | 38:40 | 48:20 | 58:00 | 1:00:02 | 1:07:40 | 1:17:20 | 1:27:00 |
| 9:50 | 19:40 | 29:30 | 30:32 | 39:20 | 49:10 | 59:00 | 1:01:04 | 1:08:50 | 1:18:40 | 1:28:30 |
| 10:00 | 20:00 | 30:00 | 31:04 | 40:00 | 50:00 | 60:00 | 1:02:08 | 1:10:00 | 1:20:00 | 1:30:00 |

| 15km | 10マイル | 20km | ハーフマラソン | 15マイル | 25km | 30km | 20マイル | マラソン | 50km |
|---|---|---|---|---|---|---|---|---|---|
| 45:03 | 48:20 | 1:00:04 | 1:03:52 | 1:12:30 | 1:15:05 | 1:30:06 | 1:36:40 | 2:07:44 | 2:30:10 |
| 46:36 | 50:00 | 1:02:08 | 1:05:33 | 1:15:00 | 1:17:40 | 1:33:12 | 1:40:00 | 2:11:06 | 2:35:20 |
| 48:09 | 51:40 | 1:04:12 | 1:07:58 | 1:17:30 | 1:20:15 | 1:36:18 | 1:43:20 | 2:15:28 | 2:40:30 |
| 49:42 | 53:20 | 1:06:16 | 1:08:55 | 1:20:00 | 1:22:50 | 1:39:24 | 1:46:40 | 2:19:50 | 2:45:30 |
| 51:15 | 55:00 | 1:08:20 | 1:12:06 | 1:22:30 | 1:25:25 | 1:42:30 | 1:50:00 | 2:24:12 | 2:50:50 |
| 52:48 | 56:40 | 1:10:24 | 1:14:17 | 1:25:00 | 1:28:00 | 1:45:36 | 1:53:20 | 2:28:34 | 2:56:00 |
| 54:21 | 58:20 | 1:12:28 | 1:16:28 | 1:27:30 | 1:30:35 | 1:48:42 | 1:56:40 | 2:32:56 | 3:00:17 |
| 55:56 | 1:00:00 | 1:14:33 | 1:18:39 | 1:30:00 | 1:33:10 | 1:51:48 | 2:00:00 | 2:37:19 | 3:06:20 |
| 57:29 | 1:01:40 | 1:16:38 | 1:20:50 | 1:32:30 | 1:35:45 | 1:54:54 | 2:03:20 | 2:41:41 | 3:11:30 |
| 59:03 | 1:03:20 | 1:18:43 | 1:23:01 | 1:35:00 | 1:38:20 | 1:58:00 | 2:06:40 | 2:46:03 | 3:16:40 |
| 1:00:36 | 1:05:00 | 1:20:47 | 1:25:13 | 1:37:30 | 1:40:55 | 2:01:06 | 2:10:00 | 2:50:25 | 3:21:50 |
| 1:02:09 | 1:06:40 | 1:22:52 | 1:27:23 | 1:40:00 | 1:43:30 | 2:04:12 | 2:13:20 | 2:54:47 | 3:17:00 |
| 1:03:42 | 1:08:20 | 1:24:56 | 1:29:34 | 1:42:30 | 1:46:05 | 2:07:24 | 2:16:40 | 2:59:09 | 3:22:10 |
| 1:05:15 | 1:10:00 | 1:27:00 | 1:31:32 | 1:45:00 | 1:48:40 | 2:10:30 | 2:20:00 | 3:03:03 | 3:37:20 |
| 1:06:48 | 1:11:40 | 1:29:04 | 1:33:57 | 1:47:30 | 1:51:15 | 2:13:36 | 2:23:20 | 3:07:55 | 3:42:30 |
| 1:08:21 | 1:13:20 | 1:31:08 | 1:36:08 | 1:50:00 | 1:53:50 | 2:16:42 | 2:26:40 | 3:12:17 | 3:47:40 |
| 1:09:54 | 1:15:00 | 1:33:12 | 1:38:20 | 1:52:30 | 1:56:25 | 2:19:48 | 2:30:00 | 3:16:39 | 3:52:50 |
| 1:11:27 | 1:16:40 | 1:35:16 | 1:40:30 | 1:55:00 | 1:59:00 | 2:22:54 | 2:33:20 | 3:21:01 | 3:58:00 |
| 1:13:00 | 1:18:20 | 1:37:20 | 1:42:42 | 1:57:30 | 2:01:35 | 2:26:00 | 2:36:40 | 3:25:23 | 4:03:10 |
| 1:14:33 | 1:20:00 | 1:39:24 | 1:44:52 | 2:00:00 | 2:04:10 | 2:29:06 | 2:40:00 | 3:29:45 | 4:08:20 |
| 1:16:06 | 1:21:40 | 1:41:28 | 1:47:02 | 2:02:30 | 2:06:45 | 2:32:12 | 2:43:20 | 3:34:07 | 4:13:30 |
| 1:17:39 | 1:23:20 | 1:43:32 | 1:49:15 | 2:05:00 | 2:09:20 | 2:35:18 | 2:46:40 | 3:38:29 | 4:18:40 |
| 1:19:12 | 1:25:00 | 1:45:36 | 1:51:25 | 2:07:30 | 2:11:55 | 2:38:24 | 2:50:00 | 3:42:51 | 4:23:50 |
| 1:20:45 | 1:26:40 | 1:47:40 | 1:53:07 | 2:10:00 | 2:14:30 | 2:41:30 | 2:53:20 | 3:47:13 | 4:29:00 |
| 1:22:18 | 1:28:20 | 1:49:44 | 1:55:18 | 2:12:30 | 2:17:05 | 2:44:36 | 2:56:40 | 3:51:35 | 4:34:10 |
| 1:23:51 | 1:30:00 | 1:51:48 | 1:58:00 | 2:15:00 | 2:19:40 | 2:47:42 | 3:00:00 | 3:56:00 | 4:39:20 |
| 1:25:24 | 1:31:40 | 1:53:52 | 2:00:11 | 2:17:30 | 2:22:15 | 2:50:48 | 3:03:20 | 4:00:19 | 4:44:30 |
| 1:26:57 | 1:33:20 | 1:55:56 | 2:02:22 | 2:20:00 | 2:24:50 | 2:53:54 | 3:06:40 | 4:04:41 | 4:49:00 |
| 1:28:30 | 1:35:00 | 1:58:00 | 2:04:33 | 2:22:30 | 2:27:25 | 2:57:00 | 3:10:00 | 4:09:03 | 4:54:50 |
| 1:30:03 | 1:36:40 | 2:00:04 | 2:06:44 | 2:25:00 | 2:30:00 | 3:00:06 | 3:13:20 | 4:13:25 | 5:00:00 |
| 1:31:36 | 1:38:20 | 2:02:08 | 2:08:55 | 2:27:30 | 2:32:35 | 3:03:12 | 3:16:40 | 4:17:50 | 5:05:10 |
| 1:33:12 | 1:40:00 | 2:04:16 | 2:11:07 | 2:30:00 | 2:35:20 | 3:06:24 | 3:20:00 | 4:22:12 | 5:10:40 |

## 訳者あとがき

　ギャロウェイ氏に初めて会したのは、1993年5月、バンクーバーマラソン（カナダ）でした。"*GALLOWAY'S BOOK ON RUNNING*" 紹介ブースで、私は「足ゆび元気くん」（足指を広げるストレッチ器具：ドクターエル社）をみやげに差し上げたところ、サイン入りで頂戴したのが本書との出会いでもありました。その時は、ごあいさつ代わりに「日本で翻訳本を出しますよ」ととっさに応えたのを思い出します。

　米国ランニング界でのギャロウェイ氏の活躍は、本書の初版（1984年）から60万冊発行を重ねるとともに、『ランナーズ・ワールド』誌での連載寄稿、トレーニング相談、全米各地でのクリニックやサマーキャンプなど多岐に渡り、実践的な指導を中心にすえた地道な活動は目覚しいものがあります。地道であるが故に、ギャロウェイ氏のすばらしさはあまり日本では知られておりません。早く翻訳出版し、日本のランナーの方々にもギャロウェイ実践理論を広く知っていただきたいと常々思っておりました。同僚の渡辺雅之先生の協力を得て、翻訳作業も終盤に差し掛かっていた頃、"*GALLOWAY'S BOOK ON RUNNING*" はますます発展し、改訂版（2002年）が出版されました。

　私も市民ランナーを対象とした「走り込み合宿」が30回を迎えました。60歳の退職を機に第1回から参加していただいているランナーが今年90歳で参加されました。毎年お世話をしながら、ランナーの方々からとても多くのことを学ぶことができます。改訂版の中にも、クリニックやサマーキャンプの指導実践を踏まえた内容など長年に渡るギャロウェイ氏の指導経験が生かされています。また、バーバラ夫人による女性ランナー向けの情報や「ウォークブレイク」「メンタルトレーニング」など最新の情報も追記されています。翻訳協力者たちの協力も得ながら改訂版の翻訳も終え、いよいよ出版の段階を迎えてギャロウェイ氏と連絡を取る必要が生じました。

　93年以来、氏とは直接連絡を取る機会はありませんでした。そこで、本書で何度も登場するフランク・ショーター氏に問い合わせたところ、すぐさまギャロウェイ氏のメールアドレスを教えていただきました。両氏は米国ランニング界を牽引してきた盟友同士でありますが、日本ではショーター氏の方が広く知られています。私自身も71年の福岡国際マラソンを共に走って以

来、ボウルダーのご自宅にも2度ほど訪ねさせていただきました。こうした経緯でギャロウェイ氏に連絡を差し上げたところ、即座に返事をいただきました。そして、93年にプレゼントした「足ゆび元気くん」のこともよく憶えておいででした。

　このように、本書の出会いから翻訳出版に至るまで様々な経緯と翻訳協力者を含め多くの方々のご協力がありました。特に、大修館書店の編集第三部久保友人氏、錦栄書房の三浦京子氏には出版交渉から校正・校閲に至るまで全面的なご支援をいただきました。記して感謝申し上げます。

　邦訳に当たっては、できるだけ原著に即して翻訳しましたが、やや難解な遠回し表現は日本人ランナーにも理解しやすい平易な表現に改め、また原著の距離表示（マイル）や温度表示（華氏）をkm、℃（摂氏）表示に換算する場合、日本人にも捉えやすい数値に置き換えました。ただ、付録のペース表は正確を記するため敢えてマイル表示のままとしました。

　最後になりますが、改訂版で特に強調されている「ウォークブレイク」は、まだ日本人ランナーには受け入れにくい側面があるかもしれません。しかしながら、生涯スポーツとしてのランニングの成熟と共にギャロウェイ氏が導き出した、ランニングとウォーキングの混在型スタイル「ウォークブレイク」は、とても重要かつ有効な今日的スタイルとして読み込んでいただければと存じます。私自身も、北九州マラソンと東京マラソンでウォークブレイクを実践完走し、その有効性を確かめることができました。

2015年3月
有吉正博

［著者紹介］

ジェフ・ギャロウェイ（Jeff Galloway）

　1970 年代のアメリカ長距離界に大変革をもたらした偉大なランナーの一人であり、盟友フランク・ショーター、ビル・ロジャース、スティーブ・プリフォンテーンらとともに、全米のフィットネス・ランニングブームの火付け役となった。

　ノースカロライナ州ローリーで生まれ、中学から陸上を始め大学時代には全米クロスカントリー、全米陸上で優勝。1972 年のミュンヘンオリンピックに備えて、フランク・ショーター、ジャック・バチェラーとともにコロラド州ベイルの山中で 2 か月間合宿し、3 人ともオリンピック代表入りを果たした。1973 年には 10 マイルの全米新記録（47 分 49 秒）を樹立。マラソンは 18 歳での初優勝（アトランタマラソン）から 48 歳（1993 年）までの間に 2 時間 51 分以内で 120 回以上完走している。バーバラ夫人と息子 2 人（3 人とも優秀なランナー）とジョージア州アトランタに在住。

［訳者紹介］

## 有吉 正博（ありよし まさひろ）

　1947年福岡県生まれ。帝京科学大学教授、東京学芸大学名誉教授。中学時代から走り始め、東京教育大学（現筑波大学）時代には箱根駅伝４年連続出場、インカレ入賞、福岡国際マラソン出場などの実績がある。東海大学で６年間指導し、箱根駅伝初出場、６位入賞を果たす。その後、東京学芸大学にて35年間教育研究に従事し2013年退職。ランニング学会会長、関東学生陸上競技連盟副会長、日本陸上競技連盟監事などを務め、陸上競技やランニングの指導に尽力。著書に『ランニングリテラシー』（大修館書店／分担）、『トレイルランニング―入門からレースまで』（岩波書店／共著）、『箱根を走った勇姿たちは、今』（不昧堂出版）などがある。

## 渡辺 雅之（わたなべ まさゆき）

　1953年東京都生まれ。東京学芸大学教授、中国・山西大学兼職教授。卓球にのめり込むも国内のトップレベルには届かず、スポーツ科学研究に打ち込む。日本卓球協会スポーツ医・科学委員としてバルセロナ五輪、アトランタ五輪に携わる。その傍らサロマ湖100kmウルトラマラソン大会での調査・研究を皮切りに、自らもウルトラランニングを楽しみつつ、国内外において新しい大会をプロデュースする。長野冬季パラリンピックを契機に「障がい者スポーツ」の研究を開始し、ノーマライゼーションを目指して「一般社団法人ナンフェス」を設立する。

［翻訳協力］

岩淵 多喜子／榎本 至／岡本 里佐／北原 隆史／斉藤 隼人／齋藤 祐一／永田 瑞穂／蛭川 裕太／町田 修一／松田 広則／森谷 暢／山口 貴史　（五十音順）

ギャロウェイのランニングブック
© Masahiro Ariyoshi & Masayuki Watanabe, 2015 NDC782／vii, 263p／21cm

初版第1刷──2015年6月10日

著者─────ジェフ・ギャロウェイ
訳者─────有吉正博・渡辺雅之
　　　　　　ありよしまさひろ　わたなべまさゆき
発行者────鈴木一行
発行所────株式会社 大修館書店
　　　　　　〒113-8541　東京都文京区湯島2-1-1
　　　　　　電話 03-3868-2651（販売部）　03-3868-2299（編集部）
　　　　　　振替 00190-7-40504
　　　　　　[出版情報] http://www.taishukan.co.jp

編集協力───株式会社 錦栄書房
装　丁────石山智博（TRUMPS.）
本文デザイン─鈴木宏輔
印刷所────広研印刷
製本所────牧製本

ISBN978-4-469-26778-5　Printed in Japan
Ⓡ本書のコピー、スキャン、デジタル化等の無断複製は著作権法上での例外を除き禁じられています。本書を代行業者等の第三者に依頼してスキャンやデジタル化することは、たとえ個人や家庭内での利用であっても著作権法上認められておりません。